Carl-Auer-Systeme

Systemisches Coaching

Gabriele Müller/Kay Hoffman

Handbuch für die Beraterpraxis

2002

Carl-Auer-Systeme im Internet: **www.carl-auer.de**
Bitte fordern Sie unser Gesamtverzeichnis an:

Carl-Auer-Systeme Verlag
Weberstr. 2
69120 Heidelberg

Über alle Rechte der deutschen Ausgabe verfügt Carl-Auer-Systeme
Verlag und Verlagsbuchhandlung GmbH; Heidelberg
Fotomechanische Wiedergabe nur mit Genehmigung des Verlages
DTP und Grafik: Dipl.-Grafik-Designerin Melonie Drißner
Umschlag: WSP Design, Heidelberg
Umschlagfoto: Joerg Wischmann / Agentur Focus
Printed in the Netherlands
Druck und Bindung: Koninklijke Wöhrmann, Zutphen

Erste Auflage, 2002
ISBN 3-89670-270-X

Die Deutsche Bibliothek – CIP-Einheitsaufnahme

Ein Titelsatz für diese Publikation ist bei
Der Deutschen Bibliothek erhältlich.

Inhalt

Dank

An dieser Stelle möchten wir uns bei Dr. Gunther Schmidt – u. a. Mitbegründer des Heidelberger Instituts für systemische Forschung – bedanken. Was er uns in der Ausbildung an Theorie vermittelt hat, bildet den Grundstein unseres systemischen Denkens und Handelns im Coaching.

Ebenso bedanken wir uns bei Steffen R. Böttcher für die Unterstützung bei der Erarbeitung des „PPP".

Gabriele Müller
Kay Hoffman

Vorwort

Wenn ich so von Jahr zu Jahr versuche, mich durch die immer zahlreicher werdenden Veröffentlichungen zu den Themen Beratung, Coaching, Organisationsentwicklung „durchzuarbeiten" – denn als „Durchtänzeln" oder „Durchspielen" erlebe ich es dabei gar nicht so oft – dann empfinde ich bei aller Anregung (allerdings oft auch bei aller Redundanz) nicht selten ein wehmütig machendes Mangelgefühl. Ich werde z. B. in vielen Arbeiten oft belehrt durch klug und auch leidlich differenziert untermauerte Philosophien über das Wesen der Dynamik in Wirtschaftsunternehmen, in der Gesamtökonomie und zwischen Menschen in Arbeitsbeziehungen überhaupt. Oder es werden mir mit vielen Powerpoint- und sonstigen Grafiken angereicherte strategische Interventionen, Musteranalysen und Veränderungstaktiken präsentiert, die sehr strukturiert erscheinen und in beeindruckender Weise Durchblick bei den Beratungsprozessen, ja Kontrolle über sie versprechen. Manchmal kommen solche Arbeiten mir aber komischerweise ziemlich laut, ja fast marktschreierisch vor, wobei ich mich darunter aber leer zu fühlen beginne. Dann sage ich mir, tröstend, dass dies wohl wieder nur an mir liegt, und das stimmt ja sicher auch. Denn spätestens seit Heinz von Foerster, Humberto Maturana und der modernen Hirnphysiologie wissen wir ja recht sicher, dass „alles, was gesagt wird, von einem Beobachter gesagt wird", wir also unsere Wahrnehmung in autopoietischer Weise selbst konstruieren.

Was mir dieses Gefühl der Leere anzuzeigen versucht, wird mir bei seiner Übersetzung (denn dieser bedarf jedes Gefühl letztlich noch) deutlich. Es fehlen mir oft gehaltvolle Ideen und Perspektiven zu Erlebnisschichten der Beteiligten, die in der üblichen Alltagskommunikation meist wenig oder gar keinen Platz finden, sondern eher exkommuniziert sind. Man könnte dies „tiefere" Schichten des Erle-

8

bens und der Orientierung nennen, wobei „tiefer" natürlich eine metaphorische Beschreibung ist und nur das räumliche Verständnis des jeweiligen Formulierers widerspiegelt. Denn die gleichen Themen, die damit gemeint sind, könnte man auch in „höhere" Schichten (wie dies z. B. Assagioli sehr wohl versucht hat, etwa mit dem Begriff des „Überbewusstseins"), in „feinere", „breitere" etc. hineindefinieren. Gemeint bleibt für mich damit immer das Gleiche.

Vielfach signalisieren viele Arbeiten die strategische Planbarkeit und Machbarkeit, ja Kontrollierbarkeit der komplexen Prozesse in menschlichen Interaktionen und in Organisationen, wenn man nur die angebotenen Konzepte und Rezepte besonders pfiffig, clever, manchmal auch tricksig anwendet. Bezüglich des Instrumentariums dafür wird meist fokussiert auf das, was kognitiv gut beschreibbar und einzuordnen ist, auf das rational Anmutende, das Sichtbare und Belegbare. Dies ist grundsätzlich durchaus sehr sinnvoll, wie könnte man sonst Vereinbarungen treffen und Prüfbarkeitskriterien aufbauen dafür, ob das Vereinbarte auch eingehalten wird. Und verstehbar finde ich solche Verheißungen in Publikationen allemal, scheint es doch offenbar für das Marketing diesen Publikationen mehr zu versprechen, denn es muss offensichtlich für viele Menschen immer wieder noch schneller, noch höher, noch erfolgreicher gehen (die bei den olympischen Spielen immer stärker gewordene Ideologie „schneller, höher, weiter" sickerte auch da durch). Man muss unbedingt zu den „Siegern" gehören, nur dann scheint man etwas wert zu sein, allerdings regiert dann auch automatisch und gleichzeitig als ungeheuer antreibend wirkende Kraft anpeitschend die Angst, womöglich doch eher zu den „Verlierern" zu gehören. Angst macht dabei besonders das, was als nicht kontrollierbar, irrational, nicht direkt der willkürlichen Steuerung zuzuordnen ist und nicht direkt sichtbar ist.

Aber: So läuft es eben nicht bei lebenden Systemen. Ob es uns passt oder nicht, sie sind grundsätzlich unkontrollierbar und grundsätzlich nicht berechenbar, nicht einmal von sich selbst und für sich selbst. Gewollt oder ungewollt kommt es dabei aber oft dazu, dass andere Prozesse, die nicht so direkt beobachtbar, auch nicht direkt „dingfest" zu machen sind, nicht berücksichtigt und häufig sogar direkt abgewertet werden.

Die bewusst und willkürlich wahrnehmbaren und steuerbaren Abläufe stellen nur einen geringen Teil menschlicher Wahrnehmung und Verhaltens dar, quasi die Spitze des Eisbergs (um dieses statisch-verdinglichende Modell noch einmal zu strapazieren). Die weitaus meisten Erlebnis- und Verhaltensprozesse laufen eben unwillkürlich und meist auch unbewusst in uns ab. Sie sind keineswegs „irrational", wie das meist so flüssig dahergesagt wird. Sie orientieren sich nur an einer anderen Logik, einer anderen Rationalität. Und sie orientieren sich meist an anderen Zielen und Kriterien als die bewusst-willkürlichen Prozesse, die sich auch in aller Regel viel mehr anpassen an die vorherrschenden Konsensusregeln des gerade dominierenden sozialen Systems und seiner Kultur.

In der Welt der unwillkürlichen Prozesse scheinen neben Themen wie „Gut leben und das Überleben sichern" (vor allem dann, wenn das mal einigermaßen abgesichert erscheint) besonders relevant zu sein Aspekte wie z. B. dazuzugehören und wertschätzend wahrgenommen zu werden, Achtung für sich und andere zu erleben, in einer Atmosphäre von Liebe und Geborgenheit und gleichzeitiger Autonomie leben zu können, im Herzen berührt zu werden und vor allem: über das eigene Ich hinaus einen Beitrag zu einem höheren (höher als das eigene Ich), umfassenderen Sinnzusammenhang leisten zu dürfen, ja sogar, demütig sein zu dürfen, sich anvertrauen zu dürfen, am besten transparent in den eigenen Beiträgen, gleichzeitig aber auch (wir sind halt offensichtlich ambivalente oder multivalent orientierte Wesen) mit einer Ehrfurcht für das quasi Geheimnisvolle, das Numinose. Und wann immer solche Prozesse nicht ihren rituellen Raum (und dies immer wieder) bekommen, werden von den diesen Mangel erlebenden Menschen massive Dissoziationsprozesse gestaltet.

Die Kenntnisse der hypnosystemischen Konzepte, deren Anwendung und Weiterentwicklung seit über zwanzig Jahren eines meiner Hauptanliegen darstellt, weisen klar darauf hin, dass die gerade genannten Bedürfnisse so oder so niemals aus einem System hinausdefinierbar oder hinausorganisierbar sind. Wenn sie aber keinen offiziellen Raum der Würdigung erhalten, werden sie eben in den „Untergrund" verschoben, wirken quasi wie eine mentale und emotionale Guerillatruppe, also abgespalten und dissoziiert, dann aber meist gegen die offizielle Systemlogik und ihre Regeln, was sich so gut wie immer sehr destruktiv auswirkt, sowohl auf die möglichen (z. B. wirtschaftlichen) Ergebnisse als auch auf die Gesundheit der Beteiligten. Viktor Frankl prägte dafür den Begriff der

„noogenen Neurose", der zeigen soll, dass die meisten Menschen heute nicht so sehr unter unbewussten sexuellen oder ähnlichen Konflikten leiden, sondern an dem gravierenden Mangel an Sinnerleben. Da unwillkürliche Prozesse immer schneller, effektiver und auch ökonomischer wirken als alle willkürlichen Prozesse, haben die bewusst-willkürlichen Kontrollbemühungen letztlich keine „Sieg"chance *gegen* sie. Man kann solche Prozesse nicht kontrollieren, wohl aber kann man achtungsvoll mit ihnen kooperieren. Erst dann kann die optimale Wirkkraft in einem Organisationssystem entstehen. Der erste Schritt dahin ist immer schon, solche Aspekte überhaupt wichtig zu nehmen und als wertvoll in ihrer Existenzberechtigung anzuerkennen und im gültigen Diskurs offiziell zu berücksichtigen. Wenn sie dann auch noch durch gezielte und rituell strukturierte Maßnahmen gewürdigter Teil der Kommunikation und Interaktion werden können, entfaltet sich erst die Kraft der Eigenmotivation der Beteiligten, die große Energie von Kohäsion in der Organisation für ein zielgerichtetes Zusammenwirken in optimaler Weise. Dann kann eine Organisation zu einer „Kathedrale des Herzens" werden, wie Kathleen Forsythe dies einmal so schön genannt hat. Und erst, wenn solche unwillkürlichen, offiziell bisher als „irrational" diskriminierten Prozesse als gleichwertig behandelt werden, kann wieder mehr Vertrauen und Kongruenz untereinander erlebt werden, insbesondere vonseiten von Mitarbeitern und Mitarbeiterinnen ihren Führungskräften gegenüber. Denn sonst werden auch diese als unaufrichtig und dissoziiert erlebt, weil sich das Deklamierte und das Verhalten nicht decken. Aber die Sprache des Verhaltens hat immer mehr Kraft. Ralph Waldo Emerson hat dies ja schon so treffend mit dem Satz charakterisiert: „Was Sie tun, spricht so laut, dass ich nicht hören kann, was Sie sagen." ... Und wenn zwischen Sagen und Tun viel Inkongruenz besteht, was zwangsläufig zustande kommt, wenn Unwillkürliches, Affektives und Intuitives zu wenig Berücksichtigung findet, dann verstärkt sich eben Misstrauen mit vielen Folgekosten.

Dieses Buch hier stellt für mich nicht nur darin, dass es den unbewussten und intuitiven Kontinent als sehr wichtig für Beratung berücksichtigt, aber gerade auch in dieser Hinsicht eine sehr wohltuende und gehaltvolle Ausnahme dar, die im Vergleich zu vielen anderen Veröffentlichungen sich auch für solche ausgesparten Themen engagiert. Mutig, klar und konsequent weisen die beiden Autorinnen darauf hin, dass z. B. Themen wie die Dynamik von Träumen und die Sprache des Herzens und dazu eine ökologisch ausgerichtete Wertorientierung zentrale Fundamente und stetige Bestandteile einer kompetenten und verantwortungsbereiten Beratungsarbeit sind. Sie fordern damit gerade die Profession der Berater und Beraterinnen auch dafür heraus, nicht einfach nur in einer oberflächlich als tolle Kundenorientierung verkleideten Bereitwilligkeit jeweils den Auftragswünschen und Zielvorstellungen unserer Kunden zu folgen, sondern selbst Stellung zu beziehen und in der Beratungsarbeit zu versuchen, Beiträge zu leisten zu einer Welt, in der die genannten Aspekte wieder auch offiziell assoziierbar und integrierbar sind. Beratungsarbeit, in der womöglich vonseiten der Berater und Beraterinnen dafür geworben wird, das so genannte „Irrationale", das Herz, die Sehnsucht, das Intuitive, die Liebe und die Träume, sprechen zu lassen, in der Welt des Wirtschaftens? Ich als männliches Wesen (was ich ja unter anderem auch bin) frage mich schon, ob es denn wieder mal Frauen sein mussten, die auf diese so zentralen Lebensaspekte eher hinweisen als die männliche Seite der Welt. Ich glaube allerdings nicht, dass dies genetisch oder überhaupt geschlechtsspezifisch zu verstehen ist, sondern vielmehr rollenspezifisch. Aber die beiden Autorinnen haben diese rollenspezifischen Spezialisierungen hier in diesem Buch in einer außerordentlich angenehmen, wohltuenden Art und dabei professionell hoch kompetent für die Erweiterung von Beratungs-Know-how genutzt.

Wenn ich es lese, empfinde ich ohnehin von Seite zu Seite mehr eine wunderschöne Kongruenz zwischen den Inhalten, die sie vermitteln wollen, und der Art ihrer Präsentation und dem, was diese dann in mir als Leser auslöst. Das Buch kommt quasi ganz bescheiden, eher leise und sanft, ja an manchen Stellen fast unauffällig daher. Ich lese mich so gemütlich hinein, wobei ich es z. B. gar nicht nötig habe, eine etwas defensiv-kritische Haltung irgendwelchen bombastischen, marktschreierischen Versprechungen gegenüber aufzubauen (denn die haben die Autorinnen ja gar nicht nötig). Und plötzlich merke ich eine Art des Ruhigerwerdens, es entsteht ganz unwillkürlich eine fundierte und dabei ganz wache Beschaulichkeit und Nachdenklichkeit in mir, ich fühle mich berührt, und in mir wächst das Bedürfnis, auch leisere Töne in meiner Beratungsarbeit wertschätzender zu berücksichtigen. Und ich entwickle mehr und mehr wieder eine vertrauensvolle Beziehung zu meiner intuitiven, quasi feinsinnlicheren Wahrnehmung, zu dem großen Repertoire unbewusster und unwillkürlicher Potenziale, die in uns allen schlummern und immer wieder darauf warten, ja, sich danach sehnen, für uns und das Leben aus ihrem Dornröschenschlaf erweckt zu werden.

Genau genommen, wirkt das Buch, je länger man es liest, wie eine Kompetenz erweckende, wohltuende kleine Alltags-Trance-Induktion, wie mein Lehrmeister Milton Erickson dies einmal treffend genannt hat.

Dass die Autorinnen dafür das stilistische Mittel einer Begriffskategorisierung gewählt haben, halte ich übrigens für besonders geschickt. Obwohl dies grundsätzlich auch schnell mal abgleiten könnte in die Art eines trockenen Nachschlagewerks, schaffen sie es rundherum, dies eher zu nutzen als eine sehr wohltuende Orientierungs- und Fokussierungshilfe. In dem wuchernden Dschungel von Veröffentlichungen kann es einem Leser heute schnell passieren, völlig überladen zu werden und kaum noch zu merken, welche Aspekte und Themenschwerpunkte denn wesentlich sein könnten. Mit ihrem Vorgehen hier wirken die Autorinnen sehr hilfreich für eine Orientierung und Gewichtung zwischen Wesentlichem und weniger Wesentlichem. Dass sie dabei durchaus auch Transparenz hinsichtlich der geistesgeschichtlichen Wurzeln vieler Konzepte und eine Einbettung in die philosophischen Traditionen unserer Kultur mit berücksichtigen, erlebe ich als zusätzliches Geschenk.

Ich hatte die große Freude, mit beiden Autorinnen arbeiten zu können und ihnen als Teilnehmerinnen meiner Weiterbildungsangebote im Bereich des Coachings und der Organisationsentwicklung meine hypnosystemischen Integrationskonzepte für diesen Bereich anbieten zu dürfen. Schon damals wurde ich immer wieder von ihrer Kreativität, ihrer Intuition und großen Kompetenz, aber auch ihrer wertschätzenden Neugier beschenkt. Ich weiß selbst (und bekomme immer wieder auch von anderen diese bestätigende Rückmeldungen), wie flexibel und dabei sehr differenziert beide über den „Tellerrand" hinausschauen und diese Konzepte, ebenso NLP und anderes, z. B. mit den ganzheitlich orientierten Konzepten von A. Mindell zu ganz eigenständigen Modellen weiterentwickelt haben, die nun wieder vielen Kunden und Kundinnen in Coaching, Team- und OE-Prozessen zugute kommen. Ich selbst werde oft gefragt, wen ich für solche Maßnahmen empfehlen könnte, wenn ich selbst mal keine Zeit habe. Ich bin bei solchen Empfehlungen immer recht bedächtig und eher sparsam. Bei Gabriele Müller und Kay Hoffman fällt es mir sehr leicht, sie zu empfehlen, da ich weiß, mit welch hoher Kompetenz, Kongruenz und Wertschätzung sie Menschen dabei unterstützen, wieder schnell ihre vielfältigen Potenziale zu entdecken. Dieses Buch zeugt auch davon. Ich wünsche ihm eine weite Verbreitung und den Erfolg, den es meiner Ansicht nach verdient hat.

Dr. Gunther Schmidt
Milton-Erickson-Institut Heidelberg, Oktober 2001

Die Lösung bitte sofort, Probleme haben Zeit – Vom Problem zur Lösung

Auch die Früchte der Wahrheit sollten
erst im reifen Zustand gepflückt werden.
Friedrich Nietzsche

Was heißt „Probleme haben Zeit"? Meinen wir im Ernst, Probleme würden mit der Zeit verschwinden, wenn man sie einfach nicht beachtet? Ganz im Gegenteil: Wir kennen sehr wohl die Eigendynamik, die Probleme entwickeln, wenn sie nicht ins Spiel der Problemlösungsbalance eingebunden sind, wenn ihnen der zustehende Spielraum verwehrt wird. Probleme werden umso virulenter, je hartnäckiger ihnen das Anrecht auf Mitsprache und Beteiligung verweigert wird. Wenn der Prozess der Problemlösung nicht alle Komponenten erfasst, geht er an der Wirklichkeit vorbei.

Wenn wir Rat suchen, suchen wir nach Lösungen: Ohne Probleme also keine Lösung – woran sollten wir auch merken, dass wir die Lösung gefunden haben, wenn nicht daran, dass die Probleme sich gelöst haben? Wir benötigen Probleme, um den Unterschied zu erkennen. Im Fall einer Lösung bemerken wir, dass irgendetwas, dass unser Zustand selbst sich verändert hat: Wir fühlen uns gelöster, erleichtert, befreit, angeregt und manchmal seltsam orientierungslos.

Ein Problem wirkt sich aus wie ein Dämpfer, aber auch wie ein Vermittler zwischen dem allzu Neuen im Leben und den lieb gewonnenen Gewohnheiten, in deren Fahrwasser wir nach dem Abenteuer im Veränderlichen beruhigt in die bekannten Gefühle des alten, vertrauten Gleichgewichts zurückkehren. Im Kontakt mit der Lösung – sei sie nun real, virtuell, illusionär oder ganz „ordinär" – hebt sich

15

die Stimmung, es kommt ein frischer Wind auf; endlich wird der Blick frei für den Horizont, ohne am Naheliegenden und Notwendigen abzustumpfen. Räume öffnen sich, wo bislang enge Tunnel eine begrenzte Aussicht boten.

Der Kontakt mit dem Zustand der Gelöstheit, mit der Lösung trägt zu ihrer Verwirklichung bei. Der Wunsch nach mehr Lösung im Leben ist wahrscheinlich der häufigste Auslöser so mancher Such- und Irrfahrten. Als Endziel und Ruhepunkt ist die Lösung an sich fatal; aber als Motiv der immer wieder sich erneuernden Aufbruchsstimmung ist sie das Beste, woran sich die innere Orientierung halten kann, um immer wieder ein Gleichgewicht zwischen den Extremzuständen herstellen zu können.

Da das Leben nun einmal als besonders lebendig erlebt wird, wenn es durcheinander ist, gibt es einen inneren Kompass, der darauf geeicht ist, wieder die richtige Richtung zu finden, wenn das Greifen nach den Sternen alle Richtwerte durcheinander gebracht hat. Daher ist das Gefühl, in Ordnung zu sein, das wichtigste Gefühl im menschlichen Gefühlsrepertoire – ein Gefühl, auf das sich alle anderen Gefühle beziehen, ein Gleichgewichtsorgan für das Innere. Das Gleichgewicht zu halten ist die erfolgreichste Bewegung im Leben; aber der Erfolg dieser lebendigen Bewegung kann nur eintreten, wenn das Gleichgewicht im Leben gestört wurde.

Probleme sind also das Salz in der Suppe des Gleichgewichtssystems. Hier ist jedoch, wie beim Kochen, das richtige Maß bedeutsam. Nur im Kontakt mit dem Problem kommt dieses Seelenorgan, dieser innere Kompass zum Einsatz. Im Kontakt mit dem Problem oder den Problemen mag zwar die freie Aussicht auf die Weite des Horizonts verstellt sein; doch die Hindernisse, die sich davor auftürmen, sind offenbar nur dazu da, damit wir uns auf der Suche nach Auswegen überhaupt auf den Weg machen.

Eine beliebte Frage aus der lösungsorientierten Beratung ist: Womit würden Sie sich beschäftigen, wenn Sie sich nicht mehr mit dem Problem beschäftigen könnten, weil es gelöst ist? Probleme zu haben ist als eine Art „Beschäftigungstherapie" in vielen Fällen immer noch besser als die Leere und Inhaltslosigkeit, die sich aus einem Zustand des problemlosen Glücklichseins ergeben mag. Probleme sind also ein wichtiger Inhalt – nicht nur der Beratung, sondern des Lebens selbst. Sie geben Halt und Struktur – es ist fast ein „Privileg", Probleme zu haben und sich mit ihnen zu beschäftigen.

Der lösungsorientierte Ansatz richtet sich an den Ressourcen und an der Lösung aus. Es wird also darum gehen, auch hier eine Balance zwischen Problem und Lösung zu finden. Sie erfordert die Berücksichtigung von mindestens zwei Perspektiven: Die Fokussierung sowohl des Problems als auch der Lösung ist in ein und derselben Beratung enthalten. Wir fokussieren die Veränderungen, die sich durch die Fokussierung ergeben, und beachten dabei das Problem, wie es sich in Interaktion mit der Lösung entwickelt. Es geht demgemäß um eine Balance zwischen Veränderungsnotwendigkeiten und Bewahrenswertem.

Alles, was wir in sozialen Gefügen als Form und Struktur wahrnehmen, existiert als solche durch eben unsere Fokussierungen. Der konstruktivistische Grundsatz lautet: Wir erschaffen unsere soziale Wirklichkeit, und sie erschafft das, was wir Wirklichkeit nennen und womit wir uns täglich auseinander setzen – als wäre es wirklich, einfach aufgrund dessen, wie und dass das wirkt, was wir in die Welt gesetzt haben. Der wechselnde Fokus erfasst eine ständig im Wandel begriffene Wirklichkeit.

Die Problemlösungsbalance ist nicht unsere Erfindung; die Begrifflichkeiten und auch die intensive Auseinandersetzung damit stammen von Gunther Schmidt (1985), Arzt und Lehrtherapeut für Systemische Therapie. Die Wahrnehmung ist nicht festgeschrieben und lässt sich auch nicht festhalten. Balance ist demnach das Ergebnis einer Bewegung. Die Problemlösungsbalance verlangt vom menschlichen Bewusstsein den Drahtseilakt, sowohl beim Problem als auch bei der Lösung zu bleiben und hinzunehmen, dass beide sich ständig ändern.

In einer Beratung, die den Energiezustand sowohl von Personen als auch von Systemen berücksichtigt, muss die ganzheitliche Vorgehensweise im Vordergrund stehen.

In *diesem* Sinne haben die Probleme Zeit: Sie haben nämlich ihre eigene Zeit. Sie wachsen und gären vor sich hin, sie beschäftigen das Unbewusste, lange bevor dem Bewusstsein klar werden kann, um was es sich handelt – denn zunächst sind Probleme nichts anderes als Bündel wabernder Irritationen, schwarze Löcher, die Energie verzehren, ohne eine feste Form anzunehmen und sich offen zu zeigen.

Das Problem liebt die Symbiose: Es fädelt und flicht sich ein in die Lebenszusammenhänge und breitet sich aus. Für die Beratung ist es wichtig, das Problem vom Menschen zu trennen. Denn nicht der Mensch *ist* das Problem, sondern er *hat* ein Problem.

Die Lösung kann nicht Fuß fassen, wenn sie keinen Raum erhält. Das Problem wiederum kann sich nicht ablösen wie eine Frucht vom Baum, wenn keine Zeit fürs Reifen war.

Die Lösung bitte sofort, Probleme haben Zeit: Damit ist gemeint, dass die Lösung das Motiv ist. Mit der Lösung vor Augen sind wir dazu bereit, es mit den Problemen aufzunehmen, ohne den „natürlichen Fluss der Dinge" herbeizuzwingen oder künstlich umzuleiten. Dazu bedarf es der Kenntnis von Entwicklungsprozessen und einer intuitiven Kenntnis von ganzheitlichen Zusammenhängen.

Eine solche Kenntnis kann im Rahmen einer unterstützenden Beratung als wertvoller Begleiter dienen: indem sie hilft, Tendenzen und Muster zu erkennen und die Dynamik in die gewünschte Richtung zu steuern. Ferner gestattet sie es, die Selbstregulierungsmechanismen eines Systems nicht zu bekämpfen, sondern zu nutzen, Ressourcen zu entdecken, Potenziale zu aktivieren und Interventionen verantwortungsbewusst zu gestalten.

Die Lösung in Aussicht ist der Gegenzauber, der nötig ist, um die negativen Suggestivwirkungen von sich selbst erfüllenden Prophezeiungen und anderen Selbstverzauberungen aufzuheben. Die Lösung ins Blickfeld hereinzuholen ist immer noch die beste Intervention, die es gibt, weil sie eine sofortige Wirkung hat. Lösungsorientierte Beratung fokussiert den Prozess *und* ein Ergebnis, das gut genug ist, um als Motiv zu dienen.

Dieser Balanceakt wird oft als Eiertanz beschrieben und setzt mehr als Vernunft, Muskelkraft und guten Willen voraus. Man braucht dazu einen Sinn für Koordination, für das gelingende Zusammenspiel, und Feingefühl für die richtigen Schritte zum richtigen Zeitpunkt.

Einleitung

An wen richtet sich dieses Buch?

Für Führungskräfte, Personen in beratender Tätigkeit, in Managementfunktionen oder Selbstständige, die hauptberuflich als Coach für verschiedene Organisationen arbeiten und das „Wie" verbessern wollen, ist unser Buch ein Arbeitsmittel und eine Quelle ungeahnter Möglichkeiten.

Worum geht es, und wie ist es aufgebaut?

Wenn Sie schon lange beratend tätig sind, besitzen Sie Interventionsfähigkeiten, die bereits automatisch integriert sind. In diesem Fall ist es leicht, zu vergessen, wie anspruchsvoll es doch war, die dazugehörigen Kompetenzen zu erlernen. Vor allem wie es Ihnen gelungen ist, diese Kompetenzen zu verinnerlichen. Sie werden sich an eine Fülle von Informationen und Methoden erinnern. Doch wie ist diese Fülle zu ordnen? Hier ist unser Buch eine Orientierungshilfe, die unbewusste Kompetenz in bewusste Kompetenz zu überführen.

Wir wählten die unverbindlichste aller Leseordnungen, nämlich die lexikalische: Wissen von A bis Z geordnet und mit einem Griff zugänglich, durch einfaches Nachschlagen verfügbar.

Wir beginnen mit der Philosophie und mit dem geschichtlichen Hintergrund der einzelnen Begriffe als Grundlage, es folgen die Fragen, mit denen ein Coaching in die gewünschte Richtung gelenkt werden kann, anschließend Beispiele aus Managementstrategien und Coachingtechniken und zum Schluss der systemische Ansatz.

Coaching ist eine Methode, die weitgehend über die sprachliche Ebene stattfindet und somit auf einen treffenden Wortschatz ange-

aneignen

19

wiesen ist. Wir möchten Sie mit diesem Buch verführen, sich umfassend und zielsicher einzelnen Begriffen zu widmen, um somit einen weiten Überblick über Entstehung, Anwendung und Transfer zu bekommen.

Was ist der Nutzen?

Bezogen auf die thematische Vielfalt, mussten wir uns begrenzen, haben uns aber trotzdem den Luxus erlaubt, durch Methodenvielfalt unbegrenzte Aussichten zu eröffnen. Durch die Verbindung der philosophischen Praxis mit psychologischen Theorien, wie dem systemischen Ansatz, dem NLP (Neuro-linguistischen Programmieren) und der Prozessarbeit, vermittelt unser Buch Ihnen eine übergreifende Perspektive, die Sie Ihren ganz persönlichen Beratungsstil verfeinern lässt, unabhängig von modischen Trends.

Die im Buch beschriebene Palette von Fertigkeiten, die in vielerlei Hinsicht einzigartig ist, bietet Ihnen als Coach Wahlmöglichkeiten in Ihren emotionalen und kognitiven Handlungen.

Besonders nützlich ist das Buch für die Berater, deren Verständnis der Arbeit ist, dass ihre Kunden ihren Klärungs- und Sortierungsprozess in ihrem *eigenen* Bezugsrahmen finden.

Wie ist dieses Buch zu lesen?

Sie werden feststellen, dass die Kapitel in sich geschlossen sind. Das bedeutet, Sie müssen das Buch nicht von A bis Z durchlesen, um zu verstehen, worum es in den einzelnen Kapiteln geht. Vielmehr sind die Wörter und Ausdrücke eine Aufforderung zur Schnitzeljagd. Je eifriger Sie den einzelnen Wörtern hinterherjagen und sie nachschlagen, desto intensiver erfassen Sie den Gesamtzusammenhang. Jedes Wort führt Sie näher an das Ziel, dieses komplexe Thema gründlich zu durchdringen; nämlich durch Querverweise, die den Quereinstig beim Querlesen erleichtern – was dieses Werk zu einem verqueren Wörterbuch der besonderen, der systemischen Art macht.

Wir hoffen, dass Ihnen dieses Buch eine wertvolle Ressource sein wird.

SYSTEMISCH SYSTEMATISCH VON A BIS Z

Absicht

Die beste Absicht nutzt nichts, wenn sie blind bleibt für den größeren Zusammenhang, von dem sie nur ein Teil ist. Absicht kann als Sichtweise verstanden oder als Intention, als Zustand der Gerichtetheit und Anspannung körperlich erlebt werden.

DIE PHILOSOPHIE

Das Wort Intention und, damit verbunden, die Tätigkeit des Intendierens wird erst spät in der Philosophie zum Thema. Das mag daran liegen, dass Intention verstanden wird als eine Absicht, die einer Handlung zugrunde liegt – wobei diese Handlung bewusst, also intendiert geschieht und dem Willen unterliegt. Intentionalität wird als Gerichtetheit aller Bewusstseinsakte begriffen, ja als Voraussetzung für Bewusstsein überhaupt. Man kann sich nicht einer Sache bewusst sein oder werden, ohne die Aufmerksamkeit darauf zu richten. Das Wachbewusstsein ist demnach immer auf etwas gerichtet und mit Inhalten gefüllt, kann also niemals wirklich leer werden – während im Gegenteil dazu östliche Meditationstechniken diese Leere wiederum anstreben.

Im Zusammenhang mit seiner Phänomenologie nannte Edmund Husserl die Tatsache, dass das Bewusstsein perspektivisch bedingt ist (man kann ein Haus immer nur von einer Seite sehen), „Abschattung": Der Gegenstand wird von der Wahrnehmung nie adäquat, nie vollständig erfasst, sodass in jeder Gegenstandswahrnehmung die Projektion einen größeren Anteil hat als Fakten. Die Wahrnehmung ist also zunächst mehr Vermutung als tatsächliches Erkennen und bedarf selbst einer Überprüfung. Hierbei sind andere perspektivische Wahrnehmungen eine notwendige Ergänzung.

Dasselbe gilt auch für die Wahrnehmung von verborgenen Anteilen einer Persönlichkeit oder Ereignissen innerhalb eines Prozesses, der einerseits ein bewusstes und offenbares Ziel verfolgt (etwa die Klärung innerhalb einer Diskussion), andererseits aber eine Schattenseite besitzt. Ein solches „Schattenziel" könnte als unbewusste, verborgene Intention bezeichnet werden. Da die Philosophie sich jedoch bislang meist für bewusste, mentale Akte zuständig erklärte, blieben diese Schattenaspekte unbeachtet.

Bei Plato und Aristoteles wird der Wille als „vernünftiges Begehren" bezeichnet, bei dem Scholastiker Thomas von Aquin als „rationaler Appetit". Kant definiert den Willen als praktische Vernunft, die sich in den Handlungen zeigt. Immer aber handelt es sich beim Willen um ein spezifisch menschliches Vermögen, das ihn vom Tier unterscheidet – denn nur der Mensch hat Bewusstsein und Vorstellungskraft, die zur Unterscheidung und Beurteilung befähigen.

In vielen traditionellen Theorien wird angenommen, dass der Wille (als Willensakt) die Ursache des Verhaltens ist. Die systemische Betrachtungsweise löst jedoch das kausal-lineare Ursache-Wirkungs-Denken ab und trennt das Verhalten von der Absicht, die dahinter steht. Ein Mensch „zeigt" ein bestimmtes Verhalten – das aber nicht die einzig mögliche Art ist, eine bestimmte Absicht zu verfolgen oder ein Ziel zu erreichen: Es gibt auch bessere und schlechtere Verhaltensalternativen, die die jeweilige „Kernabsicht" widerspiegeln. Erst durch Bewusstmachung, durch Kontakt zu der emotionalen Essenz und Qualität dieser Kernabsicht kann das Verhalten aus der Tiefe heraus verändert werden.

Um die Absicht als Sichtweise systemisch zu erfassen, bietet sich die „binokulare Betrachtungsweise" an. Sie ist nach Gregory Bateson (1990) die Sicht aus zwei „Augen", also Perspektiven, wobei beide sich ergänzen, das rechte also nicht Recht hat, während das linke falsch sieht. Durch die Sicht aus zwei Augen entsteht die Dimension der räumlichen Tiefe. Wenn zwei miteinander in Zusammenhang stehende, aber verschiedene Ansichten existieren, empfiehlt es sich daher, die Frage nach Richtig und Falsch zu umgehen.

Ein Fortschritt für alle Beteiligten ergibt sich durch die umfassendere Betrachtung der Situation von einer höheren Warte aus. Die „Falle" der Beschränkung durch eine angebliche Gewissheit darüber, was nicht stimmt und deswegen falsch ist, durch festgelegte, endgültige Antworten und vorläufige, subjektive oder halbe Wahrheiten, die als absolut gesetzt und verteidigt werden, wird dadurch umgangen. Dies führt zu einer übergreifenden Betrachtungsweise, die vom Detail absieht, das Allgemeine als das Gemeinsame in den Mittelpunkt stellt und dadurch eine Erweiterung des Horizonts bewirkt.

Bei der Prozessarbeit nach Arnold Mindell (1997) wird von den Prozessberatern eine ähnliche Teilung der Aufmerksamkeit auf so genannte primäre und sekundäre Prozesse verlangt. Mindell geht davon aus, dass auch die Wahrnehmung ein Prozess mit einem primären und einem sekundären Teil ist. Die erste Aufmerksamkeit ist diejenige, die wir im Laufe unserer Sozialisation und Erziehung erlernt haben und zu der wir uns anhalten, um den Alltag zu bewältigen. Die zweite Aufmerksamkeit ist die Aufmerksamkeit für ungewöhnliche Informationen, die nicht im Zusammenhang mit dem Fluss der beabsichtigten Kommunikation stehen. Und genau diese Informationen können der Schlüssel zum Verständnis der verborgenen und unbewussten Absicht sein. Es lohnt sich also, ein Auge, ein Ohr, eine Nase, ein Gefühl, einen Sinn zu haben für das, was unbeabsichtigt passiert.

FRAGEN AUS DER BERATUNGSPRAXIS

Die direkte Frage nach der Absicht hinter der Absicht, nach der Kernabsicht oder dem Metaziel (dem Ziel hinter dem Ziel) lautet: Ist das Ziel wirklich wichtig? Ist es das „richtige" Ziel, oder gibt es ein Ziel, das zu erreichen Ihre eigentliche Absicht ist? Was wäre sichergestellt, falls Sie dieses Ziel erreichten? Hätte sich Ihre Absicht dabei erfüllt, und wenn nicht, welches wäre das nächste Ziel, das zu erreichen Sie sich vornehmen würden?

Was wäre sichergestellt, wenn Sie auch dieses Ziel erreicht hätten? Hätte sich dann Ihre Absicht erfüllt, oder gäbe es wiederum ein nächstes Ziel, das Sie erreichen müssten, um Ihre Absicht zu verfolgen? Wohin führt Sie Ihre Absicht, wenn Sie ihr immer weiter folgen? Wann, an welchem Punkt haben Sie das Gefühl, Ihre Absicht wirklich umgesetzt zu haben? Sind die Ziele, die Sie sich gesetzt haben, Ihre eigenen oder aber Ziele, die Sie bewusst oder unbewusst von jemand anders übernommen haben?

Die direkte Frage nach der positiven Absicht eines möglicherweise oder tatsächlich problematischen Verhaltens beziehungsweise Motivs lautet: Angenommen, es gäbe eine positive Absicht, die hinter dem problematischen Verhalten steckt – welche wäre das? Angenommen, es gäbe eine positive Absicht, die sich hinter einer unerfüllten und unerfüllbaren Sehnsucht verbirgt – welche wäre das? Angenommen, es gäbe eine positive Absicht, die hinter einem sich negativ auswirkenden Motiv, Ideal, Modell, Beispiel, Vorbild, Vorurteil oder Glaubenssatz steht und Sie antreibt – welche wäre das?

MANAGEMENTSTRATEGIEN

Gibt es eine Störung, so weist dies darauf hin, dass der therapeutische Klärungs- oder pädagogische Lernprozess unterbrochen ist; Widerstände und Blockaden sind, so gesehen, wertvolle Informationen. Wird die Botschaft der Störung nicht gehört und berücksichtigt, so kommt es zu einer Verschärfung des Störungszustandes. Daher rührt das Motto der Themenzentrierten Interaktion, entwickelt von Ruth Cohn (1975): „Störungen haben immer Vorrang." Jeder Konflikt, der zwischen Einzelnen oder zum Thema auftaucht, wirkt sich negativ auf den Gesamtprozess und die Atmosphäre aus. Kommt hingegen Lust und Laune auf, so fließt die positive Energie ebenfalls in das Geschehen ein und belebt den Prozess. Der Moderator muss die Balance halten beziehungsweise immer wieder neu herstellen, nachdem die einzelnen Nebenthemen integriert und die Störungen beseitigt worden sind.

Um die Moderation zu erleichtern und einen Überblick über das Geschehen zu bieten, entwickelte Ruth Cohn ein Modell, das die Grundkomponenten in einem Dreieck Thema/Ich/Wir anordnet und das Dreieck durch einen Kreis umschließt. Dieser Kreis steht für den Globus, der das ökologische, gesellschaftliche, kulturelle, geistige und technologische Umfeld verkörpert. Sowohl das Unendliche, die kosmische Ganzheit, als auch das Hier und Heute der unmittelbaren Lernumgebung, der Lernkontext, hat auf das Lernen Einfluss und wirkt auf die Gruppenprozesse zurück.

In der Prozessarbeit nach Mindell entspricht der „Traumkörper" dem cohnschen Globus. Mit diesem beschreibt die Prozessarbeit die Gesamtheit des Feldes, insbesondere aber auch jenen Teil des Feldes, der sich zeigt, wenn sekundäre Erfahrungen und Signale beachtet werden. Einerseits ist das wahrnehmbare und erforschbare ganze Feld (die Summe aller Signale) der Traumkörper, andererseits ist dies aber auch die organisierende Kraft oder Ganzheit, die wir als Sender hinter diesen Signalen erleben.

In der Prozessarbeit wird zwischen Primärprozessen und Sekundärprozessen unterschieden. Im Primärprozess läuft das ab, was üblicherweise als Management beschrieben wird: Es geht um Aufgaben, Ziele, Leistungen, die erbracht werden müssen, Berechnungen der Kosten, Klärungen der einzelnen Zuständigkeitsbereiche und Aufträge. Wer macht was wo mit wem und wie? Der Sekundärprozess beschäftigt sich mit alldem, was nicht so läuft, wie es sollte. Die Störungen, Pannen, Fehler, Ausfälle, inneren Kündigungen, Konflikte und Enttäuschungen bekommen das Recht, sich explizit auszudrücken, sie erhalten eine Stimme.

Mindell beschäftigt sich u. a. auch mit dem Thema Rang. Er definiert „Rang" als Stellung und Macht, über die eine Person innerhalb einer bestimmten Gesellschaft verfügt. Es gibt verschiedene Arten von Rang, z. B. sozialen, psychologischen und spirituellen Rang. Der Rang ist immer an eine Rolle gebunden, die Personen einnehmen. Wenn kein Rangbewusstsein entsteht, sagt Mindell, werden wir blind für den Wert anderer Menschen; die Entstehung von Rängen ist unvermeidbar – sie nicht zu beachten verwirrt die Kommunikation und es entwickeln sich chronische Beziehungsprobleme.

Mindells Prozessmoderation wird international im Dienste der Konfliktbewältigung und Friedensarbeit angewandt und setzt sich zunehmend auch als Managementstrategie durch. Die meisten Probleme im Business ergeben sich nun einmal erfahrungsgemäß aufgrund verborgener Machtstrukturen und hierarchischer Ordnungen, die nicht offen deklariert werden und damit auch nicht thematisierbar sind. Nur wenn aber das tatsächliche Problem zum Thema werden darf, kann die eigentliche, positive Absicht hinter dem Problem erkannt werden.

COACHINGTECHNIKEN

Menschen kommen in die Beratung, weil sie Probleme mit ihrem Verhalten haben. Der Coach kann ihnen helfen, die Kernabsicht, die dahinter steckt, zu entdecken. Durch den Kontakt mit dem eigentlichen Ziel, dem Bedürfnis oder Wunsch, der das problematische Verhalten verursacht, kann dieses verändert werden, indem man Verhaltensalternativen erarbeitet. Dieses Vorgehen setzt zwei Hypothesen voraus: erstens, dass sich hinter einer bewussten Absicht eine tiefer sitzende, unbewusste, unerkannte Absicht verbirgt, und zweitens, dass jedem Verhalten, das ein Mensch an den Tag legt – sei es noch so problematisch, schädlich oder gefährlich –, eine positive Absicht zugrunde liegt.

Die positive Absicht ist sozusagen der Anwalt für das Überleben des Systems; die Absicht, zu überleben, ist der Ursprung und Zweck des Impulses, gleich einem Instinkt. Wie dieser Instinkt sich auswirkt, welche Wege er findet und welche konkreten Verhaltensweisen er wählt, um sich zu realisieren, wird durch komplexe Einflüsse, durch Prägungen und Gewohnheiten bestimmt.

Absicht und Verhalten lassen sich trennen:

Die Absicht kann sich in verschiedenen Verhaltensweisen realisieren, wobei manche besser sind als andere. Das Verhalten ist nicht nur ein Produkt bewusster Entscheidungen, sondern erfolgt auch aufgrund unbewusster Prozesse, deren Ergebnis es ist. Das tatsächliche Verhalten wird oft der ursprünglichen Absicht nicht gerecht, das heißt, bessere Wege und Formen der Realisierung könnten gefunden werden, wenn man sich nicht mit dem gewohnten Verhalten identifizierte.

Aufgabe des Coachings ist es, die positive Absicht herauszufinden, sie als Essenz oder Qualität erfahrbar zu machen und als Ressource zur Verfügung zu stellen, um neue Verhaltensmuster zu entwickeln. Es geht darum, sich in Zukunft mit dieser positiven Absicht zu identifizieren, statt mit dem negativen Verhalten zu verschmelzen und sich mit einem lapidaren „Ich bin eben so" zu entschuldigen.

Die Frage, die zur Selbsterkenntnis führt, ist: Was ist mir wichtig im Leben? Was will ich mit meinem Verhalten erreichen? Zunächst werden vielleicht vordergründige Ziele genannt, die als Zweck auf eine bestimmte Absicht hinweisen. Das Fragen geht aber weiter, und zwar in Form des Nachfragens: Wenn Sie diese Absicht verfolgen und an Ihr Ziel gelangen, was haben Sie dann damit erreicht? Was haben Sie davon? Der Wert, der benannt wird, verweist auf eine tiefer liegende Absicht, und so lässt sich immer weiterfragen, bis man zum Kern vorgedrungen ist.

Plötzlich spürt man: Darum geht es mir eigentlich! Und es ist eine Erfahrung, ein Gefühl, nicht ein Gedanke oder ein Konzept. Dies ist Ausdruck eines Sinns, der erlebt wird, einer Bedeutung, die gefühlsmäßig erfasst wird. Es geht ein Ruck durch das ganze System der Persönlichkeit, und alles richtet sich neu nach diesem Wert aus.

Auch problematische Gewohnheiten können auf diese Weise aufgelöst werden. Es geht darum, die positive Absicht zu entdecken, die oft auch als „sekundärer" oder „versteckter" Gewinn bezeichnet wird – wobei diese Bezeichnung der Person unterstellt, von dem Problem zu profitieren. Dadurch wird sowohl das Misstrauen gegen die eigene Willensstärke als auch gegen das eigene Unbewusste, das den Gewinn sozusagen mit unlauteren Mitteln verfolgt, verstärkt.

Während vom Bewusstsein her eine Gewohnheit bekämpft wird – weil sich beispielsweise negative Auswirkungen gezeigt haben und als solche auch erkannt wurden –, siegt der „innere Schweinehund". Das Unbewusste sabotiert und diskreditiert den bewussten Willen und damit das eigene Selbstwertgefühl. Es erhält die Gewohnheit aufrecht, weil sie sich mit einem versteckten Gewinn verbindet, der, so scheint es dem Unbewussten, nur durch das „schädliche Verhalten" erreicht werden kann.

Erst wenn man lernt, sich die sekundären Gewinne auf bessere Art und Weise zu verschaffen, verliert die alte Methode ihre Attraktivität und kann mühelos aufgegeben werden.

Die Frage nach der positiven Absicht führt vom Verhalten weg zur Ebene der Motive: Was bewegt uns eigentlich? Das Erforschen der Motive, die einer positiven Absicht entspringen, führt zu einem größeren Verständnis und zur Toleranz uns selbst und anderen gegenüber. Alle Teile können nun akzeptiert werden.

Der Prozess, die Kernabsicht zu entdecken, wirkt ähnlich wie ein Orakel: Auch dieses arbeitet mit einer positiven Erwartungshaltung, führt in einen sich an Werten orientierenden inneren Suchprozess hinein, bezieht die Gefühle und Emotionen, das körperliche Erleben mit ein und schafft (oft auch auf nonverbale Weise) eine Anbindung an den tieferen Sinn, den ein bestimmtes Ereignis oder das Leben an sich hat. Die Absicht hinter der Absicht wird als „Wahrheit" erlebt.

In den systemischen Aufstellungen wird eine solche innere „Wahrheit" von den Betroffenen am eigenen Leibe als Evidenz, als

Gewissheit erlebt. Mithilfe Aufstellungen können sie gefühlsmäßig nachvollziehen, wie sich das Schicksal systemisch gestaltet, das heißt, wie soziale Systeme sich gestalten, um eine positive Absicht zu realisieren.

DER SYSTEMISCHE ANSATZ

Was für das System des Individuums gilt, gilt auch für Familien, gewachsene Gemeinschaften und andere soziale Systeme (Teams, Firmen, Verbände).

Es existiert so etwas wie eine positive Absicht des Systems, mit dem es sich gegen seine Auflösung schützt. Dennoch gibt es zwei Faktoren, die ein System auflösen können und trotzdem im Sinne der Evolution handeln – das heißt eine Selbstbewahrung in einem übergeordneten Sinn zum Ziel haben und somit eine positive Absicht verfolgen. Ein System bleibt nicht gleich, sondern ist ein ständig sich neu gestaltendes Zusammenspiel, das Ergebnis eines dynamischen Gleichgewichts, das sich immer neu einpendelt und dabei Veränderungen in Kauf nehmen muss. Diese Veränderungen können zu Systemkrisen führen.

Auch Systeme sind auf Wachstum angelegt: Eine Familie, aber auch ein Unternehmen vergrößert sich und kann schließlich eine kritische Größe erreichen. Ähnlich wie beim Zellwachstum regelt sich diese Dynamik durch Systemfortpflanzung – aus einem alten System gehen ein oder sogar zwei neue Systeme hervor. Statt einer einzigen Zelle gibt es nun zwei, in die sich die alte Zelle aufgeteilt hat. Es ist wichtig, diese Art von Systemregelung zu verstehen: Sie betrifft den Energiefluss innerhalb des Systems. Um zu gewährleisten, dass das System auch dann funktioniert, wenn es sich vergrößert und immer komplexere Strukturen entwickelt, sorgt die positive Absicht der Systembewahrung für den Vorrang des Früheren vor dem Späteren. Hier bekommt das alte, oft in der Religion verankerte Gebot der Achtung der Kinder vor den Eltern eine neue Bedeutung. Da die Früheren die Voraussetzung und Basis darstellen, der die Späteren ihre Existenz innerhalb des Systems überhaupt verdanken, bildet sich eine hierarchische Staffelung heraus – die oft in krassem Widerspruch mit den Freiheiten steht, die sich das Individuum in seiner Abkoppelung vom Herkunftssystem herausnimmt.

Die systemische Hierarchie sichert den ungehinderten Fluss der Energien und ermöglicht ein synergetisches Zusammenspiel, das allen Beteiligten zugute kommt.

Die eigenen Eltern oder Großeltern zu verachten kann, systemisch gesehen, einem kurzsichtigen Sabotageakt gleichkommen. Nach diesem Modell findet die positive Absicht Wege, verachtete und geächtete Systemmitglieder wieder ins Spiel zu bringen, indem etwa ein im System Nachgeborener unbewusst in die Fußstapfen eines unbekannten Systemvorgängers tritt und dadurch dessen – meist negatives – Schicksal schmerzhaft ins Bewusstsein zurückruft. „Er ist genau wie der Großvater" – solche Zuweisungen sind im Grunde Selbstheilungsversuche des Systems, auch wenn der individuelle Schicksalsträger darunter leidet und diese unbewusste Loyalität oder Solidarität mit dem Verachteten nicht beabsichtigt hat.

Eine weitere Art von Systemregelung betrifft die Systemfortpflanzung, wobei – im Gegensatz zur vorhergehenden Regelung – hier das neue System Vorrang hat vor dem alten. Hier gilt die Regelung nicht innerhalb des Systems, sondern zwischen Systemen, nämlich zwischen älteren und neueren Systemen. Nun hat das Spätere, Jüngere das Sagen, während das Frühere, Ältere weichen muss. Das ist die Botschaft der Märchen: Der Sohn wird erwachsen, heiratet und übernimmt das Königreich; er wird König und regiert. Der alte König muss abtreten und sich in den Hintergrund zurückziehen, um das System, das Königreich, leistungsfähig zu erhalten.

Die optimale Entwicklung des Individuums und seiner Bewusstwerdung ist im Sinne und Dienste des Systems. Das Kollektiv gewinnt durch den Prozess der Individuation, die das Individuum durchläuft, denn nur ein bewusstes Individuum ist den Anforderungen gewachsen, die an es gestellt werden.

Kinder müssen erwachsen werden, um die Aufgaben übernehmen zu können, die das Leben für sie bereithält. Das System belohnt die größeren Leistungen und besser entwickelten Fähigkeiten des erwachsenen, reifen und verantwortungsbewussten Individuums. Wer mehr Einsatz bringt, übernimmt mehr Verantwortung und hat deshalb mehr Einfluss.

- Der gute Vorsatz ist ein Gaul, der oft gesattelt, aber selten geritten wird. *Mexikanisches Sprichwort*
- Gute Vorsätze sind Schecks einer Bank, auf der man kein Konto hat. *Oscar Wilde*
- Der Weg zur Hölle ist gepflastert mit guten Vorsätzen. *Kurt Kluge*
- Ich bin ein Teil von jener Kraft, die stets das Böse will und stets das Gute schafft. *Johann Wolfgang von Goethe* (Faust)
- Es sind nicht die Umstände, die den Menschen schaffen. Der Mensch ist es, der die Umstände schafft. *Benjamin Disraeli*

Ausstrahlung

Eine Ausstrahlung zu haben heißt, etwas von sich preiszugeben. Ausstrahlung ist etwas, das sinnlich wahrgenommen wird: visuell (Erscheinung, Körperhaltung, Gestik, Mimik), auditiv (Stimme, Geräusche) und kinästhetisch (Aura, viel Gefühl), olfaktorisch (angenehmer Geruch).

DIE PHILOSOPHIE

Die Ausstrahlung eines Menschen wird auch Charisma genannt. Dieses Wort leitet sich ab vom griechischen *charis*, „Anmut", die wiederum von der Göttin der Anmut und Liebe verkörpert wird.

Der Apostel Paulus prägte den davon abgeleiteten Begriff des Charisma und definierte dieses als Gnadengabe, mit der die Diakone der frühchristlichen Gemeinden begabt waren, damit sie überzeugend die Frohe Botschaft verkünden konnten. Die „charismatischen" Prediger nahmen auf diese Weise eine Führerrolle im Dienst Gottes ein. Später wurde mit Charisma eine gewisse Verführungskunst bezeichnet. Charisma kann sich als Führungsanspruch ausdrücken, der sich nicht auf rationale Überlegung stützt, sondern auf irrationale Bedürfnisse hinweist, die in einem rational aufgeklärten System – z. B. dem modernen Staat und seiner Bürokratie – nicht befriedigt werden können.

Auch europäische Führungskräfte haben inzwischen entdeckt, dass Mitarbeiter und Geschäftspartner nichts dagegen haben, über eine Sache nicht nur informiert, sondern für sie auch begeistert zu werden. Ein Mensch mit Charisma hat Überzeugungskraft, die auf eine emotionale Weise Sinn vermittelt.

Die Kommunikationsstrategie einer Führungskraft im Management richtet sich nach der Einflussebene und der Art der Veränderung, die von der Aufgabe und der Beziehung her erforderlich sind. Geht es um Führung durch Einflussnahme auf der Umgebungsebene (Wo? Wann?), so greift die Führungskraft nur ein, wenn etwas schief läuft oder vom Status quo abweicht. Soll der Einfluss direkt auf ein bestimmtes Verhalten abzielen (Was?), so setzt die Führungskraft ein System klarer Belohnung ein, also negative und positive Verstärkung der Reaktion aufgrund des Mitarbeiterverhaltens. Einfluss auf der Fähigkeitenebene vollzieht sich durch klare Zielvorgaben und intellektuelle Anregungen. Einfluss auf der Werteebene und der Ebene der Glaubenssysteme muss die Betrachtung individueller Motivation und Werte einbeziehen. Einfluss auf der Identitätsebene kommt häufig durch die Identifikation mit einer gemeinsamen Vision oder einer Person zustande, die ein gemeinsames Rollenmodell darstellt. Diese wirkt dann charismatisch oder visionär.

FRAGEN AUS DER BERATUNGSPRAXIS

Was wirkt bei anderen Menschen auf Sie anziehend? Zu welchen Menschen fühlen Sie sich hingezogen? Woran merken Sie, dass Sie sich angezogen, angesprochen, überzeugt, angenehm berührt fühlen? Gibt es ganz besondere Merkmale, die Sie festmachen können? Gibt es bestimmte Verhaltensweisen, die auf Sie eine besonders positive Wirkung haben?

Kennen Sie Menschen, von denen Sie sagen könnten, sie hätten eine gute, angenehme, bezaubernde, gewinnende Ausstrahlung? Was macht das Besondere an dieser Ausstrahlung aus? Wie müssten Sie sich verhalten, um diese Ausstrahlung zu erzielen? Was müssten Sie denken, fühlen, wahrnehmen, glauben, wissen, wertschätzen? Gibt es bestimmte Vorbedingungen für diese Ausstrahlung, z. B. Umwelt, Erziehung, Umgang, Kultur, Bildung, Lebenserfahrungen, Beziehungen? Was haben die Menschen, die Sie um ihre Ausstrahlung beneiden, das Sie nicht haben? Könnten Sie sich vorstellen, von diesen Menschen zu lernen? Was würde Sie daran hindern, das Verhalten dieser Menschen zu übernehmen?

Wie möchten Sie ganz allgemein auf andere Menschen wirken?

Welchen Eindruck hinterlassen Sie Ihrer Meinung nach bei Menschen, die Sie nicht kennen (z. B. bei Ihrem Nachbarn im Bus)? Welchen Eindruck hinterlassen Sie Ihrer Meinung nach bei Menschen, die Sie nur flüchtig kennen gelernt haben (z. B. auf einem Fest)? Welchen Eindruck hinterlassen Sie Ihrer Meinung nach bei Menschen, die Sie schon sehr lange kennen, aber dies nur in einem beruflichen Kontext? Wie würden diese Menschen sich über Sie äußern? Welchen Eindruck hinterlassen Sie Ihrer Meinung nach bei Menschen, die Sie schon sehr lange kennen, aber dies nur im privaten Kontext? Wie würden diese Menschen sich über Sie äußern?

Welchen Eindruck möchten Sie beruflich machen? Wie möchten Sie gern beschrieben werden?

Welchen Eindruck möchten Sie privat machen?

Mit welchen Auswirkungen Ihres (unbewussten) Verhaltens sind Sie nicht zufrieden? Welche Eindrücke, Signale oder Botschaften möchten Sie verändern? Wo, wann und von wem fühlen Sie sich falsch verstanden, ertappt? Wo, wann und bei wem machen Sie einen falschen Eindruck, wecken Sie falsche Erwartungen oder sogar Ängste?

Was möchten Sie vor allem vermitteln? Hinter welchen Ideen, Wertvorstellungen, Glaubensinhalten, Anschauungen, Meinungen und Urteilen können Sie stehen, ohne sich selbst verbergen oder verbiegen zu müssen? Wozu können Sie sich ohne Wenn und Aber bekennen?

Was möchten Sie auf keinen Fall vermitteln? Womit möchten Sie auf keinen Fall oder nur in bestimmten Fällen in Verbindung gebracht werden? Was müssen Sie ablehnen, um sich selbst treu zu bleiben?

Welchen Status möchten Sie verkörpern? Welche Stellung möchten Sie in einem bestimmten Kontext oder allgemein im Leben einnehmen? Haben Sie eine Vorstellung davon, wie Sie sich selbst darstellen möchten (z. B. in einer Annonce, in einem frei erfundenen, idealen Lebenslauf oder in einem Nachruf)?

Können Sie in einer knappen Selbstdarstellung Ihre Fähigkeiten und Qualitäten auf den Punkt bringen? Gibt es eine Erfolgsformel für Ihre Selbstdarstellung?

Wie würde diese Erfolgsformel bei Ihnen ankommen, wenn jemand anders sich so darstellen würde?

Im Managementtraining geht es um die Entwicklung eines überzeugenden Führungsstils, um die Gabe, Mitarbeiter zu motivieren, und um die Kunst, das Image eines Unternehmens und Produktes aufzubauen, zu erhalten und zu pflegen. Wichtig ist stets die Art und Weise, wie sich ein Unternehmen in der Öffentlichkeit präsentiert: Präsentationen für die eigenen Reihen, die Presse und die Zielgruppe, die erreicht werden soll, sind wie eine Visitenkarte. Öffentlichkeitsarbeit stellt einen wichtigen Teil der Akquise dar; dennoch beruht die Kunst, Präsentationen wirkungsvoll zu gestalten, nicht (nur) auf einer künstlerischen Begabung oder „Naturtalent", sondern auf Kalkül und kann sehr wohl erlernt werden.

Unter Präsentation versteht man eine Veranstaltung zum Zweck der Bekanntmachung und Werbung. Eine Idee, ein Konzept, Projekt, Produkt oder Programm soll vorgestellt werden, wobei möglichst viele verschiedene Medien zum Einsatz kommen, um sämtliche Sinne des Menschen anzusprechen und so Interesse zu wecken. Das beworbene Produkt soll sich von anderen Marktprodukten unterscheiden und sich ins Gedächtnis der Zielgruppe einprägen. Hier gilt: Je sinnlicher die Verpackung, desto größer ist die Wirkung, denn die sinnlichen Botschaften, die sich durch Sehen, Hören, Fühlen, Riechen und Schmecken vermitteln, bleiben eher haften als Wortbotschaften – besonders, wenn diese mit monotoner Stimme, abstrakten Ausführungen und gespickt mit akademischen Begriffen und Fachvokabular vorgetragen werden.

Diese Disposition kann in einer professionellen Präsentation genutzt werden, indem die präsentierten Inhalte möglichst eindrucksvoll, lustbetont und schnell erlernbar der Zielgruppe vermittelt werden. Auch die Ausdruckskraft des persönlichen Auftretens, die Klangfarbe der Stimme, die melodiöse Phrasierung der Sätze, die durch Pausen den Redefluss akzentuiert, die Gedanken in Absätze vorsortiert und so der schnelleren Erfassung von Inhalten dient – alles, was lebendig wirkt, kommt besser an und entscheidet oft darüber, ob etwas angenommen wird oder nicht.

Natürlich ist auch hier die Gefahr der Verführung gegeben. Politiker, die sich routiniert und clever geben, haben größeren Einfluss als solche, die blass wirken, aber die „richtigen" Ideen vertreten. In der Politik hat man dazugelernt. Heute werden politische Wahlkam-

pagnen mit professionellem Werbedesign und Imagestyling insze-
niert. Von öffentlichem Interesse ist nämlich – das hat man inzwischen erkannt – nur das, was sich wirkungsvoll in Szene setzen lässt.

Visionsmanagement – Visionäres Management

Auch ein Unternehmen, eine Idee, ein Projekt, ein Produkt ist darauf
angewiesen, Ausstrahlung zu entwickeln – denn nur, was Präsenz
hat, kann auch effektvoll präsentiert werden. Präsenz bedeutet nicht
nur (physische) Anwesenheit, sondern auch vor allem Gegenwärtig-
keit, und zwar vor allem im Bewusstsein des Publikums, der Öffentlichkeit, der potenziellen Konsumenten, die durch die Präsentation
erreicht werden sollen.

Mit anderen Worten: Um etwas überzeugend darstellen zu können und eine Atmosphäre, eine Ausstrahlung aufbauen zu können,
muss man selbst in Kontakt stehen mit der Vision, die hinter dem
Produkt steht und dessen Energie ausmacht.

Energie ist wirkende Kraft. Ein Produkt ohne Vision ist ein Produkt ohne Kraft, ohne Ausstrahlung. Auch im Management ist man
also gezwungen, auf die „irrationale" Ebene der Energie hinabzu-
steigen und dort Erfahrungen zu machen. Visionäres Management
zeichnet sich dadurch aus, dass Motive nicht als gängige Bilder, sondern als potenziell treibende Kräfte, als zunächst unsichtbare Energien verstanden und erlebt werden. Die Erfahrung von inspirierenden Ideen und motivationsfördernden Motiven ist eine energetische
Erfahrung, die sich erst im Laufe eines kreativen Prozesses nach und
nach verbildlicht und damit zu einer Gestalt verfestigt.

Begriffe sind erst ein sehr spätes Ergebnis dieser Suchprozesse:
Zuerst kann das Logo da sein und dann erst die logische Argumen-
tation, was für die Idee spricht. Logos müssen eine Ausstrahlung haben, wenn sie nicht nur reines Dekor sein möchten. In Visions-
werkstätten geht es aus diesem Grund darum, die gemeinsame
Vision zu erarbeiten und dabei von der Energie dieser Vision auszugehen. Um Energien am eigenen Leibe erleben zu können, bieten
sich weniger Diskussionen und Argumentationen, sondern vielmehr Methoden der nonverbalen Kommunikation an. Dies kann bei
einem Ausflug, einer Wanderung (Visionssuche), einer Meditation,
bei Tanz, Gesang und Spiel geschehen – die implizierten Schwierigkeiten, die sich aus dem klassischen Managementverständnis ergeben, sind nicht zu übersehen.

Gleichwohl lohnt es sich, das Risiko chaotischer Zustände einzugehen, wobei es nahe liegt, sich auf die jüngsten Erkenntnisse der Chaosforschung und des Kreativitätstrainings zu berufen. Das Gemeinsame, das gefunden werden soll, ist der Geist. Das Unternehmen, aber auch das kleine Team findet über intuitionsfördernde Techniken heraus, welcher Geist durch das Produkt hindurch sprechen soll, um wirklich ansprechend zu wirken: je geistvoller die Botschaft, desto höher die Wirkung.

Visionen sind für jedes Unternehmen eine Voraussetzung für den Erfolg. Bei einer „Visionskonferenz" zur Vorbereitung einer Produktkampagne werden verschiedene Phasen unterschieden: Die erste Phase ist die der würdigenden Erinnerung. Diese Reise in die Vergangenheit (des Unternehmens, der Zusammenarbeit) schafft einen Überblick über das, was geschehen ist und was bisher Thema war. Die Themen werden nonverbal dargestellt und zusammengetragen – es ergibt sich ein Mosaik, ein Mandala. Die zweite Phase ist bestimmt durch die zunächst kognitive Betrachtung von Faktoren wie Trends, Moden, Technologien, Bedürfnissen der Konsumenten und Nachfrage. Natürlich gehören dazu auch gesellschaftliche und zeitgemäße Bedingungen, ebenso wie die Zusammensetzung des Unternehmens, persönliche Entwicklungen und zwischenmenschliche Beziehungen.

Im Vordergrund muss also auch die Frage nach den gemeinsamen Interessen, den verbindenden Werten und geteilten ethischen Maximen stehen. „Was hat uns in der Vergangenheit geleitet?" geht über in die Frage: „Was ist unser Leitstern in Zukunft?" Und dann entfernt sich der Fokus vom Naheliegenden und taucht unter beziehungsweise erhebt sich über die Wirklichkeit, so wie sie ist. Diese zweite Phase wird mit dem wissenschaftlichen Begriff „therapeutische Trance-Induktion" bezeichnet.

Die dritte Phase sammelt Menschen und empfangene Visionen wieder ein, konzentriert sie und schwört sie ein auf einen gemeinsamen Nenner. Wieder entstehen Formen der individuellen und nonverbalen Gestaltung, wieder werden sie in Mosaiken und Mandalas zusammengestellt, wobei dieser Vorgang selbst schon rituellen Charakter und ordnende Wirkung hat. Es ist also ein Tun, das nicht die alte Ordnung wiederherstellt, sondern eine neue Ordnung sich selbst organisieren lässt. Ausgehend von diesem Resultat sich selbst organisierender, schöpferischer Kräfte, werden dann in der vierten

Phase die Arbeiten im Detail angegangen, gemeinsame Ziele herausgehoben und die konkreten Vorbedingungen für das Erreichen der gesetzten Ziele eruiert.

Beim Teamcoaching können Elemente des visionären Managements verwendet werden. Besonders die gemeinsame Erarbeitung eines Logos als Symbol für die verkörperte Identität eines Teams kann dazu führen, dass diese Teamidentität sich tatsächlich während des Prozesses herstellt. In der Ausstrahlung eines Teams, die sich auf die Produkte und Projekte überträgt, zeigt es sich, inwieweit das Team zu einem Körper, zu einem lebendigen System zusammengewachsen ist.

COACHINGTECHNIKEN

Im Coaching geht es um die persönliche Ausstrahlung und die gewünschte Wirkung, die damit erzielt werden soll. Es geht um die Frage von Authentizität, verbunden mit einer Sensibilität für die Wünsche, Erwartungen und Bedürfnisse anderer; es geht um die eigene innere Kongruenz, um Präsenz und Präsentation. Jeder Mensch hat im Prinzip eine Ausstrahlung, aber meist ist sie diffus, nicht gebündelt, wie gestreutes Licht. Die Ausstrahlung zu bündeln heißt, sie in die Gegenwart zu bringen: Ausstrahlung ist an Präsenz gebunden, erst dann erreicht sie ein gewisses Maß an Intensität, sodass auch andere Menschen sie als Energie, als wirkende Kraft wahrnehmen.

Charisma ist eine Botschaft, ein Auftrag – mehr noch: die Entscheidung, diesen Auftrag anzunehmen, die Botschaft zu überbringen. Charisma haben zu wollen geht einher mit dem Bewusstsein, nicht nur etwas sagen zu wollen, sondern auch etwas zu sagen zu haben. Auch hier ist die Klärung der persönlichen Vision eine unerlässliche Vorbereitung auf die nächsten Schritte im Coaching oder Training. Die Arbeit am äußeren Ausdruck, von dem man hofft, er möge Überzeugungskraft haben, geht einher mit der Entwicklung einer inneren Überzeugung.

Überzeugungskraft haben zu wollen, ohne eine Überzeugung zu haben, ist in sich widersprüchlich und als Widerspruch auch von außen spürbar. Die folgende Liste von „Ausstrahlungsminuspunkten" und „Ausstrahlungspluspunkten" vermittelt einen Eindruck, worum es geht.

Ausstrahlungsminuspunkte

1. Ich habe nichts zu sagen. Es kommt doch nicht auf mich an.
2. Mir ist alles egal. Mir ist nichts wirklich wichtig.
3. Wie ich mich auch entscheide, es hat keine Bedeutung und keinen Einfluss.
4. Charisma ist so anstrengend. Ich lehne mich lieber zurück, als mich allzu weit aus dem Fenster zu lehnen.
5. Letztlich kommt es sowieso nur auf die inneren Werte an. Wozu soll ich Eindruck schinden?
6. Die inneren Werte sind wichtiger als die äußere Erscheinung.
7. Nicht auf den Eindruck, den ich mache, kommt es an, sondern auf das, was ich eigentlich bin.
8. Qualität setzt sich von selbst durch. Ich habe es doch gar nicht nötig, den Leuten hinterherzulaufen. Recht geschieht es ihnen, wenn ihnen etwas entgeht!
9. Was kümmern mich die Leute?
10. Was andere von mir oder über mich denken, ist mir egal. Ich bin ich!
11. Ich bin ein Individuum. Ich bin eine Insel.
12. Wer ich bin, geht niemanden etwas an.

Ausstrahlungspluspunkte

1. Ich bin Teil einer übergeordneten Weisheit, die alle etwas angeht.
2. Ich entscheide mich dafür, zum Sprachrohr und Kanal zu werden für etwas, das allen wichtig ist.
3. Wenn ich mich für etwas entscheide, das größer ist als mein Ich, dann geschieht alles von selbst, mühelos, leicht.
4. Die inneren Werte kommen in der äußeren Erscheinung zum Ausdruck.
5. Ich bin das, was ich scheine. Ich bringe zum Ausdruck, was ich bin.
6. Ich bin von mir selbst überzeugt und weiß: Qualität will präsentiert werden, um im Bewusstsein anderer präsent zu sein.
7. Ich stelle mich auf die Menschen ein, die ich erreichen möchte.
8. Innen und Außen entsprechen einander. Solange ich lebe, bin ich auf andere angewiesen und in Beziehungen eingebun-

den. Alles, was ich innerlich erlebe, kommt zum Ausdruck – ob ich es will oder nicht.

9. Ich bin ein Mensch und lebe unter Menschen. Mal mehr zurückgezogen und im Hintergrund, mal mehr im Vordergrund und im Scheinwerferlicht. Je nach Kontext und Aufgabe handle ich so, wie ich mich im Einklang mit mir selbst fühle.

10. Wer ich bin, wird durch meine Handlungen klar. Alles, was ich bin, macht mich aus.

Präsenz ist die Fähigkeit, in der Gegenwart ganz da zu sein, sich auf die gegenwärtige Situation mit Aufmerksamkeit und Achtsamkeit einzustellen und die Wahrnehmung auf das zu richten, was gegeben ist.

In der Beratersituation gilt: Je präsenter Coach und Coachee (derjenige, der gecoacht wird) in einem Coachingkontext sind, desto geringer ist die Wahrscheinlichkeit einer irrigen Projektion, weil alle Sinne offen und stimuliert sind und die Aufmerksamkeit sich nicht mit der eigenen inneren Welt beschäftigt. Vor dem Einstieg in das eigentliche Thema der Beratung empfiehlt es sich also, die Sinne zu öffnen und bewusst in die Gegenwart der Situation einzusteigen. Dabei hilft es, sich zunächst zwischen allzu großer Nähe und zu großer Distanz einzupendeln und einen angenehmen Kontakt herzustellen. Dazu gehören Blickkontakt (nicht zu viel, nicht zu wenig), eine angemessene Sitzhaltung und Positionierung im Raum (nicht frontal einander gegenüber, aber auch nicht nebeneinander), in einem Winkel, der beide Perspektiven erlaubt: auf sich selbst konzentriert in den Raum hinein oder auf den anderen fokussiert blickend.

Präsenz kann durch geeignete Stimulation unterstützt werden. Wer als Coach mehrere Stunden hintereinander arbeitet, sollte unbedingt zwischendurch für Abwechslung sorgen (frische Luft schnappen, einige Schritte tun, die Sitzposition verändern), um immer wieder neu ansetzen zu können. Interesse heißt wörtlich „dazwischen sein". Um das eigene Interesse nicht zu verlieren und sich nicht in sich selbst zurückzuziehen, sollte der Coach sich ganz bewusst selbst stimulieren: Atmen Sie tief durch, versorgen Sie das Gehirn mit frischem Sauerstoff.

Präsenz ist abhängig von der eigenen inneren Befindlichkeit. Wenn Sie sich nicht konzentrieren können, ist dies ein Anzeichen dafür, dass Sie den Kopf nicht frei haben und sich eigentlich mit sich selbst beschäftigen müssten. Mangelnde Präsenz ist auch ein Hinweis auf innere Konflikte. Die disharmonische Befindlichkeit, die einem selbst gar nicht bewusst sein mag, überträgt sich unmittelbar auf das Gegenüber, das sich instinktiv ebenfalls unwohl fühlt. Widersprüchlichkeit mag spannend sein, ist aber in der Beratungssituation von Nachteil.

Wenn Sie an Ihrer eigenen Präsenz arbeiten wollen oder fehlende Ausstrahlung das Thema des Coachings ist, beginnen Sie als Berater mit dem Kongruenzcheck: Sie prüfen, ob Sie sich in Ihrer Haut wohl fühlen. Kongruenz ist etwas, das gefühlt und körperlich gespürt werden kann. Bei Inkongruenz können körperliche Symptome auftreten; dieser Zustand kann durch Einfühlung wahrgenommen werden, da der Zustand des Unbehagens auf den Berater übergeht (oder auch auf einen feinfühligen Menschen, der einen inkongruenten Menschen erlebt, seine Stimme am Telefon hört oder sein Gesicht auf einem Foto sieht). Hier ist es wichtig und oft schwierig, zwischen dem eigenen und dem fremden Unwohlsein zu unterscheiden.

Kongruenz ist ein Begriff aus der Geometrie und bedeutet Deckungsgleichheit. Im psychologischen Sinn ist damit die Übereinstimmung von Ansichten beziehungsweise von zusammengehörigen Teilen und deren inhaltliche Vereinbarkeit mit dem Ganzen gemeint, z. B. einem Glaubensdogma oder einer Firmenphilosophie. Inkongruenz tritt erfahrungsgemäß besonders oft und stark dort auf, wo Ansprüche gestellt oder Versprechen gegeben werden, denen man nicht nachkommen kann oder die schlichtweg überfordern.

Der Kongruenzcheck fragt also nach: Fühle ich mich wohl in meiner Haut? Diese Frage zielt auf die innere Ordnung ab, die man innerlich und körperlich fühlen kann. So zu fragen lenkt den Fokus nach innen, auf das innere, körperliche Erleben. Fragen Sie weiter, falls Sie auch beim geringsten Unwohlsein und Störgefühl Anlass haben zu der Frage: Wenn nicht, wer ist dagegen? Ist da jemand, der sich zu Wort melden möchte? All dies spielt sich natürlich ohne Worte ab.

Inkongruenzen sind jedoch nicht grundsätzlich schlecht. Sie entstehen unvermeidlich innerhalb der Veränderungsprozesse im Übergang von alten zu neuen Gleichgewichtszuständen. Kongruenz muss sich immer wieder neu herstellen, deshalb ist es gut, den Kongruenzcheck immer wieder durchzuführen – so, wie die Gewissenserforschung an jedem Abend früher zum Ritual der Gläubigen gehörte. Wenn Inkongruenzen wahrgenommen werden, etwa auch vom Coach während der Veränderungsarbeit, liefern sie wertvolle Informationen: Etwas passt nicht, aber es kann passend gemacht werden. Kongruenz entsteht durch Synchronisation der einzelnen Teile – sie können gleichzeitig nebeneinander existieren, ohne sich gegenseitig auszuschließen, zu behindern, denn eine innere Organisation sieht vor, wann sie an die Reihe und zu ihrem Recht kommen.

Widersprüchlichkeit und Brüchigkeit sind keine Charaktermerkmale, keine Eigenschaften, sondern gehören zum Verhalten. Der Eindruck der Inkongruenz einer Person entsteht daraus, dass sie sich ihrer widerstreitenden Teile nicht bewusst ist. Widersprüchlichkeit heißt aber nicht, in sich widersprüchliche Teile zu haben! Der bewusste Umgang mit inneren Konflikten macht – auch in der Ausstrahlung – den entscheidenden Unterschied aus. Hier ist Transparenz sehr wichtig: Transparenz bedeutet Durchschaubarkeit.

Die Ausstrahlung verrät, ob jemand etwas zu verbergen hat oder sich selbst etwas vormacht. Ein reines Gewissen zu haben und bei sich selbst durchzublicken fördert eine Vertrauen erweckende Ausstrahlung. Transparenz ermöglicht den Durchblick – also das Gefühl, etwas zu verstehen und integrieren zu können. Um Kohärenz und Transparenz zu erreichen, hilft es, auf Belastungen flexibel zu reagieren, ihnen wirksam zu begegnen und sich rasch von ihnen zu erholen.

Widerstandsenergien speisen sich aus dem Vermögen, Belastungen einen Sinn geben zu können, sie einzuordnen in den „Lauf der Dinge" im Leben und zu verstehen als ein Ereignis in einer Kette von Ereignissen. Dies wiederum hilft, die Belastungen zu relativieren, sie als Faktoren des Lebens zu verstehen und hinzunehmen – und ihnen damit ihren Platz zuzuweisen auf der inneren Landkarte des Lebenssinns, sie ins Lebenskonzept zu integrieren. So wird die Akzeptanz sich selbst und auch anderen gegenüber gefördert.

Wie Sie Transparenz erreichen können

1. Entwickeln Sie ein Konzept, das Sie am besten schriftlich ausformulieren. Darin legen Sie dar, worum es Ihnen geht und in welchem Zusammenhang einzelne Aufgaben, Ziele, Ansprüche, Rechte und Pflichten zu dem Ganzen stehen. Finden Sie zu einem strukturierten und durchdachten Konzept.

2. Suchen Sie Situationen, Gelegenheiten, Kontexte, innerhalb deren Sie Ihr Konzept unter Beweis stellen und praktisch umsetzen können. Jede Promotion bis hin zur kleinsten Annonce, die Sie schalten, sollte den Stempel Ihres übergeordneten Konzepts tragen. Es sollte sich in jeder Ausdrucksform wieder finden und den Eindruck vermitteln, nicht beliebig gewählt worden zu sein, sondern wirklich einen Sinn zu haben. Zeigen Sie, dass Sie sich dabei etwas gedacht haben, und machen Sie klar, was es ist, auf das es Ihnen ankommt.

3. Erst aus einem überzeugenden Konzept ergibt sich die Handhabe, mit der die einzelnen Präsentationen geplant, platziert und durchgeführt werden.

4. Am meisten können Sie durch Ihre Ausstrahlung überzeugen, wenn Sie allgemein menschliche Werte ansprechen. Der höchste Wert ist die Liebe zum Leben. Sie wirken vertrauensvoll, wenn Sie selbst am Lebensgenuss teilhaben und überzeugt sind vom Wert des Lebens. Anstrengung macht Lust, wenn sie als nützlich angesehen wird, das heißt, wenn sie sich lohnt.

5. Durch eine überzeugende Ausstrahlung können Sie bei anderen bewirken, dass sich ihnen eine Perspektive eröffnet, eine Zukunft auftut. Dies geschieht nicht durch Versprechungen, auf deren Einlösung man warten muss, sondern durch die Art, mit der Sie in der Gegenwart sind und auf eine positive, lebbare, lebenswerte Zukunft verweisen.

6. Das Prinzip der inspirierenden Motivation ist: Energie wird dann eingesetzt, wenn es sich lohnt, und dort, wo sie benötigt wird. Energie kommt, wenn der Stromkreis geschlossen wird. Oft hängt an der Motivation nicht nur ein einziges Motiv, sondern eine ganze Kette von Motiven, die sich als Kreislauf zum Stromkreis schließt und einen Energiefluss garantiert. Ergebnis: Die Lust des einen nimmt dem anderen nichts weg, sondern kann sie nur verstärken, weil alles dann besser läuft.

DER SYSTEMISCHE ANSATZ

Er ist dort hilfreich, wo es darum geht zu verstehen, warum manche Menschen und Ideen „ankommen" und andere wieder nicht. In der

Geschichtsforschung etwa muss dabei unbedingt der zeitgeschichtliche Kontext beachtet werden: Was war damals für die Menschen interessant, und wie kann dieses allgemeine Interesse durch Lebensbedingungen, Marktverhältnisse, Angebot und Nachfrage, Erkenntnisse, religiöse und kulturelle Verhaltensvorschriften, Pflichten, Tabus, Wünsche, Ziele etc. erklärt werden?

Jenseits dieser „rationalen" Erklärungen ist die „irrationale" Ebene von Wichtigkeit, denn von hier aus sind die Bedeutungen und Werte jener Zeit nachzuvollziehen. Führungspersönlichkeiten sind oft zu Helden und anderen mythischen Gestalten hochstilisiert worden. Wer sich in der Welt der Archetypen auskennt, kann seine Zeit und andere Zeiten, auch andere Kulturen als Text im Kontext „lesen". Diese Methode des systemischen Textverständnisses hat sich bis jetzt vor allem im literaturwissenschaftlichen Bereich unter dem Begriff „Dekonstruktion" (das Verstehen der Entstehungsbedingungen von sozialen Konstruktionen) durchgesetzt. Im Beratungsbereich fordert die Methode als „narrativer Therapiestil" den Ratsuchenden dazu auf, seine eigene Geschichte als eine Geschichte, die Sinn macht, immer neu zu erzählen, das heißt zu „konstruieren".

ZITATE

- In dir muss brennen, was du in anderen entzünden willst. *Augustinus*
- Wie oft verglimmen die gewaltigsten Kräfte, weil kein Wind sie anbläst! *Jeremias Gotthelf*
- Das Gefühl eigener Anmut macht anmutig. *Johann Wolfgang von Goethe*
- Es ist nie zu spät, das zu werden, was man hätte sein können. *George Sand*
- Anmut ist ein Ausströmen der inneren Harmonie. *Marie von Ebner-Eschenbach*
- Es gibt vielleicht auf der ganzen Welt kein anderes Mittel, ein Ding oder Wesen schön zu machen, als es zu lieben. *Robert Musil*
- Charme: die Art, wie ein Mensch Ja sagt, ohne dass ihm eine bestimmte Frage gestellt worden wäre. *Albert Camus*

- Wer mit dem Strom schwimmt, erreicht die Quelle nie. *Peter Tille*
- Es ist fast immer klüger, sich den Vorstellungen anzupassen, welche die Menschen von uns haben, statt ihnen ihre Illusionen zu nehmen. *Sigmund Graff*
- Die Vitalität selbst ist das Resultat einer Vision. Wenn es keine Vision mehr gibt von etwas Großem, Schönem, Wichtigem, dann reduziert sich die Vitalität, und der Mensch wird lebensschwächer. *Ernst Fromm*
- Die Schönheit hat etwas Statisches. Der Charme leuchtet am eindrucksvollsten in der flüchtigen Bewegung auf. *Sigmund Graff*
- Charme ist der unsichtbare Teil der Schönheit, ohne den niemand wirklich schön sein kann. *Sophia Loren*

Beziehung

Beziehungen sind nicht alles, aber nichts ist etwas wert, wenn man keinen Bezug dazu hat.

Die Philosophie

Der Begriff „Gemeinschaft" bezeichnet das Miteinanderleben von Mitgliedern einer Gruppe, wobei hinsichtlich ihrer Werte, Normen und Ziele wesentliche Übereinstimmung oder Einheit besteht, damit sie gemeinsam oder füreinander handlungsfähig sein können. Sie sind miteinander in Beziehung.

Jeder von uns ist durch viele Fäden mit dem Schicksal der anderen verknüpft, und deshalb wird keiner von uns sein Glück machen können, wenn er nicht auch das Glück der anderen im Auge behält.

Beziehung schafft ihre eigene Wirklichkeit, die Beziehungswirklichkeit. Sobald sie einmal entstanden ist, ist sie der subjektiven Willkür entzogen, denn sie wird von mindestes zwei Menschen „gemacht". Es kann also nicht von einem einzigen Menschen allein darüber verfügt werden. Auch können weder die eine noch die andere Person die Art dieser Beziehung allein bestimmen. Zwei Psychen reagieren aufeinander und interagieren, der größte Teil davon geschieht unbewusst. Jede Person kann nur etwas in die Beziehung einbringen; was der andere daraus macht, bleibt dem eigenen Willen entzogen. Das Beziehungssystem spielt sich im Dazwischen ab, und auch für dieses System gilt: Das Ganze ist mehr als die Summe seiner Teile. Beide Personen schaffen eine neue soziale Wirklichkeit, wenn sie zueinander in Beziehung treten.

Ein Mensch kann auf sozialem Gebiet durch Beziehungsaufnahme und neue Beziehungserfahrungen dazulernen, also sein Bild von der Welt erweitern. Das erweiterte Bild wirkt zurück auf sein eigenes Erleben. Da jeder Mensch zeitlebens in vielen verschiedenen Beziehungen und Bezugssystemen eingebunden lebt, muss der Einfluss von Beziehungen und hergestellten Bezügen wahrgenommen, angenommen und anerkannt werden.

Hier seien zwei Begriffe eingeführt, die zur Einstimmung in die Feinarbeit mit Beziehungsproblematiken dienen mögen.

- Atmosphäre (aus griechisch *atmos*, „Dunst", und *sphaira*, „Scheibe, Kugel, Erdkugel") bedeutet zunächst Lufthülle, dann übertragen Fluidum, Umwelt, Stimmung. Atmosphäre wird auch etwas genannt, das von Menschen und ihren Beziehungen zueinander, von gemeinsam geteilten Räumen ausgeht. Atmosphären können weder objektiv gemessen werden, noch sind sie rein subjektives Erleben – sie müssen erspürt, erlebt werden, um sich der Wahrnehmung zu erschließen. Sie sind nicht festzumachen, sind nicht hier oder dort, sondern im Zwischendrin.

- Klima wird definiert als mittlerer Wert oder Zustand der Witterungserscheinungen eines Ortes oder Raumes; übertragen spricht man von einer guten oder schlechten Atmosphäre und meint damit die Gesamtheit der Erscheinungen. „Klimax" bezeichnet einen Höhepunkt, der, ähnlich wie die Krise, einen entscheidenden Unterschied markiert. Das Wort bedeutet übersetzt „Treppe, Leiter": Mithilfe von Skalen werden die Zustände eines Beziehungsklimas beobachtet, wobei die unterschiedlichen Schwankungen und die Bedingungen für die auftretenden Unterschiede von besonderer Bedeutung sind.

FRAGEN AUS DER BERATUNGSPRAXIS

Zu wem haben Sie Ihrem Gefühl nach im Leben eine Beziehung? Zu was haben Sie Ihrem Gefühl nach im Leben einen Bezug?

Wann sprechen Sie von Verhältnis, und zu wem oder was haben Sie in Ihrem Leben ein Verhältnis? Zu wem oder was spüren Sie in Ihrem Leben eine Verbindung?

In welche Bezugssysteme *wissen und fühlen* Sie sich eingebunden?

Woran merken Sie, dass sich eine Verbindung zu jemandem oder zu etwas hergestellt hat?

Welches Gefühl löst in Ihnen das Eingebundensein meistens aus? Woran merken Sie, dass jemand Kontakt zu Ihnen aufnimmt? Wie erleben Sie eine Verbindung, die sich zu einem anderen Menschen hergestellt hat?

Woran merken Sie, dass Sie keinen Kontakt zu einem Menschen finden? Wie erleben Sie Beziehungslosigkeit?

MANAGEMENTSTRATEGIEN

Dialog ist ein Prozess: Dabei läuft ein gemeinsames Erkunden der Beziehungen, ein Erforschen der gemeinsamen Werte und Grundannahmen ab. Dialog eröffnet einen Raum, in dem Widersprüche und Unvereinbarkeiten sichtbar werden und auch nebeneinander stehen bleiben können.

Das Erkunden der Beziehung ist die Bereitschaft, sich mit eigenen und kollektiven Werten kritisch auseinander zu setzen und sich auf das Risiko des Nichtwissens, auf das Gefühl der eigenen Inkompetenz einzulassen. Daraus erwächst eine innere Entscheidung, die Aufmerksamkeit auch dorthin zu lenken, wo Unsicherheit vorherrscht – Unsicherheit in Bezug auf die eigenen Annahmen und Unsicherheit darauf, ob der andere überhaupt in der Kommunikation erreicht werden kann.

Die Fähigkeiten, die aus dieser Kunst des Erkundens der Beziehung erwachsen können, werden oft mit den Begriffen „emotionale Intelligenz" und „soziale Kompetenz" beschrieben. Manche Menschen entwickeln zwar mehr solcher Fähigkeiten als andere, aber prinzipiell stehen sie uns allen zur Verfügung: Sie lassen sich erwerben.

Dieses Erkunden der Beziehung (Dialogdenken) findet im systemischen Konfliktmanagement seine praktische Anwendung. Der Konflikt wird im Dialog angegangen, das heißt: Es wird als Ziel angesteuert, dass alle Beteiligten gewinnen. Dies motiviert, den Prozess in Ruhe zu beginnen, sich Zeit zu nehmen und alle Ergebnisse als innere Bereicherung anzusehen. Es ist die innere Bereitschaft vorhanden, dem anderen Aufmerksamkeit zu schenken und die eigene Position zu klären.

Die gemeinsame Suche nach Lösungen, bei denen alle gewinnen (Win-win-Lösungen), kann auch als kreativer Prozess dem Unbewussten übergeben werden, zum Beispiel, indem man „eine Nacht darüber schläft" und nicht sofort nächste Schritte beschließt. Dieser Reaktionsaufschub entspricht der grundsätzlichen inneren Entscheidung.

COACHINGTECHNIKEN

Coaching schärft die Wahrnehmung für die Beziehungswirklichkeit. Dies reicht von der Kenntnisnahme sozialer Verhältnisse bis zur feinsten Wahrnehmung persönlicher Schwingungsfelder.

Beziehungen sind eine Sache des sensiblen Vorgehens, das ein gutes Verhältnis im Sinne einer Ausgewogenheit, mit der alle Beteiligten leben können, anstrebt. Ein tastendes Vorgehen und ein differenziertes Erwägen aller Optionen ist dabei sinnvoller als die übliche Schiedsrichterhaltung, die entscheidet, was richtig und was falsch ist.

Im Coaching trägt die innere Haltung des Beraters dazu bei, dass in Beziehungsproblemen auf eine Win-win-Lösung gesetzt wird. Es geht nicht um Sieg oder Verlust und auch nicht um faule Kompromisse, sondern um ein ganz neues Modell des Umgangs mit Beziehungen. Dieser neue Umgang ist das Resultat eines Prozesses, und diesem Prozess muss eine Chance und Zeit gegeben werden.

Auch Beziehungspartner brauchen Zeit, sich der eigenen Position bewusst zu werden und Stand und Lage des anderen wirklich zu begreifen. Indem beide Partner sich erlauben, die Festung des eigenen Standpunkts zu verlassen und sich experimentierfreudig im Raum zwischen den eingefahrenen Positionen aufzuhalten, zeigen sie die Bereitschaft, das, was im Raum steht, auf sich wirken zu lassen. Die Einsicht in die mögliche Daseinsberechtigung und die Vorteile der anderen Meinung bewirkt eine Aufweichung des eigenen, zunächst absolut gesetzten Standpunkts.

Diese Einsicht bewirkt eine Entscheidung, die von beiden Seiten getroffen wird, nämlich sich nicht zufrieden zu geben mit dem altbekannten und gewohnten Schema der zwei Möglichkeiten des Entweder-oder. Eine Win-win-Lösung ermöglicht, dass nicht die Unterscheidung, sondern die Gemeinsamkeit siegt und die Verbindung neu definiert.

Der Berater hält sich zurück mit eigenen Vorschlägen und will nicht mitbestimmen. Wenn der Prozess ins Stocken gerät und die Argumente sich wieder verfestigen, hält er dazu an, sich nicht mit der „Gewissheit des bekannten Elends" und negativen Endzuständen zu begnügen, sondern immer wieder den Schritt in die unbekannte Weite des Nichtwissens zu wagen.

Übung: Das gemeinsame Gute finden

1. Wählen Sie eine Person aus, mit der Sie Schwierigkeiten zu haben glauben. Es kann sich um einen offenen Konflikt handeln oder auch nur „etwas in der Luft liegen", das die Beziehung zu diesem Menschen beeinträchtigt.
2. Klären Sie Ihre eigene Position, das heißt, machen Sie sich bewusst, was Ihnen ein Anliegen ist und worauf Sie keinesfalls verzichten möchten.
3. Versetzen Sie sich nun in die Lage der anderen Person, und bilden Sie Hypothesen darüber, was dieser Person so wichtig sein könnte, dass sie keinesfalls darauf verzichten würde.
4. Betrachten Sie nun aus der Perspektive dieser Person sich selbst und bilden Sie Hypothesen darüber, was diese Person in Ihnen sieht und was geschehen müsste, damit sich die Sichtweise zum Besseren verändern könnte. Wie müsste die Person Sie sehen können, damit Sie sich besser fühlen?
5. Gehen Sie wieder in Ihre eigene Position, und spüren Sie nach, wie diese angedachten Veränderungen sich auf Sie auswirken würden, falls Sie das Beziehungsangebot der anderen Person annehmen würden.
6. Wie würde sich Ihre eigene Sicht des Ganzen verändern? Gehen Sie dazu bewusst aus der Konstellation des „Duells" hinaus, und beobachten Sie, was zwischen den beiden Duellanten geschehen ist. Kann man noch von einem Duell sprechen?
7. Stellen Sie sich vor, es käme Ihnen eine Idee, wie Sie als „lachender Dritter" diese Duellsituation für sich nutzen könnten – was würde Ihnen dazu einfallen? Machen Sie sich ein Bild von dem Nutzen, der durch die Entzweiung entstanden ist.
8. Stellen Sie sich vor, es gäbe zwar keinen „lachenden Dritten", wohl aber einen Nutzen, der aus einer Alternative zum Duell entstehen und auch für die Duellanten interessant sein könnte, wenn sie sich entschließen würden, die Form des Duells aufzugeben.

9. Kehren Sie nun wieder auf Ihre eigene Position zurück, bereichert um das Wissen, dass es mehr Alternativen gibt als das Duell. Wie müssten Sie mit Ihrem Gegenüber (auch ohne Worte) in Beziehung treten, um diese neuen Alternativen aufzuzeigen? Wie müssten Sie sich verhalten (auch ohne Worte), um Zeichen zu setzen für die Erweiterung Ihres Beziehungsangebots?
10. Beenden Sie die Übung, indem Sie sich auf die Atmosphäre zwischen Ihnen und der anderen Person konzentrieren. Was ist jetzt anders? Was macht den entscheidenden Unterschied zu vorher aus? Angenommen, Sie müssten eine Prognose für das Klima machen, zu welchen Annahmen würden Sie jetzt kommen?

Übung: Der Beziehungsspiegel

1. Wählen Sie eine Person aus, mit der Sie Schwierigkeiten zu haben glauben.
2. Versetzen Sie sich in die Lage der anderen Person und sehen Sie sich selbst mit den Augen dieser anderen Person.
3. Gehen Sie nun in den Beobachterstatus, und beobachten Sie die Beziehung von außen. Wie würden Sie die Beziehungsqualität beschreiben?
4. Bleiben Sie im Beobachterstatus, aber machen Sie sich Gedanken über mögliche Veränderungen. Was könnte die Beziehungsqualität verbessern?
5. Was müsste „in der Luft liegen", damit die Atmosphäre besser würde? Wovon bräuchte es mehr, wovon weniger? Konzentrieren Sie sich nur auf die Qualität der Beziehung und das sinnliche Erleben dieser Qualität. Arbeiten Sie mit feinsten Nuancierungen auf der Qualitätsskala.
6. Lassen Sie in Ihrer Vorstellung ein Wunder geschehen, und nehmen Sie in das Beziehungsspiegelbild die förderlichen Qualitäten auf.
7. Kehren Sie nun auf Ihre eigene Position zurück, und lassen Sie dieses neue Beziehungsspiegelbild auf sich wirken. Was verändert sich in Ihrer persönlichen Einstellung? Was verändert sich in der Atmosphäre?
8. Versetzen Sie sich in die Lage der anderen Person. Woran würde sie als Erstes merken, dass ein Wunder geschehen ist? Wie würde sich ihr Verhalten Ihnen gegenüber verändern, und welche Auswirkungen würde dies auf Ihr Verhalten haben?

9. Beenden Sie die Übung, indem Sie sich die „Wunderwirk-lichkeit" vergegenwärtigen, als wäre sie jetzt schon eingetre-ten. Atmen Sie diese wunderbare Luft tief ein.

In der Beratungssituation ist eine gute Beziehung zwischen Berater und Ratsuchendem die Voraussetzung für eine erfolgreiche Bera-tung. Der Kunde, der eine Beratung sucht, braucht ein Beziehungs-angebot, ein Repertoire, um sich auf die gemeinsame Arbeit einlassen zu können. Ein Coach sollte alle Register ziehen und verschiedene Spielweisen vorschlagen können. Alle Techniken und Interventionen sind jedoch Eingriffe und sollten nur als Ergänzung für die gemein-samen Suchprozesse genutzt werden, um den Gedankenfluss und die intuitiven Eingebungen zu strukturieren und akzentuieren.

Im Coaching werden Prozesse bearbeitet, die natürlicherweise vorhanden sind. Manchmal muss man sie verlangsamen, um sie wirklich wahrnehmen und erleben zu können. Je präsenter die Ge-sprächspartner dabei sind, desto mehr können sie sich aufeinander einstimmen, was zu einer guten Atmosphäre führt. Dies sind subtile Vorgänge, die nur erspürt, aber nicht als Konzept, Programm und Strategie durchgezogen werden können.

Wertschätzung und Einfühlungsvermögen schaffen „Kongru-enz" – diese darf sich jedoch nicht verfestigen zu einer grundsätzli-chen Haltung und Einstellung, sondern muss flüssig und gleitend bleiben, sich von Augenblick zu Augenblick neu herstellen. Immer wieder muss sich vor allem der Coach fragen: Stimmt es (für mich) noch? Ist die Beziehung zum Coachee stimmig?

Bei einem eindeutigen Ja ist es wichtig, sich immer wieder auf den Coachee einzustimmen. Die Einstimmung geschieht durch das so genannte Pacing, die Anpassung an die fremde Gangart. Das be-deutet, den Coachee auf seinem Pfad, in seinem Schritt und seiner Geschwindigkeit zu begleiten. Dadurch entsteht der so genannte Rapport, die erste Stufe in der Beziehungsgestaltung. Rapport ist die unmittelbare Kontaktaufnahme in einem Klima der Wertschätzung und des Vertrauens. Pacing stabilisiert den Rapport und bildet die Basis einer lebendigen Beziehung. Fragen Sie sich einfach immer wieder: Wo stehe ich (jetzt gerade), und wo steht der andere?

Konzentrieren Sie sich auf Ihr Gefühl. Argumente sind nur die Spitze des Eisbergs und meist das, was am wenigsten ausschlagge-bend ist. Souveräne Menschen sind fähig, sich über ihre Kommunikation und ihre Beziehungsgestaltung auszutauschen. Dies setzt allerdings voraus, dass man in innere Distanz tritt und sich aus dieser Distanz heraus beobachtet.

Selbstreferenz heißt diese Kunst, sich distanziert auf sich selbst zu beziehen und die Auswirkungen des eigenen Verhaltens mit in die Beobachtungen einzubeziehen. Selbstreferenz ist ein Hinfühlen und Nachspüren, sodass man sich selbst auf die Spur kommt.

DER SYSTEMISCHE ANSATZ

Gemeinschaften (soziale Systeme) werden in der systemischen Beratung nicht nur unter dem Aspekt des individuellen und subjektiven Erlebens betrachtet, sondern auch und vor allem unter dem Aspekt der Beziehungen der Beteiligten untereinander, einschließlich der Wechselwirkungen, die sich daraus ergeben.

Jedes Verhalten von jedem Beteiligten wird demnach gleichzeitig sowohl als Ursache wie auch als Wirkung des Verhaltens der anderen Beteiligten beschrieben. Dieses Ineinandergreifen von Ursachen, die aneinander gekoppelt sind, nennt man „Zirkularität". Das systemische Denken ersetzt das Konzept der Objektivität durch das Konzept der Intersubjektivität.

ZITATE

- Wenn Sie einen anderen Menschen für Ihre Sache gewinnen wollen, müssen Sie ihn zuerst davon überzeugen, dass Sie sein aufrichtiger Freund sind. *Abraham Lincoln*
- Wenn in der Begegnung zwischen Menschen die Wirklichkeit des Wesens anklingt, gewinnt die Stille zwischen den gesprochenen Worten an Gewicht. Der Ton der Stille wird hörbar, das Ungesprochene zwischen dem Gesprochenen, das Schweigen zwischen den Tönen. Die Worte geben der Stille ihren Gehalt und die Stille den Worten ihr Leben. *Karlfried Graf Dürckheim*
- Zu guten Beziehungen gelangt man am schnellsten, wenn man den Eindruck erweckt, sie zu besitzen. *Sigmund Graff*

Coach-Coaching

Zusammenhänge gibt es immer, man muss sie nur finden wollen.
Umberto Eco

Coaching ist modern. Gecoacht wird überall, im Sport, im Business, privat, sich selbst, andere, Einzelne, Gruppen. Führungskräfte coachen ebenso wie Übungsleiter, Eltern, Kinder oder gute Freunde – und die wenigsten wissen, dass sie es tun. In der Wirtschaft, wo tagtäglich akuter Handlungsbedarf besteht und die Belohnung durch Gewinn winkt, boomt das Coaching, das jedoch meist noch als klassisches Beratungsmodell verstanden wird. Schließlich hat sich in den letzten Jahren nichts so rasant verändert wie die Arbeitswelt: Dynamisch, flexibel, offen für Veränderungen, weltgewandt, zielorientiert und vernetzt lauten nur einige der Attribute, mit denen die Bewerber auf einem sich rasch verändernden Arbeitsmarkt versehen sein müssen, wenn sie mithalten wollen. Mitte der Achtzigerjahre, als das Coachingkonzept aus den Vereinigten Staaten Deutschland erreichte, galt es noch als ein exklusives Angebot an die Führungseliten der Industrieunternehmen. Nach und nach entwickelte sich aus dem eng umrissenen Coaching für Führungskräfte ein Beratungsangebot für alle und alles. Heute definiert man es als eine psychologische Dienstleistung mit einem weiten Betätigungsfeld: Vorbereitung auf neue Aufgaben, Begleitung bei extremen Anforderungen, supervisionsähnliches Reflektieren des eigenen Verhaltens in der Arbeitswelt. Ganze Gruppen und Teams lassen sich coachen. Coaching rückt damit in die Nähe des klassischen Consultings und wird zu dessen personennaher Spielvariante.

Eine Situation, die eine Veränderung notwendig macht, kann als Schicksalsschlag erlebt werden. Durch ein geeignetes Management ist es jedoch möglich, dieselbe Situation als Herausforderung und Chance zu nutzen. Für diese positive Umdeutung gibt es den Experten: Der Coach befasst sich hauptsächlich mit dem Wechsel und Übergang zu neuen Formen der Persönlichkeitsentwicklung. Der Coach begleitet die Persönlichkeit auf ihrem Weg in eine neue Ordnung. Es erstaunt nicht, dass besonders dort, wo die stärkste Ballung von Autorität, Macht und Führung zu erwarten ist, auch der größte Bedarf an kompetenter Begleitung angemeldet wird.

Unter Coaching versteht man einen Beratungs- und Betreuungsprozess mit dem Ziel für den Kunden, selbstständig Lösungen für bestimmte berufliche und private Probleme zu entwickeln. Coaching als lösungs-, zukunfts- und handlungsorientierte Prozessarbeit bedeutet, dass die Kunden selbst die Experten für die Lösung ihrer Probleme sind. Sie sind es, die ihre Ressourcen für ihre Veränderungen zur Verfügung haben, und nur sie können über ihre Veränderungen und die dazugehörigen Strategien entscheiden. Jede Beratung, jedes Coaching ist eigentlich ein Managen von notwendigen, erwünschten, angestrebten Veränderungen. Veränderung ist das große Thema. Das Warum ergibt sich aus dem Ist-Zustand der jeweiligen Situation, die meist als unbefriedigend erlebt wird.

FRAGEN AUS DER BERATUNGSPRAXIS

Fragen für den Coach

Auftragsklärung

Was?: Was ist das Problem? Was kann ich für Sie tun?

Warum?: Warum haben Sie Kontakt aufgenommen? Was glauben sie, woran das liegt? Wo kommt das her? Wie ist es dazu gekommen?

Wohin?: Was ist das Ziel? Was ist der Effekt des Ziels?

Wozu?: Wozu soll das dienen? Welche Möglichkeiten haben Sie noch, den Effekt zu erreichen?

Ressourcen: Die Maßnahmen anbieten. Was ist die Maßnahme, die Sie sich vorstellen? Was können wir noch machen …?

Weitere Fragen

Welche Veränderungen haben Sie an sich in den letzten drei bis fünf Jahren feststellen können?

Wie hängen diese Veränderungen mit der Veränderung der letzten drei bis fünf Jahre in Ihrem Unternehmen zusammen?

Wie wollen Sie sich in den nächsten drei bis fünf Jahren weiterentwickeln?

Wenn Sie sich in diese Richtung entwickeln wollen, wie sollte sich dann Ihr Unternehmen weiterentwickeln, sodass es hilfreich für Sie ist?

Was können Sie dafür tun?

MANAGEMENTSTRATEGIEN

Die Erwartungen an das Coaching beziehen sich auf verschiedene Schwerpunkte: Es geht um die Verbesserung von Managementkompetenzen sowie Führungs-, Sozial- und persönliche Kompetenz, die in der Wirtschaft bislang zu wenig gefragt waren und nicht in der Ausbildung gelehrt wurden, nun aber zum selbstverständlichen Know-how der Führungskräfte zählen. Damit wird etwas, das bislang privat ab- und ausgehandelt wurde, zu einem Fach, in dem Nachhilfe benötigt wird.

Es geht um die Selbstreflexion der persönlichen Wirkung im sozialen Umfeld. Das selbstherrliche Walten und Schalten neurotischer oder tyrannischer Chefs ist passé: Wer meint, er sei aufgrund seiner leitenden Position unantastbar geworden, irrt. Auch und gerade der Chef sollte nun das Feedback seiner Mitarbeiter einholen, denn die Atmosphäre trägt zum Gelingen der Projekte und dem Erfolg des Unternehmens bei. Der Selbstreflexion folgt daher die Erweiterung des Verhaltensrepertoires. Fehlt etwas zum allseitigen „Glück", so wird der Mangel behoben und dort nachgebessert, wo die kritischen Feedbacks „Ausbaufähigkeit" signalisieren.

Oft sind die Chefetagen offene Baustellen: Neue Positionen bringen neue Aufgaben, und neue Aufgaben bringen neue Rollenerwartungen mit sich. Nicht nur von den Führungskräften, sondern auch im mittleren Management wird erwartet, dass man sich auf neue Anforderungen einstellt, innovativ und kreativ mitdenkt, Verantwortung übernimmt und die Wahrnehmung auf das Allgemeinwohl richtet. Dazu gehört auch die Entwicklung vorhandener, wenngleich noch nicht aktivierter Potenziale. Vor allem mentale Blockaden, die bislang als unüberwindliches Hindernis für den beruflichen Aufstieg des Kunden galten, werden angegangen, denn ein Unternehmen ist, wie die Bilanz zeigt, angewiesen auf die Überzeugung seiner Mitarbeiter, dass sie an etwas mitarbeiten, für das sich der Einsatz lohnt. Das Syndrom der Selbstbehinderung bis hin zu einem Unbewussten, das ständig Sabotage betreibt, bedeutet den Verlust der wertvollsten Energie, mit dem ein Unternehmen heute wirtschaftet – nämlich der Lust und Motivation der beteiligten Menschen.

Es gibt inzwischen verschiedene Arten des Coaches. Hier möchten wir Ihnen drei vorstellen.

Organisationsexterner Coach

Ihm stehen die meisten formalen Settings zur Verfügung. Abgesehen vom Einzelcoaching sind noch verschiedene Variationen des Gruppencoachings und Mischformen möglich. Der organisationsexterne Coach wird insbesondere in den Fällen in Anspruch genommen, in denen Diskretion höchste Priorität hat und außergewöhnliche Veränderungen erzielt werden sollen, die organisationsintern nicht zu bewältigen sind.

Organisationsinterner Coach

Er verfügt über die genaue Kenntnis der organisationellen Strukturen, was sich bei der Erfassung und Bewältigung von Problemen besonders günstig auswirken kann.

Stabscoach: fest angestellter interner Berater, der die bereits vorgenommenen Personalentwicklungsmaßnahmen unterstützen soll.

Der Vorgesetzte als Coach

Dieser ist meistens auf der Personalentwicklungsebene zu finden. Er unterstützt bei anfallenden Problemen seine Mitarbeiter, dabei wird besondere Aufmerksamkeit auf die Betreuung von neuen und noch relativ unerfahrenen Führungskräften gelegt.

Der souveräne Umgang mit Konflikten, persönliche Konfliktfähigkeit und das Know-how der Konfliktbewältigung gehören zu den Aufgaben der Führungskraft an der Spitze. Das Coaching, einzeln oder in der Gruppe, soll auch hier vermitteln, was in Sachen persönlicher Kompetenz und Menschenkenntnis bisher versäumt wurde. Dies schließt Fragen der so genannten emotionalen Intelligenz und der sozialen Kompetenz natürlich mit ein. An oberster Stelle steht die Tugend, Balance zu erzielen und zu halten. Das betrifft die Balance zwischen Anpassungsfähigkeit und innerer Unabhängigkeit, Einfühlung und Abgrenzung, kritischer Einstellung und positiver Grundhaltung, Belastbarkeit und Sensibilität, Realitätssinn und Begeisterungsfähigkeit, Klarheit der Gedanken und Fülle der Einfälle, Enge der fokussierten Aufmerksamkeit und Weite des Bewusstseinshorizonts. Balance ist die Voraussetzung für innere Ausgeglichenheit – und diese wiederum für Integrität und Authentizität der Persönlichkeit, die verschiedene Einflüsse vereinbaren kann.

Balanceakte setzen Toleranz voraus – Toleranz gegenüber Unklarheit, Verwirrung, Unsicherheit in Situationen, in denen alles offen ist, und bei Menschen, deren Ambivalenz ansteckend wirkt und Zweifel oder Verwirrung produziert. Toleranz ist auch dann vonnöten, wenn es darum geht, auf die Wertestrukturen verschiedener Zielgruppen unparteiisch zu achten und eine grundlegende Wertschätzung für den Gesprächs- und Handlungspartner aufzubringen. Toleranz ergibt sich aus Selbstreflexion und Selbstrelativierung und ist somit eine Tugend, die durch Lebenserfahrung zunimmt.

Coaching arbeitet an der Grenze zwischen Konsensrealität („Tagesbewusstsein") und Traumrealität, an der Schwelle zwischen bewusstem (altem) Selbstverständnis und dem aus dem Unbewussten auftauchenden, bewusst werdenden (neuen) Systemverständnis, das fähig ist, über systemische Zusammenhänge zu reflektieren. Es ist also mehr als die klassische Selbstreflexion, die hier gefördert werden soll – zumal diese systemische Selbstreflexion mitten im System (z. B. der Firma) und kontextbezogen (z. B. im konkreten Berufszusammenhang) abläuft.

Im Coaching holt sich der Coachee Impulse, um seinen passenden Weg zu finden.

Phasen des Coachings

Vorphase
- Erkennen des Beratungsbedarfes und des Wunsches nach individueller Betreuung
- Kontaktaufnahme und Vorgespräch
- Auftragsklärung
- Abschluss des Vertrags, in dem die formalen und methodischen Erfordernisse des Coachings für den konkreten Fall von den Beteiligten fixiert werden.

Coachingphase
- Erarbeitung von Ziel- und Lösungswegen
- Interventionen (Gespräche und Übungen)
- Finden von Lösungsansätzen
- Evaluierung der Ziele und Lösungswege
- Lernzielkontrolle
- Abschlusssitzung.

DER SYSTEMISCHE ANSATZ

Es bedarf der ständigen Transparenz des Prozessablaufs, den Coach und Coachee gemeinsam reflektieren. Beide kommunizieren über die Methoden, geben sich permanent gegenseitig Feedback und halten so den roten Faden gespannt, der durch das Labyrinth des subjektiven Erlebens führt. Lösungsorientierte Prozessarbeit, wie wir sie nennen, heißt demnach, dass die Kunden selbst die Experten für die Lösung ihrer Probleme sind. Sie sind es, die über die Ressourcen für ihre Veränderung verfügen, und nur sie können über diese Veränderungen und Strategien entscheiden.

Der Coach versteht sich als „Hebamme" im sokratischen Sinne: Nicht die Hebamme bringt das Kind zur Welt, sondern die Mutter selbst. Ebenso ist der Coach der Förderer, der präzise wahrnimmt, mittels Rückmeldung des Wahrgenommenen Prozesse zur Entfaltung bringt und durch Bewusstmachung schlummernde Potenziale ans Tageslicht holt. Genau das unterscheidet unser systemisches Coaching vom herkömmlichen, fachgebundenen Coaching: Die Coachees bringen ihre eigenen Kompetenzen mit, und der Coach begleitet sie durch präzise Wahrnehmungen und Fragen auf ihrem

Weg zur Verwirklichung ihrer Ziele. Damit soll eine Begleitung gewährleistet werden, die bis zur Ausbildung der Fähigkeit reicht, sich selbst zu coachen. Die Zielvorstellungen, die vom Kunden eingebracht oder erarbeitet werden, sind der Leitfaden der Zusammenarbeit.

Voraussetzung für das Gelingen ist natürlich Kooperation: Die Coachees werden zu Co-Coachs, die selbst den Maßstab dafür setzen, was „richtige" Lösungen sind – richtig ist hier im Sinne von „gesund" und „umsetzbar" zu verstehen. Meist ändern die Coachees mit zunehmendem Kompetenzbewusstsein auch die Richtung, die sie einschlagen – und der ursprüngliche Arbeitsauftrag, die anfängliche Zielvereinbarung ändert sich mit.

Kompetenzcoaching, so könnte man es pointiert formulieren, gibt dort persönliche Hilfestellung, wo der individuelle Reifeprozess nicht zu der Befähigung führte, mit den Herausforderungen des Lebens in sozialen Systemen umgehen zu können. Diese Art von Coaching hilft, in die gestellten Aufgaben hineinzuwachsen, und zwar möglichst organisch und ökologisch verträglich.

Das systemische Coaching könnte jedenfalls eine Möglichkeit sein, ökologisches Wissen im Umgang mit den Schwierigkeiten und Chancen rationalen, optimalen Wirtschaftens anzuwenden – denn systemisches Denken ist schließlich immer auch ökologisches Denken. Im systemischen Coaching wird die Analyse der tieferen Gründe für ein problematisches Verhalten abgelöst durch eine Beratung, die die Aufmerksamkeit auf die Möglichkeiten von Lösungen und auf praktikable Alternativen richtet. Es geht nicht darum, Ursachen zu finden und ein Verhalten zu erklären, sondern darum, Unterschiede herauszuarbeiten und den Weg in Richtung einer entscheidenden Verbesserung einzuschlagen. Die Beratung ist ein Prozess, dessen angestrebtes Endergebnis als Ziel ständig in die Überlegungen integriert und neu festgelegt wird.

Im Gegensatz zur Analyse sind die Kategorien des Verständnisses nicht von vornherein als „objektive Wahrheit" gegeben, sondern entstehen und vergehen bei der Betrachtung der Lebensbühne mit den Auftritten und Abgängen, die sich darauf abspielen. Das subjektive Erleben ist der Schauplatz, auf dem gespielt wird. Alle Strukturen, die sich erkennen lassen, gelten nur vorübergehend und nur für das Subjekt, das sich selbst betrachtet, beziehungsweise für den Berater, der hinzugebeten wurde. Die Strukturen sind flüchtige

Gebilde, keine statischen Monumente, die für die Ewigkeit gebaut wurden. So wird im systemischen Coaching ein postmodernes Denken in die Alltagspraxis umgesetzt und ist damit den Anforderungen einer zunehmenden Vielschichtigkeit des Lebens im Zeitalter der Globalisierung gewachsen.

Erleben, Erfahren, Erkennen

Wer viel erlebt hat, ist nicht unbedingt erfahren. Wer viel erfahren hat, hat nicht unbedingt gelernt zu genießen.

DIE PHILOSOPHIE

Erkenntnis erwächst aus der Verbindung von Erleben und Erfahren. Ein Erlebnis ist eine bedeutungsvolle Erfahrung, die sich auf die Persönlichkeit auswirkt und oft als Bereicherung erfahren wird. Erfahrungen gibt es viele im Laufe des Lebens, aber die Erlebnisse sind gezählt. Ihnen wird besondere Aufmerksamkeit geschenkt, sodass sie sich in der Erinnerung wie Inseln aus dem Meer des Bewusstseinsstroms herausheben.

Erfahrung wird definiert als Gesamtheit all dessen, was dem Menschen in seinem Leben widerfährt.

Erlebnisse verbinden. Ein gemeinsames Erlebnis kann mehr Gemeinsamkeiten schaffen als alle Verordnungen der Welt. Deshalb kommt dem Ritual ein besonderes Gewicht zu: Es ist ein Handeln, das innerhalb einer Gemeinschaft bedeutungsvolle Erlebnisse schafft.

Kennen und Erkennen ist (unbewusstes) Wiederkennen. Durch jedes Erlebnis und jede Erfahrung ergibt sich die Möglichkeit, aus dem Teufelskreis des gewohnheitsmäßig Ablaufenden auszusteigen und etwas zu erleben oder zu erfahren: Die negative Alltagstrance des Immergleichen kann durchbrochen werden, die Energie, die in unbewussten Verhaltensmustern gebunden war, wird neu investiert.

Oft geschieht diese Umpolung durch Um- oder Neustrukturierung: Ein veraltetes Ritual wird durch ein neues ersetzt oder ergänzt.

Die Bedeutungsgebung erneuert sich oder stellt sich vielleicht zum ersten Mal in einer nie gekannten Intensität her.

MANAGEMENTSTRATEGIEN UND COACHINGTECHNIKEN

Sowohl im Managementtraining als auch im Coaching hat sich das Arbeiten mit Ritualen bewährt. Rituale geben Kontinuität und Stabilität. Die Durchführung von Alltagsritualen ist wichtig für die Erhaltung des seelischen und sozialen Gleichgewichts. In Zeiten von Unsicherheit und Lebenskrisen bieten Übergangsrituale wichtige Hilfestellungen zur Bewältigung des Lebens und erleichtern die Weiterentwicklung.

Rituale „markieren" bestimmte Zeiträume. Die Würdigung und Wertschätzung dieser Zeiten mit all ihren Erfahrungen führt dazu, dass das Gefühl einer besonderen Bedeutsamkeit aufgebaut wird, was dem Alltag eine tiefere Dimension verleiht. Jeder kennt aus dem Alltag Rituale in Form von Begrüßungs- und Verabschiedungsformeln oder „Zeremonien" beim Aufstehen und Zubettgehen. Es gibt individuelle Rituale des Essens, Trinkens, Gehens, Bewegens; ein Gesichtsausdruck kann ein Ritual sein, wenn er mit einer bestimmten Bedeutung aufgeladen und in einem bestimmten Kontext „aufgesetzt" wird. Dasselbe gilt für Posen und Haltungen, die sich eingeschliffen haben und oft nicht mehr bewusst sind, sondern unwillkürlich ablaufen.

Auch einzelne Schritte und Abfolgen innerhalb einer Beratung können als rituelle Handlungen verstanden werden. Sie lassen sich daran erkennen, dass sie aufgrund von festgelegten Rollenzuschreibungen ablaufen, sei es bewusst oder unbewusst. Eine Rollenverteilung in der Beratung wäre die Aufteilung zwischen „Berater" (der es besser weiß oder wissen müsste) und Ratsuchendem (der meint, nichts oder nicht genug zu wissen).

Ein sehr wirksames Ritual der Musterunterbrechung ist das meditative Innehalten. In einer Beratung können zusammen mit dem Berater neue Rituale erarbeitet werden, die dann als „Aufgaben" vom Ratsuchenden in den Alltag mitgenommen und dort als Experimente durchgeführt werden. Dabei verändert sich die Rolle des Beraters: Er ist nicht mehr der, der den Ton angibt, sondern mehr Zeuge, Begleiter, Initiator und Katalysator für ein Geschehen, das sich erst neu ergibt und mit neuen Bedeutungen belegt wird; die neue Bedeutungsgebung ist die Chance, alte Bedeutungen abzulegen. Man kann sich Muster unterbrechende Rituale als freiwilligen Verzicht oder Entzug vorstellen, als eine Art mentale Diät.

Im Businessbereich kennt man Rituale in Form von Feiern zu Firmenjubiläen und Einständen oder von Betriebsausflügen. Aber auch Alltagsrituale wie die Kaffeepause bieten Raum für kleine, bedeutsame Erlebnisse, die im positiven Fall eine Bereicherung der Atmosphäre bedeuten. Um die Brauchbarkeit der schon vorhandenen Rituale zu prüfen, empfiehlt es sich, mit dem Blick eines Ethnologen rituelle Handlungsabfolgen im Betrieb zu beobachten:

1. Welche Bedeutung könnte das Firmenlogo haben?
2. Welche Bedeutung könnten bestimmte Begriffe und Bezeichnungen haben, die zur „Stammessprache" zu gehören scheinen?
3. Welche „Ritualgegenstände" (zum Beispiel Möbel und ihre Anordnung) lassen sich auf den unterschiedlichen Ebenen der hierarchischen Rangordnung und den konkreten Räumen finden?
4. Welche „Ritualkleidung" (zum Beispiel Designermarken) wird in welchem Kontext angelegt, und welcher Zusammenhang zwischen Kleidung und Kontext könnte sich als „rituell bedeutsam" herausstellen?
5. Welche magischen Orte und Kraftfelder scheinen zu existieren, und wem sind sie zugänglich, wem nicht?

DER SYSTEMISCHE ANSATZ

Die systemische Beratung erlaubt sich den Zweifel am Althergebrachten („Das haben wir immer schon so gemacht") und eröffnet Räume, in denen neben dem Gewohnten neue Alternativen nebeneinander bestehen können. Alte Verständigungsformeln, Begriffe, Definitionen, Diagnosen werden infrage gestellt und eventuell neu „verhandelt".

Man sollte irgendetwas unternehmen, um den alten Trott und den bodenlosen „Schwebezustand" einer lähmenden Unentschiedenheit hinter sich zu lassen.

Es wird ein Experiment veranstaltet: Der Coachee versucht, neue Erfahrungen außerhalb der alten Denkgewohnheiten zu machen, und überprüft dann, was es damit auf sich hat. Dabei werden nicht nur die Fakten der Erfahrungen, sondern auch die Auswirkungen in seine Beobachtung einbezogen: Welche neuen Reaktionsweisen lassen sich aufgrund des neuen Verhaltens beobachten, und welche Auswirkungen haben sie auf Reaktionen auf seine weiteren Aktionen? Welche Erkenntnisse können ihn in seinen weiteren Handlungsweisen leiten?

ZITATE

- Wer recht erkennen will, muss vorher recht gezweifelt haben. *Aristoteles*
- Habe Vertrauen zum Leben, und es trägt dich lichtwärts. *Seneca*
- Weise Lebensführung gelingt keinem Menschen durch Zufall. Man muss, solange man lebt, lernen, wie man leben soll. Und was noch sonderbarer klingt: All seine Lebtage muss man sterben lernen. *Seneca*
- Zweierlei unterrichtet den Menschen über seine Natur: der Instinkt und die Erfahrung. *Blaise Pascal*
- Der Mensch erkennt nur das, was er zu erkennen den Trieb hat. *Friedrich Wilhelm von Schelling*
- Was der Mensch nicht aus sich selbst erkennt, das erkennt er gar nicht. *Ludwig Feuerbach*
- „Erkennen" ist die Bekämpfung eines Gefühls von etwas Neuem. *Friedrich Nietzsche*
- Die Erkenntnis arbeitet als Werkzeug der Macht. So liegt es auf der Hand, dass sie wächst mit jedem Mehr von Macht. *Friedrich Nietzsche*
- Erkennen heißt nicht, sich mit den Dingen zufrieden zu geben, so wie sie uns entgegentreten, sondern heißt, hinter ihnen nach ihrem Sein zu suchen. *José Ortega y Gasset*
- Die Summe der Erkenntnis: Nach der Erfahrung ist man kein Weiser, sondern ein Sachverständiger. Aber worin? *Albert Camus*
- Denken ist wundervoll, aber noch wundervoller ist das Erlebnis. *Oscar Wilde*

- Die täglichen Menschenerlebnisse sind die tiefsten, wenn man sie von der Gewohnheit befreit. *Robert Musil*
- Nicht vieles zu kennen, aber vieles miteinander in Verbindung zu bringen ist eine Vorstufe des Schöpferischen. *William Blake*
- Erfahrung heißt gar nichts. Man kann eine Sache auch 35 Jahre schlecht machen. *Kurt Tucholsky*
- Erfahrungen wären nur dann von Wert, wenn man sie hätte, ehe man sie machen muss. *Heinrich Waggerl*

Fragen

Die geschwungene Form des Fragezeichens ist ein Abbild des Hin und Her, des Dazwischen. Das ist der Raum, in dem sich die Suchprozesse vollziehen. Fragen sind wie Flügel: Sie tragen weiter über das hinaus, was infrage kommt.

DIE PHILOSOPHIE

Fragen, so die philosophische Definition, sind der sprachliche Ausdruck eines Vakuums im Erkenntnisdrang: Es wird eine Erweiterung des Wissens angestrebt. Im Alltag haben Fragen meist einen sehr konkreten Gegenstand des Interesses oder dienen der praktischen Orientierung. In der Philosophie hingegen ist die Frage die ursprüngliche, innerhalb eines Gesprächs sich entwickelnde Form, mit der das Staunen sprachlich artikuliert wird.

Schon Sokrates wies darauf hin, dass man letztlich nichts weiß und nur dies anerkennen könne. In der sokratischen Lehre sind Frage und Antwort zwei Elemente eines Denkens, das sich über die Form des Gesprächs, des Dialogs, vollzieht. Der erste Schritt in diesem Prozess ist eine Verunsicherung. Jede vorgefasste Meinung und Sicherheit wird infrage gestellt – die Frage ist das Mittel zur Zerstörung eines Gleichgewichts, das sich aufgrund von Vorurteilen und Glaubensvorstellungen im Bewusstsein einnisten konnte.

Vorurteile – und dazu gehört auch die Meinung, keine Vorurteile zu haben – sind Denkgewohnheiten. Durch Fragen werden diese Gewohnheiten aus den Angeln gehoben. Es öffnet sich der freie Raum des Offenlassens, Nicht-wissen-Müssens. Indem die alltagsüblichen Antworten nicht hingenommen werden, bleiben die Fragen offen und führen weiter: Der Mangel an Wissen wird ausgehalten, die Leere rückt ins Bewusstsein.

Die Methode der Maieutik ist eine philosophische „Hebammenkunst", die durch geschicktes Fragen und Antworten die in einem Menschen schlummernde richtige Erkenntnis zutage fördert. Eine Hebamme soll dabei Hilfestellung leisten, das Kind auf die Welt zu bringen, aber nicht, es auszutragen und zu gebären. Genauso verhält es sich mit dem Wissen und der Erkenntnis: Sie sind im Menschen schon angelegt, und der sokratische Geburtshelfer tut nichts anderes, als das, was schon da ist, ins Licht des Bewusstseins zu heben.

MANAGEMENTSTRATEGIEN UND COACHINGTECHNIKEN

In Fragen sind meist schon bestimmte Orientierungsansätze, suggestive Angebote und versteckte Botschaften enthalten. Es gibt kein neutrales Fragen – der Fragende bestimmt, wie das Gespräch verläuft und wohin es führt. Die Kunst des Fragens ist also ein wesentlicher Teil der Gesprächsführung.

Zur souveränen und leicht verständlichen Formulierung kommt noch der stimmliche Vortrag der Frage – so hat die Fragestellung auch einen musikalischen, melodischen Aspekt, der die Botschaft ebenso mitbestimmt wie der eigentliche Inhalt. Das Phrasieren der Sätze, die Pausen zwischen den Worten, das schwingende Auf und Ab in der Stimme trägt wesentlich dazu bei, durch Fragen das Gegenüber in ein angenehmes, entspanntes Erleben hineinzuführen – denn Fragen, insbesondere im Kontext einer Beratung, erzeugen Befindlichkeiten und Bewusstseinszustände.

Fragen dienen neben der Informationsgewinnung auch der Überleitung in innere Suchprozesse, die beim Kunden ausgelöst werden. Fragen müssen nicht (immer) beantwortet werden. Sie sind in erster Linie dazu da, wie Wegweiser den Weg zur Selbsterkenntnis zu markieren, und fungieren als Sonden, Sucher, Fühler, die ausgefahren werden. Fragen können Gefühle auslösen, Erinnerungen wachrufen, Perspektiven wechseln und den Fokus wandern lassen wie ein Scheinwerferlicht.

Fragen können aber auch dazu auffordern, sich in das Erleben zu vertiefen, sodass eine deutliche Wahrnehmung aller wichtigen damit verbundenen Aspekte möglich wird. Es entsteht eine Tiefendimension, die das Bild, das man bislang hatte, nun anders erscheinen lässt. Ebenso kann das Bild aber auch verblassen und in die Ferne rücken. Durch Fragen kann man innerlich Abstand gewinnen.

Die Verstärkung sowohl von Emotionalität und Engagement als auch von einer beobachtenden, kritischen Haltung sind innerhalb eines Beratergesprächs Vorgänge, die sich steuern lassen. In der Gestalttherapie lautet die klassische Frage nach den Emotionen und Gefühlen: Womit sind Sie jetzt gerade in Kontakt? Das heißt: Was geht in Ihnen vor? Was bewegt Sie? Woran fühlen Sie sich erinnert? Es ist ein wesentlicher Teil des therapeutischen Vorgehens, den oft unterbrochenen Kontakt zum Innenleben wiederherzustellen.

Im Einzelcoaching ist dieser Kontakt ebenfalls eine wichtige Voraussetzung für die Erkenntnis, die sich im Laufe der Beratung einstellen sollte. Allerdings erhalten auch die Erkenntnisse, die durch Reflexion gewonnen werden können, und das strategische Denken, das die als notwendig erkannte Veränderung plant, ein großes Gewicht.

Im Managementtraining hat es sich bewährt, zu Beginn eines Trainingstages auf dem Flipchart eine Skala aufzuzeichnen und jeden Teilnehmer seine Stimmung in Form eines Punktes auf der Skala eintragen zu lassen. Das anschließende Herausarbeiten der Auslöser, die als Anlass und Ausschlag für die allgemeine Stimmung in der Gruppe verantwortlich sind, kann nicht nur wichtige Informationen zum Gruppenbefinden und Gruppenprozess liefern, sondern auch Klärung schaffen und den Kontakt zu den Trainern (wieder)herstellen. Die Teilnehmer fühlen sich ernst genommen und in ihren Bedürfnissen anerkannt. Zudem wird die Atmosphäre gereinigt und bietet somit die beste Voraussetzung für ein störungsfreies Vorgehen, was die rationalen, strategischen Arbeitsaufgaben betrifft.

Das Ersetzen der Fragen durch das bildhaft-anschauliche Gestalten in Form von Skalen hat den Vorteil, bei einer Großgruppe nicht auf jeden Einzelnen in Form von Frage und Antwort eingehen zu müssen und doch allen das Gefühl zu vermitteln, dass (ihre) Emotionen zählen und öffentlich registriert werden.

Dies sind die häufigsten Fragestellungen:

1. *Verständnisfragen:* Habe ich Sie richtig verstanden, dass …? (Wiederholung und eventuell eine Zusammenfassung des Gesagten)

2. *Konkretisierungsfragen:* Was genau ist geschehen? Wer war noch beteiligt?

3. *Gewichtungsfragen:* Und was ist für Sie besonders bedeutsam/wichtig/von Interesse?

4. *Akzentuierungsfragen:* Liege ich richtig mit meinem Gefühl, dass es eine besondere Bedeutung für Sie hat, dass ...? (Wiederholung des Ausschnitts, der von besonderer Bedeutung ist)

5. *Deutungsfragen:* Und was hat Sie veranlasst, das Vorgefallene zu deuten als ...? (Wiederholung der mitgeteilten Deutung)

6. *Umdeutungsangebote in Frageform:* Könnten Sie sich auch denken, in welchem Zusammenhang/aus welcher Perspektive gesehen es sogar ein Vorteil sein könnte, dass ...? (Wiederholung des mitgeteilten Vorfalls)

7. *Fragen nach der Auswirkung der Deutung beziehungsweise Umdeutung:* Und was würde es für Sie bedeuten, wenn Sie dies so oder so sehen könnten?

8. *Fragen, die hin zu oder weg von der eigenen Person führen:* Und was bedeutet dies für Sie ganz persönlich? Und wie ist die allgemeine Stimmung in der Firma/im Team? Wie wird dies allgemein beurteilt/eingeschätzt?

9. *Fragen, die das Thema vertiefen/emotional besetzen:* Und was löst dies (für Gefühle) in Ihnen aus?

10. *Fragen, die Erinnerungen und Vorstellungen zum Thema bewusst machen:* Und woran erinnert Sie das? Woher kennen Sie das?

11. *Fragen des Zusammenhangs:* In welchem Zusammenhang steht das für Sie? In welchen anderen Situationen passiert Ihnen etwas Ähnliches?

12. *Fragen der Geschichte:* Wann ist Ihnen das zum ersten Mal aufgefallen?

13. *Fragen, die ein Ziel setzen:* Und was möchten Sie verändern?

14. *Fragen nach der (möglichen, verborgenen) Absicht hinter dem Ziel:* Und was würde es für Sie bedeuten, wenn Sie dieses Ziel erreicht hätten? Was hätte sich dann für Sie verändert? Womit müssten Sie sich dann auseinander setzen? Womit würden Sie sich dann beschäftigen? Was wäre dann das Thema?

15. *Fragen, die nach noch nicht genutzten Ressourcen suchen lassen und Potenziale aktivieren:* Wer könnte Ihnen da helfen? Wer hat schon einmal ein ähnliches Problem gehabt und gelöst, so-

dass Sie ihn fragen könnten? Wo könnten Sie sich besser informieren? Welche Informationen genau bräuchten Sie? Welche Ihrer Fähigkeiten müssten Sie hier besonders einsetzen? Worauf können Sie sich eigentlich immer verlassen? Was würde ein Weiser (ein Vorbild, Mentor, Meister) an Ihrer Stelle tun?

16. *Fragen, die die Fantasie und Kreativität anregen, um alternative Auswege aus dem problematischen Zustand zu finden:* Was müsste Ihrer Meinung nach geschehen, damit sich die allgemeine Lage / Ihre persönliche Problematik verändern könnte?

17. *Die Frage nach dem Wunsch:* Angenommen, Sie hätten einen Wunsch frei – was würden Sie sich wünschen?

18. *Die Frage nach den Auswirkungen des gewünschten Zustands:* Wie würde die Erfüllung des Wunsches sich auswirken?

19. *Die Frage nach den Konsequenzen:* Was würde die Erfüllung des Wunsches dazu beitragen, dass eine grundlegende Veränderung eintreten könnte?

20. *Die Frage nach der neuen Einordnung des Problems:* Wie würden Sie dann die Dinge (aus der Erinnerung) sehen?

21. *Die Frage als Anregung, weiteres Wunschdenken als Mittel zur Lösungsfindung zu nutzen:* Angenommen, über Nacht geschähe ein Wunder – woran würden Sie morgens merken, dass es geschehen wäre?

22. *Fragen, die aus dem Wunschdenken wieder ins Hier und Jetzt führen:* Und wie geht es Ihnen jetzt gerade? Wo stehen Sie jetzt innerlich? Was ist jetzt das Thema? Was hat sich Neues für Sie ergeben? Woran möchten Sie jetzt arbeiten?

23. *Die Frage nach der Ökologie:* Angenommen, Sie würden sich verändern – welche Konsequenzen hätte dies für den Gesamtzusammenhang, in dem Sie leben? Wie würde sich das auf Ihre Beziehungen auswirken? Welche Konsequenzen hätte dies für Ihre Umgebung? Wer wäre davon betroffen? Wie würden die Betroffenen darauf reagieren? Gibt es einen Preis, den Sie für diese Veränderung bezahlen müssten? Worin würde dieser Preis bestehen? Wie würden Sie sich fühlen, nachdem diese Veränderung mit all ihren Konsequenzen eingetreten ist?

24. *Die Frage nach der Zukunft, die jetzt beginnt:* Angenommen, Sie sind für die Veränderung bereit – womit beginnen Sie? Was

ist der erste Schritt? Woran werden Sie merken, dass Sie damit in die richtige Richtung gehen?

Diese Fragen sind ausgesprochen ergebnis- und zielorientiert und entsprechen einer Beratung, die außerhalb des therapeutischen Kontextes geschieht. Das Gewicht liegt auf einer realistischen Lösungsfindung, weniger auf der Analyse des Innenlebens und seiner Vorgeschichte. Auch erhalten die Beziehungen eine untergeordnete Bedeutung, ja selbst die Ökologie wird in einem klassischen Beratergespräch oft vernachlässigt. Hier bietet sich der systemische Ansatz an, um einem Defizit zuvorzukommen.

DER SYSTEMISCHE ANSATZ

Die folgenden Fragen werden als besonders wichtig im beratenden Gespräch betont und formuliert:

1. Fragen, durch die der Coach die Sicht- und Denkweise seines Coachees kennen lernt.
2. Fragen, durch die es ihm gelingt, sich an die Welt und Wirklichkeit seines Coachees anzukoppeln, sodass er durch dessen Brille sehen kann.
3. Fragen, durch es ihm gelingt, die Sichtweise des Coachees zu erweitern, sodass dieser lernt, die Dinge anders zu sehen und so selbst neue Möglichkeiten der Betrachtung und des Vorgehens zu entwickeln.
4. Fragen, durch die der Coachee das Gefühl hat, selbst etwas hervorgebracht zu haben, sodass sein Selbstbewusstsein und seine Handlungskompetenz gestärkt werden.
5. Fragen, durch die die Problemlösungsfähigkeit des Coachees erhöht wird ebenso wie die Bereitschaft und das Vermögen, selbstständig zu denken und zu handeln. So wird die Kompetenz des Co-Coaches gestärkt.

Der systemische Ansatz geht davon aus, dass jeder Mensch „in seinem System" lebt, das heißt eine innere Welt besitzt, in der alles zusammenhängt und auf irgendeine Weise Sinn hat. Durch entsprechende Fragen lernt der Coach dieses System, diese Welt kennen, und zwar indem er zusammen mit seinem Coachee darin „spazieren geht" und sich so eine Art Landkarte anfertigt. Der Coach hilft, dieses System, diese Welt zu erweitern, indem er bis an die Grenzen geht und durch Hypothesen, die eine bisher nicht beachtete Möglichkeit fokussieren, die Grenzen aufweicht.

Der Übergang vom Bekannten ins Unbekannte, aber Denkbare und Mögliche wird durch Fragen geschaffen. Die Aufgabe und Rolle des Coachs liegt darin, ein ermunternder Wegbegleiter zu sein und nicht der Versuchung zu erliegen, selbst den Reiseführer spielen zu wollen. Schließlich geht es um das System des Coachees und nicht um die eigenen Vorstellungen.

Die Fragen nach Zahlen, Fakten, Ereignissen, Personen, Zeitpunkten – also „objektiven" Tatsachen – sind aus systemischer Sicht illusionär, denn die Fragen nach tatsächlichen Ereignissen können meist nicht „objektiv" beantwortet werden: In der Antwort ist die Schilderung der Ereignisse schon mit subjektiven Deutungen und Interpretationen verknüpft. Unterscheidungsfragen, die sich selbst an minimalen Werten orientieren, geben jedoch die Möglichkeit, sich innerhalb des (fremden) Systems durchzufragen.

Auch allgemeine Einschätzungen helfen zu erkennen, was besser, was schlechter ist, was höher in der Skala rangiert oder was tiefer angesetzt wird. Ein solches „Relief der Selbsteinschätzung" kann durch Fragen erstellt werden: Worin, meinen Sie, unterscheidet sich Ihre Arbeitsweise von anderen? In welchem Grad sind Sie einverstanden? Sind Sie mehr oder weniger zufrieden? Wenn Sie es in Prozent ausdrücken würden, wie viel wäre das? Wenn Sie Ihre momentane Befindlichkeit auf einer Skala von eins bis zehn eintragen müssten, wo ungefähr würden Sie jetzt stehen? Wo würden Sie sich eintragen, wenn dieses spezifische Problem gelöst wäre?

Selbst Fragen nach „Klatsch und Tratsch" erbringen wichtige Informationen über das System, denn niemand lebt völlig isoliert: Wir alle sind eingebunden in diese Zusammenhänge, aus denen die Gerüchteküche ihr Gebräu herstellt. Jeder denkt über jeden irgendetwas – die Gedanken sind frei, das Bewusstsein immer beschäftigt. Warum die Flut der Informationen nicht nutzen? Man denkt vieles „bei sich", was nicht in offiziellen Zirkeln geäußert und diskutiert wird. Oft sind diese inoffiziellen Mitteilungen sehr viel bedeutender und aussagekräftiger im Hinblick darauf, was die Funktionsweise des Ganzen, das heißt des persönlichen Systems in Zusammenhang mit dem öffentlichen System (der Arbeit), betrifft. Auch die inoffiziellen Regeln, wie man etwa mit Dingen im Unternehmen umgeht, sind oft mächtiger und somit wirksamer als die offiziellen.

Durch Fragen können virtuelle Wirklichkeiten, Wunschwelten, konstruierte Welten erschaffen werden. Diese Fragen nennen sich „hypothetische Fragen" und laden zum bewussten Fantasieren ein. Sie beginnen mit „Angenommen, dass …", „Was wäre, wenn …", „Stellen Sie sich vor, Sie würden …". Hier kann der Coach alle Hypothesen, die ihm spontan im Zusammenhang mit dem schon vorhandenen Informationsmaterial eingefallen sind, unverbindlich daraufhin überprüfen, ob sie für eine Lösung infrage kämen.

Eine Hypothese ist zunächst nur eine Vermutung, eine Annahme, die unbewiesen im Raume steht. Aber da man im systemischen Denken davon ausgeht, dass alles eine Auswirkung hat, bleibt nicht einmal eine Hypothese ohne Auswirkung. Sobald sie geäußert wird und in die Kommunikation einfließt, bewirkt sie, dass der Fokus der Aufmerksamkeit sich ihr zuwendet, das heißt sich dorthin wendet, wo etwas fraglich ist, aber behauptet oder angenommen wird – wodurch das Fragliche wieder an Realität gewinnt.

Hypothesen zu ersinnen ist ein wichtiger kreativer Teil des systemischen Vorgehens, denn so können mögliche Lösungsalternativen unverbindlich entworfen und zur Auswahl gestellt werden, ohne dass irgendetwas erklärt oder bewiesen werden muss. Alles bleibt in der Schwebe, und doch gewinnt die Lösungswirklichkeit immer mehr an Realität, während die Ausweglosigkeit der ursprünglichen Problemsituation zunehmend entkräftet wird.

Doch am systemischsten geht es dort zu, wo durch zirkuläre Fragen das System abgetastet und durchleuchtet wird – ohne dass irgendjemand wüsste, um was genau es sich handelt und was das System eigentlich darstellt. Das System ist wie ein ausgespanntes Netz, der Vorgang des zirkulären Fragens wie eine Berührung hier und dort, ein Anzupfen, das das Ganze in Schwingung versetzt, ohne dass der Stoff, die Materie sich genau abgrenzen ließe. Wichtig ist die Auswirkung des Anklopfens und das, was sich in der Folge daraus entwickelt.

Jede Reaktion könnte eine Antwort sein – oder eine weitere Frage. Zirkuläre Fragen können in Verbindung mit jedem Fragetyp verwendet werden. Sie schaffen eine höhere, weil übergeordnete Beobachtungsebene. Diese macht es möglich, anders zu beobachten – wie von einem erhöhten Standpunkt aus. Von der Höhe aus überblickt man die Ebene, mit allen Standpunkten, die dort eingenommen werden können. Auch die Unterschiede, die sich zwischen den einzelnen Sichtweisen ergeben, sind aus dem übergeordneten Blickwinkel zu erkennen.

Ähnlich wie der Satellit einen Bezugspunkt bildet, der Botschaften über große Entfernungen überträgt, bildet im Falle des zirkulären Fragens eine dritte Person als äußerer Bezugspunkt eine Möglichkeit, „über fünf Ecken" quer zu denken beziehungsweise die Fantasie schweifen zu lassen. Seltsamerweise gewinnen die Fantasien an Schärfe, wenn sie gebrochen werden, also nicht direkt, sondern über Spiegelungen und Echowirkung laufen: Die Wirkung verstärkt sich und gewinnt an konkreter Gestalt.

Man erhält aufgrund dieser mehrfach gespiegelten, verschlüsselten Botschaften natürlich nicht eine eindeutige, direkte Auskunft, aber etwas, das voller Informationen steckt. Es entstehen Ahnungen, die „in der Luft" liegen – wie dies bei jeder Gerüchteküche auch der Fall ist. Aber ähnlich wie bei Gerüchten sind die betreffenden Informationen nie ganz ohne Bezug und völlig aus der Luft gegriffen.

Typische zirkuläre Fragen „um die Ecke" lauten etwa: Wie, glauben Sie, beurteilt Herr X Ihr Verhältnis zu Y in der Arbeit? Was würde Ihrer Meinung nach Herr Z als Außenstehender sagen, wenn man ihn nach der allgemeinen Lage in der Abteilung von X und Y fragen würde? Wer weiß noch von dem Problem, das sich für Sie neuerdings ergeben hat? Welchen Einfluss hat es auf Sie, dass das Problem bekannt wurde? Wie, meinen Sie, beeinflusst es andere Mitarbeiter, die nicht direkt durch das Problem betroffen sind, was Sie in Bezug auf das Problem unternehmen, um eine Lösung zu finden?

Das zirkuläre Fragen ist eine Technik, die ursprünglich der systemischen Familientherapie entstammt. Dabei wird ein Familienmitglied über zwei andere befragt, wobei Vermutungen geäußert werden dürfen. Dieselbe Technik kann auch auf andere Systeme wie Teams und Unternehmen übertragen werden, denn dadurch wird den Mitgliedern einer Gruppe das Beziehungsgeflecht, in dem alle Beteiligten eingeschlossen sind, bewusst.

Besonders interessant sind die Informationen, die die vermuteten Auswirkungen von Veränderungen im System betreffen. Diese Technik schult ein ökologisches Denken, das die Auswirkungen von Veränderungen antizipiert und sie als Wechselwirkungen auf das ganze System bezogen einkalkuliert. In den Übungen des zirkulären Fragens kann die Zwischensubjektivität (Intersubjektivität) selbst erlebt werden und ist mehr als ein abstraktes Konzept. Außerdem erfährt das einzelne Mitglied, wie es von den anderen in seiner Beziehung zu den anderen wahrgenommen wird.

So wird der individuelle Horizont erweitert und verschmilzt zu einem gemeinsamen Bewusstseinshorizont, in den der Einzelne sich nach Stand und Stellung einordnen kann – wobei diese Ordnung eine vorübergehende ist und eben durch den Akt der Orientierungssuche sich schon verändert haben mag.

Diese Technik fordert Konzentration und sprachliches Formulierungsgeschick, kann aber gelernt und geübt werden. Es wird eine Veränderung des Alltagsbewusstseins erreicht: Durch das indirekte Nachfragen um Ecken herum erhöht sich nicht nur die Flexibilität des Denkens, sondern auch das Einfühlungsvermögen, das manchmal geradezu „telepathisch" die Gedanken und Gefühle des anderen lesen kann. Dies hat aber nichts mit übersinnlichen Kräften zu tun, sondern lässt sich auf eine erhöhte Sensibilität für die Reaktionen auf die Reaktionen, für die Auswirkungen von Auswirkungen zurückführen.

Informationsübertragungen geschehen weniger Stück für Stück, vielmehr wird etwas in Fluss gebracht, in Schwingung versetzt. Der Informationsfluss ist wie eine Energie, die zirkuliert und all die einbezieht, welche davon berührt und bewegt werden und sich in einem Schwingungssystem befinden. Zur Übung kann man sich zusammensetzen und als Anfangsimpuls eine Frage in den Raum werfen. Es ist wie ein Stein, der, ins Wasser geworfen, auf der Wasseroberfläche seine Kreise zieht. Etwa: Was wäre, wenn wir erfahren würden, dass X mit Y Streit / ein Verhältnis / eine geheime Absprache hat? Was würde einer der Anwesenden denken, dass ein anderer Anwesender, der in einer Beziehung zu X oder Y steht, sich wohl dabei denkt?

Die Vermutungen könnten ausgesprochen werden und als Hypothesenbildung zum allgemeinen Informationsstand beitragen. Diese Informationen wären keine Zusatzinformationen, die von außen kämen, und würden auch keine Tatsachen betreffen, sondern sich nur mit der Beziehung untereinander befassen.

Das zirkuläre Fragen tastet das System auf die Gesetze seiner Verbundenheit hin ab. Wer denkt über wen was, und wie verändert

76

sich das Denken, wenn etwas bekannt wird, das bislang verschwiegen wurde? Es ist immer wieder erstaunlich, dass auch bei größter Vorsicht Vermutungen, Gerüchte und Ahnungen stärker sind als die stärksten Mauern der Geheimhaltung und diese spielend überwinden.

ZITATE

- Wer fragt, ist ein Narr für fünf Minuten. Wer nicht fragt, bleibt ein Narr für immer. *Chinesisches Sprichwort*
- Wer noch fragen kann, dem kann nichts geschehen. Der fragende Mensch hat nichts Tragisches. *Peter Handke*
- Die Welt ist voller Fragen. Aber jede Frage schließt eine Hoffnung mit ein. *Hans Margolius*
- Fragen sind nie indiskret. Antworten bisweilen. *Oscar Wilde*
- An der Börse wie im Leben und in meinen Kolumnen habe ich häufig die richtige Antwort, nur muss ich die richtige Frage dazu finden. *André Kostolany*

Handeln

Die Philosophie

Als Handlung wird jedes Aktivwerden eines Menschen bezeichnet, für das er sich, im Gegensatz zur unwillkürlichen Reflexhandlung, verantwortlich fühlt. Eine Handlung ist Ausdruck der Willensfreiheit, auch wenn sie sich spontan ergibt, denn sie wird nicht allein durch äußere oder innere Reize ausgelöst, sondern ist vom Denken beeinflusst und enthält eine gewisse Zielrichtung.

Der philosophische Begriff der Handlung wurde von Aristoteles entwickelt. Ausgehend von der Bestimmung, dass alles sinnvolle Tun zielgerichtet ist, ergeben sich weitere Unterscheidungen, die sich auf die Art der Zielgerichtetheit beziehen.

Handeln schließt sowohl poietisches (von griechisch *poien*, „hervorbringen, machen") als auch praktisches Wissen und Können ein. Aber „wertvolles", also gut gemeintes Handeln ist nicht alles – die Beachtung der Prozesse, die über eine Eigendynamik verfügen und zu unerwarteten Ergebnissen führen, trotz aller Vorsicht und Besinnung auf die Werte, wird im systemischen Denken und Handeln besonders wichtig. Hier ist die Erweiterung des Bewusstseinsfeldes möglich, diese Eigendynamik sowohl einzuberechnen als auch zu nutzen.

Die Reaktion des Handelns geschieht prompt. „Prompt" bezeichnet die Art und Weise, mit der rasch und spontan Lösungen vom Ratsuchenden innerhalb eines Beratungskontextes selbst gefunden werden können. Eine wichtige Hilfestellung dazu ist die Orientierung an der möglichen Veränderung, an der möglichen Lösung, und der Fokussierung auf die Zukunft.

Funktionierende Systeme hängen insofern zusammen, als soziale Gebilde, Gruppen, Teams, Unternehmen in sich geschlossene

Systeme mit der Fähigkeit sind, in einer sich verändernden Umwelt ihren Zusammenhalt durch Selbstregulation und Selbstreproduktion aufrechtzuerhalten.

Es ist im Handeln auch Veränderung notwendig und möglich. Sowohl geschlossene, sich selbst organisierende Systeme, als auch offene Systeme, die mit der Umwelt im Austausch stehen und von der Umwelt bestimmt werden (Ökopoiesis), sind auf ständige Weiterentwicklung angewiesen und daher lernende Systeme. Um ein System gesund zu erhalten, muss immer auf ein Gleichgewicht zwischen Stabilität (Homöostasis) und Veränderung (Dynamik) geachtet werden.

Die Beratung kann sich mehr auf den bewahrenden, stabilisierenden oder den dynamischen Aspekt konzentrieren.

Deshalb gilt: Es kann nur das als Lerninhalt vermittelt werden, was vom lernenden System verstanden wird und aufgenommen werden kann, also in gewisser Weise schon im System selbst als Möglichkeit (Potenzial) angelegt ist. Hier erweisen sich kleine Strategien für angemessenes Vorgehen als erfolgreich – zumindest als erfolgreicher denn kognitive Techniken und Methoden, die eine totale Kontrolle, eine absolute Formbarkeit und damit Beherrschung der Wirklichkeit erreichen wollen.

Im Westen hat die Wissenschaft der Kybernetik und die Philosophie des Konstruktivismus die Zusammenhänge erforscht, die östliche Meditation geht vom umfassenden Ganzen und seiner innewohnenden, oft paradoxen Dynamik aus, ohne dies weiter erklären zu müssen. Oft ist das Nichtstun besser als ein (kurzsichtiges) Tun. In der Meditation ist es möglich, das Gespür für das Seinlassen, Nichteingreifen und Tun durch Nichtstun zu entwickeln.

MANAGEMENTSTRATEGIEN UND COACHINGTECHNIKEN

Am Anfang allen strategischen Handelns (wie es zum Beispiel ein Managementprozess fördert und erfordert) steht die Notwendigkeit, ein Ziel (das durch dieses Handeln in einzelnen kleinen Handlungsschrittfolgen erreicht werden kann) mit Termin und Ergebnis zu definieren. Daraus erfolgt der Plan, der die einzelnen Schritte festlegt und in eine Reihenfolge bringt. Eine Ordnung, an die man sich halten kann, ergibt sich, da vorher der Plan strategisch durchdacht worden ist. Nun kann die Durchführung in Angriff genommen werden, der die abschließende Auswertung folgt.

Dieser Vorgehensweise liegen die Kernfunktionen des strategischen Handelns zugrunde: Informationen einholen, sammeln und auswerten. In der Beratung werden diese Informationen dem Ratsuchenden „entlockt"; erst dann folgt die Phase der Entscheidung. Die getroffenen Entscheidungen können nur mit einer verständlichen, gelungenen Kommunikation übermittelt und umgesetzt werden.

Jeder Handlungsprozess, der sich ein Ziel gesetzt hat, ist darauf angewiesen, innerhalb der einzelnen Handlungskreisläufe Korrekturmöglichkeiten einzubauen. Nur so kann gewährleistet werden, dass der Prozess auf Kurs bleibt. Schon kleinste Abweichungen am Anfang können zu so großen Fehlern führen, dass am Ende das Ziel verfehlt wird. Jeder der einzelnen Abschnitte in den Schrittfolgen sollte deshalb mit dem Schritt „Auswerten" abgeschlossen werden – sozusagen als Bilanz am Ende jeder Sitzung.

Fragen, die sich jeder Mensch, der in Handlungsverantwortung lebt, stellen kann, sind: Was habe ich dazu getan, dass das Ziel eingehalten wurde? Wo haben sich Abweichungen ergeben? Was hat funktioniert? Was hat nicht funktioniert? Was ist als Vorgehensweise weiterhin zu bewahren und eventuell zu verstärken? Was könnte besser werden? Wie, wo, wann und mit wem könnte man etwas verbessern? Was ist zu verändern und eventuell auszugleichen? Was verlangt nach einer korrigierenden Gegenbewegung? Wird diese Disziplin konsequent eingehalten, so geht das ernüchternde Bilanzieren schließlich in ein motivierendes Lernen über.

Im Management spricht man gern von Lernschritten, die motivierend auf alle wirken können, wenn auch alle an diesem inspirierenden Lernprozess beteiligt sind. Nur dann, unter Beteiligung aller, kann man von einer „permanent lernenden Organisation" sprechen. Das permanente Lernen fordert eine innere Einstellung, die sich nicht auf den Lorbeeren eines erfolgreich abgeschlossenen Lernschrittes ausruht, sondern den Willen zum Lernen verinnerlicht hat.

Der Psychokybernetiker Heinz von Foerster (1999) hat eine neue Handlungsmaxime aufgestellt, die in komplexen Handlungszusammenhängen eine Orientierung gibt. Es geht um die Vermehrung der Handlungsfreiheit: Handle stets so, dass sich die Zahl deiner Möglichkeiten vergrößert! Durch das Vermehren von Wahlmöglichkeiten wird die Freiheit gesichert, die damit auch anderen zugestanden werden kann.

Denn ein unfreier Mensch im Bewusstsein seiner eigenen Unfreiheit (die er sich selbst eingehandelt hat) wird auch andere Menschen dazu drängen, sich Zwängen zu unterwerfen. Umgekehrt gesteht ein Mensch, der im Bewusstsein seiner Wahlmöglichkeiten lebt, diese Wahlfreiheit auch anderen, mit denen er verhandelt, zu. Einen Menschen in eine Not zu drängen, um ihn zu einer Entscheidung zu zwingen, ist Nötigung. Ein solcher Mensch handelt nicht in Freiheit, sondern aus Not, und von Entscheidung kann hier keine Rede sein: Wer nur eine Wahl hat, hat keine Wahl.

Zitate

- Den Charakter kann man aus den kleinsten Handlungen erkennen. *Seneca*
- Wer an den Spiegel tritt, um sich zu ändern, der hat sich geändert. *Seneca*
- Die Philosophie lehrt handeln, nicht reden. *Seneca*
- Für eines Menschen Handeln ist das eigene Ich ein dürftiger Ausgangspunkt. *Francis Bacon*
- Leben heißt nicht atmen – sondern handeln. *Jean-Jacques Rousseau*
- Pflicht ist die Notwendigkeit einer Handlung aus Achtung fürs Gesetz. *Immanuel Kant*
- Die Freiheit ist eigentlich ein Vermögen, alle willkürlichen Handlungen den Bewegungsgründen der Vernunft unterzuordnen. *Immanuel Kant*
- Freiheit: die Eigenschaft der Wesen, bei denen das Bewusstsein einer Regel der Grund der Handlungen ist. *Immanuel Kant*

- Maximen beim Handeln sind notwendig, um der Schwäche des Augenblicks Widerstand leisten zu können. *Arthur Schopenhauer*
- Um sich selbst zu erkennen, muss man handeln. *Albert Camus*
- Strategie erfordert die Integration von externen Chancen und internen Kompetenzen. *Herman Simon*

......

Herz

Folge deinem Herzen, und du folgst dir selbst.

DIE PHILOSOPHIE

Neben seiner anatomischen Bedeutung als Zentralorgan des Blut-
kreislaufs wird das Herz seit der Antike als Sitz der Gefühle, der religiösen Empfindungen und des Mutes betrachtet.

Die chinesische Philosophie ordnet das Herz dem Feuer des
Geistes zu; so sagt ein chinesisches Sprichwort: Bleib immer im Feuer, und du bleibst ewig jung. Für den Vorsokratiker Empedokles hatte die Denkkraft im Herzen ihren Sitz, während bei Aristoteles das
Herz der „unbewegte Beweger" des Leibes und Angelpunkt des Lebens ist. Blaise Pascal weist auf die Werteordnung hin, die sich aus
der Verbindung mit dem Herzen ergibt: Er nennt sie die „Logik des
Herzens".

FRAGEN AUS DER BERATUNGSPRAXIS

Wann spüren Sie im Alltag Ihr Herz? Was bedeutet es für Sie, das Herz
schlagen zu hören? Aus welchen Situationen kennen Sie Herzklop-
fen? Wenn Sie sich fragen, wofür Ihr Herz schlägt, welche Antwort
kommt Ihnen spontan? Wenn Sie die Hand aufs Herz legen, was fällt
Ihnen spontan ein, was liegt Ihnen am meisten „am Herzen"?

Wenn es etwas gäbe, das Sie noch mehr als bisher „beherzigen"
wollten, was wäre es? Wenn Sie sich „ein Herz fassen" würden, was
würden Sie als Erstes tun? Wie spüren Sie, dass Ihnen etwas „zu Herzen gegangen" ist?

Wenn Sie sich vorstellen, dass Sie jemandem Ihr „Herz ausschütten", was würden Sie spontan als Erstes sagen?

Wenn Sie sich vorstellen, dass Ihr Herz schneller schlägt, wodurch könnte dies bewirkt werden? Wenn Sie sich vorstellen, dass Ihr Herz sich verschließt, wodurch könnte dies bewirkt werden? Wenn Sie sich vorstellen, dass Ihnen ganz weit ums Herz wird, wodurch könnte dies bewirkt werden?

MANAGEMENTSTRATEGIEN

Wir alle kennen Zustände der Halbherzigkeit, und wir kennen Situationen, in denen wir mit ganzem Herzen dabei sind. Im Management und Coaching wäre es vielleicht zu intim, darüber offen zu sprechen. Da aber die damit verbundene Wertethematik das Herzstück jeder Beratung ausmacht, gibt es Umgangsweisen, die das Thema nicht direkt ansprechen und es doch streifen. Der Leiter und die anderen Teilnehmer müssen nicht wissen, worum es geht. Thema ist ausschließlich das Wie: Wie geht es mir, wenn ich mein Herz in den Mittelpunkt meiner Betrachtungen stelle?

Es bieten sich die Techniken der Skalierung und Prozentuierung an. Auf einem Flipchart kann zum Beispiel jeder Teilnehmer seine momentane Verfassung auf einer Skala zwischen eins und zehn eintragen: Eins ist das Extrem der Halbherzigkeit und zehn das Maximum „mit ganzem Herzen". Nun könnten bezüglich eines Konzepts oder Projekts oder anderen Ziels, das innerhalb des Managements gesetzt wurde, Bedingungen abgefragt werden, etwa: Unter welchen Bedingungen würde die allgemeine Halbherzigkeit schwinden und die Beteiligung aus ganzem Herzen zunehmen?

Wenn die Bedingungen für eine Beteiligung aus ganzem Herzen fixiert sind, lässt sich weiter daran arbeiten, wie die Bedingungen erfüllt werden können, zum Beispiel wenn sie im Widerspruch zum Ziel oder zur Arbeitsvereinbarung stehen. Durch Hypothesenbildung, das heißt durch kreatives Forschen nach Alternativen und annehmbaren Lösungen, wird das Blickfeld erweitert. Dann folgt der „Herztest": Das Herz gibt den Ausschlag, welche der Lösungen am meisten Kraft und damit gute Chancen hat, sich durchzusetzen.

Eine andere Möglichkeit, die Verbundenheit aus dem Herzen abzufragen, und sei es nur für sich selbst, ist, die Hand aufs Herz zu legen (oder es sich vorzustellen) und sich zu fragen: Mit wie viel Prozent bin ich dabei? Diese Herzenserforschung kann zu allen Gelegenheiten gemacht werden und hilft besonders in Entscheidungsfragen. Jede der Möglichkeiten, die zur Auswahl stehen, kann auf Herz und Nieren getestet werden. Die „Nieren" in dieser Redensart entsprechen dem, was wir sonst „Bauch" oder das Gefühl aus dem Bauch nennen. Während das Herz mehr das leidenschaftliche Anliegen erspürt, achtet der Bauch darauf, ob alles zusammenpasst und stimmig ist.

1. Fragen Sie sich zunächst: Wie würden sich hundert Prozent anfühlen? In welchem Zustand würden Sie sich dann befinden? Auch wenn Sie meinen, es sei nicht realistisch, von hundert Prozent auszugehen, so haben Sie doch durch die Vergegenwärtigung von hundert Prozent einen Vergleichswert und damit einen Maßstab für Ihre realistischen Prozentwerte erhalten.

2. Achten Sie auf körperliche Empfindungen, die Ihnen das Hundertprozentgefühl vermittelt – auf die kleinsten Details und Signale. Spüren Sie dann die Emotionen, die Sie bewegen und wie sie Sie bewegen. Richten Sie das Augenmerk mehr auf das Wie als auf das Was, also mehr auf die Form und das Muster als auf den Inhalt. Achten Sie schließlich auf die Gefühle und Gedanken, die in Ihnen auftauchen. Vielleicht fällt Ihnen etwas ein, was Sie bislang aus Ihrem Gedankenbereich verbannt hatten und für undenkbar hielten.

3. Stellen Sie sich vor, Sie würden dieses Hundertprozentgefühl in Ihrem Alltag verwirklichen wollen, was würde dazu beitragen? Welche Hindernisse würden auftauchen? Welche Hilfen bräuchten Sie, und woher könnten Sie diese Hilfen bekommen? Wovon bräuchten Sie mehr, wovon weniger im Leben, um die hundert Prozent zu verwirklichen? Was müsste geschehen, um Sie wissen zu lassen, dass diese hundert Prozent gerade dabei sind, sich zu erfüllen?

4. Schätzen Sie nun ein, wie viel Prozent Sie im Alltag verwirklichen, auf welchem Level Sie sich ungefähr befinden. Gab es je-

mals Ausnahmen, sodass Sie mehr Prozent verwirklichen konnten? Was war damals anders? Welche Bedingungen müssten erfüllt sein, um diese Ausnahme zur Regel werden zu lassen?

5. Machen Sie nun den Herz-und-Nieren-Test in der Vorstellung auch für andere Menschen, besonders für diejenigen, mit denen Sie Schwierigkeiten haben oder von denen Sie meinen, dass sie Sie an der Verwirklichung Ihrer hundert Prozent hindern. Was bräuchten diese Menschen, um mit ganzem Herzen Ja sagen zu können?

6. Stellen Sie sich vor, es wäre ein Wunder geschehen, und die Menschen, an die Sie dachten, hätten nun das, was sie brauchten, um mit ganzem Herzen dabei zu sein, erhalten. Wie hätte sich Ihre Beziehung zu ihnen verändert? Und welche Auswirkungen hätte dies auf Ihren Alltag?

7. Lassen Sie wieder ein Wunder geschehen, und reisen Sie in eine wunderbare Zukunft – was wäre nun anders? Und welche Bedingungen müssten erfüllt sein, damit der wunderbare Einzelfall, die Ausnahme, zur Regel würde?

Meditation

Stellen Sie sich vor, das seelisch-geistige Herz hätte genau wie das physische Herz einen Muskel, der die Pumpe im System darstellt. Der Muskel kann sich öffnen, das Herz kann sich öffnen. Der Muskel kann sich schließen, das Herz kann sich schließen. Öffnen und Schließen wechseln sich im organischen Rhythmus ab, beide Phasen gehören zur Natur des Herzens und sind lebensnotwendig in einem übergeordneten Prozess, nämlich dem Pumpen.

Das Öffnen des Herzens lässt den Strom des Blutes, des Lebens und der Lebensinformationen strömen, das Schließen schützt das Herz und bildet einen Raum, den Herzraum, in den Sie sich zurückziehen können. Üben Sie sich nun darin, diese beiden Zustände – das Offensein und Strömen sowie das Geschlossensein, Ihr „Geheimnis" des Herzraums – zu spüren und zu unterscheiden.

Gehen Sie dann dazu über, die Extreme des Verströmens und des Verschließens als Endzustände zu begreifen, die innerhalb des lebendigen Prozesses nicht vorkommen, sondern Abstraktionen sind: Es gibt keinen herzlosen Menschen, es gibt kein versteinertes Herz. Lenken Sie Ihre Aufmerksamkeit auf den konkreten Wechsel, auf das Auf und Zu, das sich im organischen Rhythmus vollzieht. Überlassen Sie die Extreme den Märchen und Mythen, wo sie als einladende oder abschreckende Bilder Wirkung haben. Wenden Sie sich vielmehr dem konkreten Prozess des Lebens zu. Lassen Sie eine gesunde Balance sich einpendeln. Feiern Sie Ihre Lebendigkeit, ohne sie rechtfertigen, erklären oder beweisen zu müssen.

Akzeptieren entsteht durch Wertschätzung, die „bedingungslos", also nicht mit einer bestimmten Bedingung verknüpft ist. Akzeptieren bedeutet, dass man auch das annimmt, was über die mit dem Verstand erklärbaren Vorgänge hinausgeht. Das hat mit einer inneren Haltung des Beraters zu tun, die nicht alles erklären muss, da kein Bedürfnis nach Erklärung besteht.

Der systemische Ansatz

Die „frohe Botschaft" des systemischen Ansatzes lautet: Wenn sich in einem sozialen System irgendjemand ein Herz fasst, dann hat das Auswirkungen auf das ganze System. Daher sollte aus Gründen der Ökologie und Ökonomie gleich von Anfang an darauf geachtet werden, dass das Herz dabei ist.

Zitate

- Kein Mensch ist im Herzen ohne Mitleid, kein Mensch ist im Herzen ohne Scham, kein Mensch ist im Herzen ohne Bescheidenheit, kein Mensch ist im Herzen ohne Rechtsgefühl. Das Mitleid ist der Anfang der Liebe, die Scham ist der Anfang der Pflicht, die Bescheidenheit ist der Anfang der Sittlichkeit, das Recht ist der Anfang der Weisheit. *Mengtse*
- Gegen das Herz anzukämpfen ist schwer, denn was es auch will, das erkauft es um die Seele. *Heraklit*
- Gott hat sein Gesetz ins Herz der Menschen geschrieben. *Augustinus*
- Das Herz hat seine Gründe, die die Vernunft nicht kennt. *Blaise Pascal*
- Es ist das Herz, das Gott spürt, und nicht die Vernunft. Das aber ist Glaube: Gott im Herzen spüren und nicht in der Vernunft. *Blaise Pascal*

- Nur das fröhliche Herz allein ist fähig, Wohlgefallen an dem Guten zu finden. *Immanuel Kant*
- Hass ist eine Sache des Herzens, Verachtung des Kopfes. *Arthur Schopenhauer*
- Je mehr ein Mensch des ganzen Ernstes fähig ist, desto herzlicher kann er lachen. *Arthur Schopenhauer*
- Reinheit des Herzens ist, in Wahrheit eines zu wollen, und zwar das Gute, das seinen Lohn in sich selbst trägt. *Søren Kierkegaard*

Ich und Bewusstsein

Das Ich ist bestimmt durch seinen Fokus – Zeichen dafür ist der Blickwinkel, der, das Ich verkörpernd, sich je nach Bedarf und Stimmung verengen oder weiten kann und verschiedene Bewusstseinszustände herstellt.

DIE PHILOSOPHIE

Das Bewusstsein wird philosophisch definiert als die Gesamtheit der Bewusstseinsinhalte, begleitet von einem mehr weniger deutlichen Wissen, einem Begleitwissen. Dieses Wissen ist auf sich selbst zurückgewandt, es weiß: Ich selbst bin es, der diese Bewusstseinsinhalte „hat".

Zunächst stellte man sich das Bewusstsein wie ein unbeschriebenes Blatt vor, das alle Eindrücke aufnimmt und verwahrt. Ein Bewusstseinsstrom ist in der Vorstellung eine vor dem Ich vorbeiströmende ungegliederte Mannigfaltigkeit undeutlicher Bilder, von denen die Aufmerksamkeit einzelne auswählt, analysiert und zu eigentlichen Wahrnehmungen gestaltet. Dies setzt einen Blickwinkel und Standpunkt voraus, von dem aus der Strom betrachtet wird. So entstand die Vorstellung eines Ichs als Brennpunkt und Linse der Betrachtungen.

Kant ist die revolutionäre Erkenntnis zu verdanken, dass das Bewusstsein selbst eine Struktur, eine Art Filter besitzt, der aus der Aktivität des Geistes ableitbar ist, jeden Inhalt sofort in eigentümlicher, einzigartiger Weise gestaltet und zu den anderen Inhalten in Wechselbeziehung setzt. Das Bewusstsein begleitet und kontrolliert die Auseinandersetzung mit seiner Umwelt, indem es sich zwischen den von außen einwirkenden Reiz und die dem Reiz entsprechende

89

Reaktion einschaltet. Diese kontrollierende Funktion des Bewusstseins ist umso ausgeprägter, je höher organisiert ein Lebewesen ist.

Das Ich ist Ausdruck des Bewusstseinskerns, das heißt des Trägers des Selbstbewusstseins, das die leiblich-seelische Gesamtheit des Erlebens, der Erinnerungen, Vorstellungen, der gedachten und gefühlten Inhalte – die „innere" Welt – ausmacht. Die Psychologie betrachtet das Ich als Quellpunkt des eigenen Verhaltens und als Verankerungspunkt der Person in ihrer menschlichen Umgebung. Es hebt sich aus dem frühkindlichen Einheitsbewusstsein beziehungsweise Einheitserleben heraus.

Nietzsche erkannte die Vielfalt der Ich-Bildungen durch Identifikation und beschrieb das Ego als eine „Mehrheit von personenartigen Kräften, von denen bald diese, bald jene im Vordergrund steht". Das Ich ist der Brennpunkt, aber auch die Linse und der Filter, die Brille, die der Sicht vorgeschaltet ist und diese maßgeblich bestimmt.

Der Begriff „Bewusstsein" diente zunächst als Sammelbezeichnung für die verschiedenen Formen von Erlebnis, Aufmerksamkeit oder Auffassung, die in der Philosophie als „Bewusstseinsakte" bezeichnet werden und auf die Aktivität in allen Wahrnehmungen hinweisen. Dazu zählen die Sinnesempfindungen, die gegenstandsgerichteten, organisierten Wahrnehmungen, ferner alle Erinnerungs-, Erwartungs- und Fantasievorstellungen, Gefühle, Stimmungen und das Denken.

Auch bezeichnet „Bewusstsein" Meinungen oder Theorien eines Menschen oder einer Gruppe: Bewusstseinszustände sind auf ein Etwas gerichtet, von dem man etwas meint – Bewusstsein ist sowohl das Erleben des Gegenstandes als auch die Meinung, die über das Erleben gebildet wird. In der Tiefenpsychologie kennt man viele Spielarten des Bewusstseins; auch kann das Bewusstsein verändert werden, je nachdem, worauf der Fokus ausgerichtet und wie er eingestellt ist.

Das „aufgeklärte Bewusstsein" versucht, sich von irrationalen Einflüssen persönlicher, religiöser oder anderer Art zu befreien; Mittel dazu ist die Rationalität. Durch das Sinnen und die Besinnung werden solche Denkwege gebahnt, die durch die Fantasie erweitert werden können. „Fantasie" bedeutet Vorstellungsvermögen, Einbildungskraft, Erfindungsgabe, Einfallsreichtum, Trugbild. Der Mensch besitzt das Vermögen, sowohl etwas, was ihm in der Fantasie erscheint, wahrzunehmen, als auch die Erscheinung selbst hervorzubringen.

Doch um von den (geistig beliebigen) Fantasien zu einer sinnlich erlebten und lebendigen Wirklichkeit zu kommen, sozusagen um die Schablone des Fantasierten mit Leben zu füllen, braucht man das Fühlen. Ein Sinn, der zugedacht wurde, ist anders als ein Sinn, der gefühlt wird: Wenn etwas Sinn hat und dieser Sinn gefühlsmäßig wahrgenommen, am eigenen Leibe nachvollzogen werden kann, dann geht ein Ruck durch das ganze System der Persönlichkeit, ein entscheidender Wechsel.

Gefühle werden als „Gestaltqualitäten" gesehen und zu den „Wesenseigenschaften" gerechnet. Sie sind Qualitäten des Gesamtbewusstseins, die das im Augenblick unmittelbar am eigenen Leibe Erlebte umfassen. Es sind Komplexqualitäten, da sie Eigenschaften eines ungegliederten Ganzen darstellen, und entziehen sich der logischen Analyse; sie sind Gegenstand der Psychologie.

In der Beratungspraxis geht es darum, Wege und Möglichkeiten aufzuzeigen, die durch eine Veränderung der Fokussierung, des Denkens, Fühlens, Fantasierens den Horizont erweitern, das Repertoire der Verhaltensweisen vergrößern, einen Spielraum eröffnen und eine bisher unbekannte geistige Bewegungsfreiheit nutzen. Dabei wird davon ausgegangen, dass Stimmungen veränderbar sind und wiederum Veränderungen im Ich- und Weltbild bewirken.

FRAGEN AUS DER BERATUNGSPRAXIS

Welche Ressentiments müssten Sie hegen, um sich vor einer positiven Veränderung zu schützen? In welcher Stimmung müssten Sie sein, um diese Ressentiments loszulassen?

In welcher Stimmung befinden Sie sich erfahrungsgemäß, wenn Sie mehr Spielraum und Bewegungsfreiheit zu haben glauben? In welche Stimmung müssten Sie sich bringen, damit Ihnen mehr Verhaltensweisen zur Verfügung stünden? Womit müssten Sie gefühlsmäßig in Kontakt sein, um etwas sinnvoll und wertvoll finden zu können, was Ihnen in Gedanken bisher sinn- und wertlos erschien?

Welche Denkverbote müssten Sie verschärfen, um eine Stimmung der Sinnlosigkeit zu erzielen? Welche Denkgrenzen müssten

Sie beachten, wenn Sie das Gefühl für Ihre eigene Beschränktheit verstärken wollten?

Was müsste geschehen, beziehungsweise was müssten Sie sich selbst sagen, um die Denkverbote aufzuheben und die Denkgrenzen zu überwinden?

In welcher Stimmung können Sie „alles anders sehen"? Und welche Fantasien sind erforderlich, um diese Stimmung herzustellen? Welches innere Drehbuch führt zu einem Happy End Ihrer Fantasien? Wie sind die inneren Dialoge gestaltet? Was muss unbedingt gesagt werden? Was macht den entscheidenden Unterschied aus?

MANAGEMENTSTRATEGIEN

Unter dem Einfluss eines interkulturellen Austauschs haben sich auch im westlichen Management Methoden bewährt, die aus anderen Kulturen stammen. Zunehmend werden östliche Meditationspraktiken vor allem in den Chefetagen als willkommene Abwechslung zum einseitig rationalistisch verengten Denken begrüßt.

Shikantaza ist eine solche Methode. Sie leitet sich aus dem japanischen Zen-Buddhismus her und besteht darin, jeden Gedanken, der in einem aufsteigt, einfach wieder loszulassen und den Bewusstseins- und den Gedächtnisspeicher zu leeren, um wieder aufnahmebereit zu sein und Kontakt mit dem darunter liegenden individuellen und kollektiven Unbewussten aufzunehmen.

Eine zweite Methode des Loslassens besteht darin, das Denken auf einen Punkt zu richten, sich auf den Atem zu konzentrieren und das Gedächtnis zu reinigen. Dabei werden die Gedanken aufgelöst und mithilfe von existenziellen und letztlich unlösbaren Fragen wie „Was ist der Sinn des Lebens?" oder „Wer bin ich?" innere Suchprozesse in Gang gesetzt – die Antwort kommt aus den tiefsten Schichten des Bewusstseins.

Für diejenigen, denen das zu fremd ist, empfehlen sich Methoden, die im Westen im Rahmen der Gesundheitsvorsorge entwickelt wurden. Das Alpha-Training zum Beispiel ist ein mentales Entspannungstraining, das die Fähigkeit vermittelt, bestimmte Gehirnstromfrequenzen für verschiedene Bewusstseinsfunktionen einzusetzen, darüber hinaus die persönlichen Wirkungsmöglichkeiten zu erweitern und damit für Lernprozesse, größere Kreativität, Erfolgsstrategien, die Lösung komplexer Aufgaben, die Überwindung scheinbarer Ausweglosigkeit und im Dienste des Stressabbaus zu nutzen.

Der Alpha-Zustand erschließt dem Menschen offenbar den Zugang zu unterbewussten Erkenntnisquellen bei gleichzeitiger Tiefenentspannung. In diesem Zustand befinden wir uns, wenn kurz vor dem Einschlafen, vor dem Aufwachen oder während des Dösens in uns plötzlich Einfälle, richtige und schlagfertige Antworten oder überraschende Einsichten von einleuchtender Gewissheit auftauchen oder uns – gerade dann, wenn wir es schon aufgeben wollten, uns weiter mit einem Problem zu befassen – die Lösung ganz von selbst in den Schoß fällt. Daher kommt die Redensart: „Den Seinen gibt's der Herr im Schlaf."

Offensichtlich ist das Gehirn leistungsfähiger, wenn es öfter entspannen darf. In der Meditation wird diese Entspannung wachsame Absichtslosigkeit genannt. Der Geist ist anwesend und hellwach, die Sinne sind offen; aber die Spannung lässt nach und ist nicht mehr so stark auf ein Ziel oder eine Aufgabe fixiert. Der Fokus öffnet sich, und ein erweitertes Raumerleben löst die Hektik eines stressigen Zeiterlebens unter Druck und Zwang ab.

Das autogene Training wird vor allem zum Abbau von berufsbedingt immer häufig auftretenden Stressphänomenen eingesetzt. Die Wirkungsweise ist plausibel: Jeder hat schon an sich selbst erleben können, wie unmittelbar und unwillkürlich der Körper auf Angst, Stress, Wut, Ärger, Ungeduld und andere Arten der Anspannung reagiert. Stressreaktionen gehören zu unserer menschlichen Grundausstattung: Der ganze Körper bereitet sich – evolutionsbedingt – dabei darauf vor, anzugreifen oder zu fliehen. Kann der Betroffene diese Anspannung nicht nach außen ableiten, so richtet er sie nach innen.

Das autogene Training versucht, mittels totaler Muskelentspannung negativen Stress in positiven umzuwandeln. Da Muskelentspannung am leichtesten durch Wärme herbeigeführt wird, konzentrieren sich die Suggestionen innerhalb des Trainings vor allem auf wohlige Wärme- und Schwereempfindungen: Man muss sich fallen, gehen oder ruhen lassen. Das Lassen ist wichtiger als das Machen und führt im Idealfall zur inneren Haltung der Gelassenheit (von *latus*, „die Seite").

Zuletzt sei noch eine Denkmethode erwähnt, die eine Alternative zum einseitig verengten, rein logisch folgernden, rational ausgerichteten Denken anbietet: das „laterale Denken", das von dem englischen Gehirn- und Denkforscher Edward DeBono (1968) entwickelt wurde. Während das herkömmliche, im Abendland seit der Antike geschulte Denken vertikal nach den Regeln der Logik verläuft und bei komplexen Problemen bereits an seine Grenzen stößt, verläuft ein assoziatives, nichtlineares Denken horizontal, von einem Querverweis zum anderen eilend, um alle Seiten *(lateral)* abzutasten.

DeBono zeigt, dass dieses Denken das eigentlich natürliche ist, das in den exakten Wissenschaften zugunsten der Logik aufgegeben werden musste. Wer das laterale Denken „wieder entdecken" möchte, muss eigentlich nur das bewusst erlauben und zulassen, was ständig von selbst geschieht. Allerdings fordert das laterale Denken seinen Tribut, denn die im Gehirn bislang gültigen Denkmuster werden dabei zerstört, während alte, gespeicherte Daten aus anderen Blickwinkeln betrachtet, zerlegt, neu zusammengesetzt und in einem kreativen Prozess durch Fokuswechsel und Umdeutungen umgestaltet werden.

So können neue Ideen unbewusst produziert werden und dann dem Bewusstsein „einfallen". Ein wichtiges Nebenprodukt dabei ist, dass die Kategorien „Richtig" und „Falsch" gesprengt werden: Während vertikal Denkende fragen, woher eine Idee kommt, fragen lateral Denkende, wohin sie führen könnte. Ob sie gut oder schlecht ist, interessiert nicht, nur, ob sie nutzt und was man dadurch gewinnen kann. Laterales Denken erzeugt Ängste, weil die bekannten Richtlinien der alten Denkmuster fehlen und das neue Denken ungewohnt ist beziehungsweise zunächst kein Vertrauen erweckt und als „Spinnerei" abgetan wird.

COACHINGTECHNIKEN

Von unserer geistigen Verfassung hängt es ab, ob und inwieweit wir in der Lage sind, zwei Dinge nebeneinander zu tun. Nebeneinander heißt jedoch nicht gleichzeitig.

Ein Teil der Konzentrationsfähigkeit besteht darin, schnell wechseln zu können, wobei das Bewusstsein von Natur aus ständig wechselt. Wir befinden uns in einer natürlichen Oszillation zwischen assoziierten und distanzierten Zuständen: Mal sind wir in Kontakt mit etwas, das wir unmittelbar erleben, mal denken wir über etwas nach und betrachten es eher distanziert. Wir wechseln ständig zwischen Denken und Fühlen, zwischen Erleben und Beobachten. Dieser Wechsel geschieht so schnell und ist so selbstverständlich, dass er kaum auffällt.

Sehr kurz an etwas zu denken, schnell zu wechseln und wieder an etwas anderes zu denken oder sich in die Gegenwart und in das Erleben zurückzuholen ist eine Kunst, die geübt werden kann. Sie basiert auf der Fähigkeit des Verstandes, unsere Aufmerksamkeit auf mehrere Dinge zu verteilen. Es ist eine Art Timesharing, das zwar auf unbewusster Ebene verläuft, jedoch eine innere Organisation voraussetzt. Dies bedarf großer Konzentration. Konzentration erfordert eine hohe geistige Anspannung, die sich durch einen starken Energieverbrauch zeigt. Jemandem, der sich nicht konzentrieren kann, mangelt es wiederum an Selbstorganisation. Durch Selbstmanagement kann dieser Mangel behoben werden: Die inneren Prozesse, die zur Selbstorganisation nötig sind, werden durch Erkennen der inneren Strategien bewusst gemacht und gegebenenfalls verändert.

Im Coaching kann durch den Wechsel der Denkpositionen und Fokussierungen auch ein Wechsel zwischen „assoziierten" und „dissoziierten" Ich-Zuständen eingeübt werden. Im assoziierten Zustand identifiziert sich das Ich mit dem, was es erlebt, im dissoziierten Zustand distanziert es sich davon. Zum Beispiel ist eine ständig gefühlte und durch das Gefühl verfestigte Problemfokussierung kein guter Ausgangspunkt für die Suche nach Lösungen: Das Selbstbewusstsein ist dabei problembeladen und neigt dazu, sich mit den Problemen zu identifizieren. Dann kommt es zu Aussagen wie „Ich bin das Problem" oder „Der andere ist ein Problem".

Der Fokuswechsel und die Fokussierung der möglichen Lösungen setzen voraus, dass man sich aus der Assoziation mit dem Problem loszureißen vermag – ähnlich, wie man manchmal seinen Blick losreißen muss. Nun beginnt eine Phase der Mikrostrategien des Hinein und Hinaus, der Feinabstimmung zwischen Fühlen und Denken. Der Rapport zum Coachee muss gut etabliert sein, damit diese subtile Arbeit möglich ist. Oft kommen sowohl Coach als auch Coachee in einen veränderten Bewusstseinszustand, eine Art Trance.

Der Entspannungsphase oder Trance, einer Reise in die eigenen Tiefen, bei der auch die Selbstheilungskräfte kontaktiert werden, folgt eine Phase der Reorientierung in der „normalen" Welt. Es hat sich gezeigt, dass ein entspannter und ausgeglichener Mensch spontan eine symmetrische Körperhaltung einnimmt. Dies zeigt dem Beobachter, zum Beispiel dem Coach, an, dass der Coachee sich ausbalanciert fühlt und diese Balance auch verkörpert in der Haltung des „Im-Lot-Seins". Genau diese Haltung wird auch in der Sitzmeditation angestrebt.

Im Regelfall weist hingegen eine asymmetrische Körperhaltung darauf hin, dass die Trancereise, die in die tiefe Trance und wieder zurückführte, noch kein stimmiges Ergebnis erbracht hat – etwas ist noch offen, eine Rechnung, eine Frage, ein Kontakt steht noch aus, eine Verbindung fehlt; die persönliche Integrität, Zielergebnis aller Beratungen, verlangt nach einer ausbalancierten Ökologie, doch der Prozess der Selbstfindung und Selbstheilung ist noch nicht abgeschlossen. Nicht selten ist dies für den Coach ein Hinweis darauf, dass es noch vonseiten des Unbewussten im Coachee unterschwellige Einwände gibt. Diese müssen unbedingt in den zukünftigen Verhaltensentwurf integriert werden, damit die geplante Veränderung wirklich in die Tat umgesetzt werden kann.

DER SYSTEMISCHE ANSATZ

Im Umgang mit den wechselnden Zuständen des Ichs, den entsprechenden Bewusstseinszuständen und dem Zugang zum Unbewussten greift der systemische Ansatz. Wenn man sich das Leben aus den verschiedenen Rollenperspektiven ansieht, die man zwangsweise einnimmt, merkt man, wie zahlreich und vielfältig die Lebensbereiche sind, die man unter einen Hut bringen will – während man darum ringt, im Zentrum des Geschehens zu bleiben und das Ganze unter Kontrolle zu halten. Dabei muss man, entgegen dem normalen Wirklichkeitsverständnis, von mehreren Ichs ausgehen, die im Widerstreit miteinander liegen.

Praktisch umgesetzt wird dieses Ich-Verständnis am besten in der „Teile-Arbeit": Verschiedene Persönlichkeitsanteile haben verschiedene Interessen und dadurch bedingt verschiedene Fokussierungen. Der Fokus ist auf jeweils andere Inhalte, Themen und Wirklichkeitsausschnitte gerichtet. Das Ich versucht, eine Integration der divergierenden Interessen herzustellen – wenn es darin erfolgreich ist, wird Integrität erreicht. Die Charakterstärke der persönlichen Integrität als Eigenschaft, sich integer zu verhalten, beruht auf der innerlich erlebten und durch Bewusstseinsarbeit hergestellten Integration der verschiedenen Motive.

Ein Coaching wird die systemische Abstimmung aller Persönlichkeitsteile und die damit verbundenen Funktionen in den Vordergrund stellen. Hier geht man von der Annahme aus, dass die Persönlichkeit ein System ist, mit Teilen, die wechselseitig aufeinander einwirken und auf die Wahrung einer Ökologie angewiesen sind, wenn das System funktionieren soll. Besondere Aufmerksamkeit wird dem „Zensor" entgegengebracht, der vor dem Kontrollverlust des Ichs schützen will und als Hüter der persönlichen Ökologie betrachtet werden kann.

Das systemische Denken ist ein vernetztes Denken, das das herkömmliche lineare Denken ergänzt, da dieses komplexe Zusammenhänge mittels logischer Ursache-Wirkungs-Zuordnungen nicht erfassen kann. Das systemische Denken versucht, möglichst viele relevante Systeme in ihrem wechselseitigen Einfluss gedanklich miteinander zu vernetzen, um realistischere Schlüsse auf wahrscheinliche Auswirkungen geplanter Maßnahmen ziehen zu können. Kommen zu den gedanklichen Vernetzungen noch die Informationen hinzu, die durch das Fühlen, durch die Kontakt- und Beziehungsaufnahme gewonnen werden, so wird der Bewusstseinshorizont erweitert. Erst dann ist eigentlich von einem „ganzheitlichen Ansatz" zu sprechen.

ZITATE

- Das Leben ist eine Brücke. Geh über sie hinweg, aber bau kein Haus darauf. *Indisches Sprichwort*
- Wahres Glück besteht darin, die irreführende Vorstellung eines Ichs aufzulösen. *Buddha*
- Denken: das Selbstgespräch der Seele. *Plato*
- Du fragst, warum dir deine Flucht nichts hilft? Du nimmst dich selber mit. *Seneca*
- Es genügt nicht, gute geistige Anlagen zu besitzen. Die Hauptsache ist, sie gut anzuwenden. *René Descartes*
- Die gewohnt sind, mit dem Gefühl zu urteilen, begreifen nichts von dem, was nur der Verstand erkennt. Die anderen

hingegen, die daran gewöhnt sind, nach Prinzipien zu denken, begreifen nichts von dem, was nur das Gefühl erfasst. *Blaise Pascal*

- Gleichmütigkeit ist das Selbstgefühl einer gesunden Seele. *Immanuel Kant*
- Das Ich fordert, dass es alle Realität in sich fasse und die Unendlichkeit erfülle. *Johann Gottlieb Fichte*
- Alles, was uns an anderen missfällt, kann uns zu besserer Selbsterkenntnis führen. *Carl Gustav Jung*
- Es ist leichter, zum Mars vorzudringen, als zu sich selbst. *Carl Gustav Jung*
- Erst wo das viele verschwindet, das wir als Welt-Ich haben, kann die Fülle aufgehen, die wir im Wesen sind. *Karlfried Graf Dürckheim*
- Wir brauchen ein Ich, das seine Heimat im Unbekannten hat. *Gerd Gerken*
- Auch im Denken gibt es eine Zeit des Pflügens und eine Zeit des Erntens. *Ludwig Wittgenstein*
- Auch Gedanken fallen manchmal unreif vom Baum. *Ludwig Wittgenstein*
- Ich denke niemals an die Zukunft. Sie kommt früh genug. *Albert Einstein*

Kräfte, Quellen, Qualitäten

Qualität ist das, was in Erinnerung bleibt.

Die Philosophie

Kraft ist die Fähigkeit, etwas zu bewirken. Der Naturphilosoph und Mystiker Jakob Böhme entwickelte im 16. Jahrhundert den Begriff der „Quellkräfte", die er als Qualitäten beschrieb.

Qualität ist zunächst nicht mehr als eine neutrale Beschreibung von Beschaffenheit; darüber hinaus wird diese Beschaffenheit auch als eine besondere, hervorragende spezifiziert, nämlich als Güte, als Wert. Qualität wurde in der Philosophie auch in Verbindung gebracht mit dem Wesen, das von Aristoteles als das „jeweils zugehörige Sein" definiert wurde. Aber heute will man sich meist nicht mehr mit der Tatsache eines vorbestimmten Wesens abfinden, sondern selbst Einfluss nehmen auf Kraft, Energie und Qualität – sei es von Aktivitäten, Produkten, Präsentationen oder des Lebensgefühls.

In der lösungsorientierten Beratung geht es darum, gemeinsam mit dem Kunden Lösungsmöglichkeiten und -wirklichkeiten zu konstruieren. Solange Kraft jedoch nur ein Messwert und ein Begriff bleibt, solange Qualität nicht mehr als eine Verordnung darstellt, findet der Kunde keinen persönlichen Zugang.

Qualität muss als Energie erfahren werden, damit sie wirken kann – als Folge eines Kontakts zu etwas, das zur Beobachtung inspiriert und motiviert. Man sieht es einem Menschen sofort an, wie es mit ihm steht: Ist er berührt, begeistert oder nicht, lässt ihn kalt, was er sieht? Lebendigkeit ist ein wertvolles Feedback. Wie aber ist diese Übertragung zu schaffen?

Es reicht nicht, sich oder anderen Hoffnung zu machen, denn Hoffnung ist nicht gleichzusetzen mit Perspektive. Hoffnung ist verbunden mit Warten – auf das, was kommt, auf eine Zukunft, die in der Ferne liegt. Eine Perspektive hingegen eröffnet sich sofort, und sofort ist die damit verbundene Energie da und belebt.

Diese Energie rührt von der Aussicht auf Veränderung her: Nur eine Perspektive – also die Aussicht, etwas zu erreichen, ohne auf äußere Faktoren warten zu müssen und somit von ihnen abhängig zu sein – motiviert.

FRAGEN AUS DER BERATUNGSPRAXIS

Was verändert sich in der Bewertung meines Verhaltens und/oder meiner Produkte, wenn ich mich innerlich mit der bestmöglichen Qualität verbinde und diese Energie sich in meinem System auswirken kann?

Was verändert sich in der Einschätzung meiner Beziehungen und der damit verbundenen Probleme und Konflikte, wenn ich mich innerlich mit der bestmöglichen Qualität verbinde und diese Energie sich in dem übergeordneten System, das mich und meine Bezugspersonen einschließt, auswirken kann?

Was ist heute noch nicht optimal gelaufen? Was werde ich morgen besser machen, und wie?

MANAGEMENTSTRATEGIEN

Die so genannte Qualitätskontrolle hat eine tatsächliche Steigerung in der Qualität von Produkten und Dienstleistungen zum Ziel. Eine der Voraussetzungen der Qualitätskontrolle ist also, dass man zielgerichtet arbeitet und deshalb genau weiß, worin eigentlich das Ziel besteht.

Doch der Kontrollanteil in der Qualitätskontrolle birgt nicht nur Vorteile: Es hat sich nämlich gezeigt, dass Kontrolle leicht zu Überwachung und der damit verbundenen Entmutigung und Entmündigung führen kann, also nicht aufbauend und motivierend wirkt. Um dies zu verhindern, muss den Untergebenen die Gelegenheit gegeben werden, ihre Fähigkeiten und Eigenschaften voll zu entfalten.

Nur dadurch bekommen Menschen einen Zugang zu ihrer inneren Quelle und somit zu ihrer Kraft und Energie. Da das Unternehmen im Geflecht der zwischenmenschlichen Beziehungen verankert ist, muss sein wichtigstes Ziel daher auch eine Form des Managements sein, in der der *Mensch* eine zentrale Stellung einnimmt.

Übung zur Entwicklung von Qualität

1. Wählen Sie ein Thema aus, und halten Sie sich strikt an dieses eine Thema.
2. Beschreiben Sie die vermuteten Abweichungen vom Optimum, dem Bestmöglichen, das Sie sich vorstellen oder erträumen können.
3. Nennen Sie die vermuteten Ursachen für die Abweichungen.
4. Vermeiden Sie Schuldzuweisungen, und enthalten Sie sich ideologischer Belehrungen.
5. Finden Sie heraus, was Sie verbessern und dafür tun wollen, dass die Verbesserungen nicht nur Ideen oder Kritikpunkte bleiben, sondern auch in die Tat umgesetzt werden.
6. Seien Sie offen für Vorschläge, die von anderen kommen.
7. Erstellen Sie für sich allein oder – noch besser – mit anderen zusammen einen Katalog, in dem die notwendigen Maßnahmen, mit realistischen Terminen versehen, als Ziele aufgelistet werden.
8. Vereinbaren Sie mit sich selbst oder mit den anderen die ersten Schritte, die Sie unternehmen wollen; einigen Sie sich auch auf die Kriterien (die so genannten Kontrollpunkte), nach denen Sie den Erfolg oder Misserfolg bemessen wollen.
9. Vereinbaren Sie Kriterien, an denen Sie die Qualitätsverbesserung ablesen können.
10. Vereinbaren Sie das nächste Treffen. Wenn Sie diese Übung allein gemacht haben, ist es unerlässlich, sich selbst einen weiteren Termin zu setzen, da es sonst nur bei den guten Vorsätzen bleibt und kein Prozess in Gang kommt.

COACHINGTECHNIKEN

Im Coaching geht es darum, alle Ressourcen zugänglich und verfügbar zu machen, um sie zu nutzen. Dazu ein Beispiel: Ein Geschäftsführer eines kleinen mittelständischen Unternehmens kam mit dem Wunsch, *besser* vor größeren Gruppen sprechen zu lernen, zum Coaching. Um das „Besser" zu konkretisieren, einigten Coach und er sich für den Coachingauftrag auf die Erarbeitung eines Redeprogramms.

Herr X sollte sich zunächst spontan einen Namen für das aufzustellende Redeprogramm ausdenken; er nannte es Sylvia. In einer Erstintervention vonseiten des Coachs wurde der gute Zugang zu seinem Unbewussten durch die spontane Reaktion „Sylvia" gelobt.

In einem zweiten Schritt wurden bereits vorhandene Ressourcen erarbeitet, die Herr X als Referenzerfahrung für Reden vor größeren und kleineren Gruppen besaß. Dies war sehr wichtig und aufbauend für Herrn X, da er bemerkte, dass wider Erwarten doch schon einiges an Fähigkeiten vorhanden war. Herr X erkannte vorhandene Strategien und konnte diese dann erweitern.

Nun wurde eine Ressource gesucht, die Herr X gedanklich für bestimmte Reden einsetzen konnte; er entschied sich für das Bild „Regenbogen". Weiterhin suchte er sich eine zusätzlich positive Referenz, einen Kugelschreiber, den er immer bei sich trug und der ihm wichtig war. Herr X entwickelte großen Ehrgeiz im Einsatz seiner neu gewonnenen Ressourcen: indem er jede sich nur bietende Möglichkeit ergriff, vor kleinen und großen Gruppen zu sprechen. Dies ergab einen sehr großen Trainingseffekt – nach einem Dreivierteljahr hatte Herr X richtiggehend Spaß daran, sein Rednertalent zu erproben und vor Publikum zu sprechen.

Qualitäten als Quellkräfte erfahren

Was in Ihrem Alltagsleben besitzt eine besondere Qualität, auf die Sie nicht mehr verzichten möchten? Lassen Sie innerlich ein Bild auftauchen, einen Klang, Duft, Geschmack, ein Körpergefühl. Verstärken Sie diesen qualitativen Eindruck, ohne ihn benennen zu müssen.

Lassen Sie die Intensität des Eindrucks anwachsen – so stark, so eindeutig, bis die Qualität für Sie körperlich spürbar, erlebbar wird. Schon wenn Sie daran denken, werden Sie unmittelbar in ihren Wirkungsbereich hineingezogen, sodass die Qualität förmlich auf Sie überspringt und Sie infiziert. Bannen Sie diese Qualität nun in ein „Fläschchen". Stellen Sie sich vor, Sie hätten die Qualität damit haltbar gemacht. Wann immer Sie einen guten Schluck Qualität brauchen, können Sie die Flasche öffnen und davon nippen. Sie wissen, dass schon eine winzige Menge genügt, damit sich die Qualität entfalten kann.

Solchermaßen ermutigt, betrachten Sie die Seiten Ihres Alltags, an denen Sie Qualität bei sich schmerzlich vermissen. Vielleicht ist es eine ganz bestimmte Schattenseite Ihrer Persönlichkeit, die sich gern besser qualifizieren würde, aber nie die Gelegenheit dazu hatte – vielleicht ist es auch ein bestimmter Kontext, der Ihr Qualitätsniveau immer wieder absinken lässt.

Schließen Sie diesen Bereich nun an die unerschöpfliche Energie der Quellkräfte an, die sich auf Ihr ganzes Leben auswirkt, alles berührt, einschließt und durch diese energetische Verbindung verwandelt. Betrachten Sie, ohne weiter einzugreifen, die Auswirkungen dieser Verbundenheit. Erleben Sie jetzt in Ihrer Vorstellung, welche Konsequenzen es hätte, mit der Quelle verbunden zu sein. Und noch während Sie in der Möglichkeitsform denken, spüren Sie am eigenen Leibe, wie Ihre Gedanken Wirklichkeit werden und Sie in die Gegenwart führen.

Beenden Sie die Übung, indem Sie sich auf das Erleben konzentrieren und sich selbst von dem Zwang befreien, die passenden Worte dafür finden zu müssen. Blicken Sie auf den inneren Suchprozess, den Ihr Unbewusstes jetzt gestartet hat, um das Erleben noch mehr an Wirksamkeit gewinnen zu lassen.

Der Ablauf des magischen Qualitätskreislaufs

1. Vergegenwärtigen Sie sich auf möglichst konkrete und sinnliche Weise den Eindruck von Qualität. Lassen Sie Qualität nicht zu einem Begriff, sondern zu einem Ereignis werden.
2. Ziehen Sie einen Bannkreis um diesen Eindruck von Qualität, sodass er sich nicht verflüchtigt, sondern abstrahiert wird. Als Abstraktion (in Form eines Zauberworts oder Symbols) ist er losgelöst und unabhängig von seinem zufälligen Auftreten. Benutzen Sie die Metapher des Zauberfläschchens oder einer Schatztruhe, in die Sie die Qualität einschließen, oder finden Sie andere Arten, um ihre flüchtige Essenz haltbar zu machen.
3. Fragen Sie sich, wo Sie sich mehr Qualität in Ihrem Leben wünschen, und lassen Sie die Essenz dorthin fließen, wo sie am dringendsten gebraucht wird. Wenn Sie sich nicht bewusst entscheiden können, wo der größte Bedarf ist, können Sie es der Schwerkraft überlassen, wohin die Qualität fließen will.

4. Vertrauen Sie darauf, dass Qualität sich durchsetzt und in einem magischen Kreislauf qualitativ (und nicht quantitativ) durchdringen wird. Vertrauen Sie darauf: Wenn einmal die Entscheidung für Qualität gefallen ist, wird diese Entscheidung sich auswirken – selbst dort, wo Sie es am wenigsten vermutet hätten.

Eine Qualität ins Spiel bringen

1. Eine Qualität (die Sie als notwendig, wünschenswert oder als Bedingung für ein bestimmtes Unternehmen erkannt haben) wird zum Motiv, das Sie als Bild (oder Klang, Körpergefühl, Geschmack, Duft) im Bewusstsein halten und sich als Vorstellung jederzeit ins Bewusstsein rufen können.
2. Die positiven Auswirkungen erleben Sie als Perspektive schon jetzt in der Gegenwart und nicht erst in ferner Zukunft.
3. So weitet sich Ihr Zeithorizont nicht nur quantitativ und nimmt mehr Wahlmöglichkeiten auf, sondern verändert sich auch qualitativ, was eine positive Rückwirkung auf das Erleben der Gegenwart zur Folge hat und weitere Motive (und damit Wahlmöglichkeiten und Perspektiven) generiert.
4. Sie können aber schon jetzt Ihr Verhalten entsprechend positiv verändern – als Reaktion auf die Existenz der positiven Qualitäten in Ihrem Leben.
5. Diese wiederum bewirken (als Reaktion auf die Reaktion) in Ihren Beziehungen zu anderen positive Veränderungen.
6. Sie sind (spätestens jetzt) vollends davon überzeugt, dass die Kraft Ihrer Gedanken und Vorstellungen die Realität schaffen kann, die Sie anstreben.

DER SYSTEMISCHE ANSATZ

In Verbindung mit einem sinnlich-körperbezogenen, „energetischen" Vorgehen zeigt der systemische Ansatz die Möglichkeit auf, auch Kräfte zu nutzen, die sich noch nicht aktualisiert haben. Ein wichtiger Schritt auf dem Weg ist das hypothetische Vorwegnehmen eines Zustands: Man tut einfach so, als ob man schon über die gewünschte Kraft verfügen und sich jetzt schon kräftig fühlen würde

– als stünde man bereits in Verbindung mit der Energie und erlebte den entsprechenden Energiezuwachs.

Dieser tritt aufgrund der vorgestellten Kräfte schließlich tatsächlich ein, weil in der inneren Abbildung die Landkarte um ebenjene Möglichkeiten, die sich schon jetzt auswirken, erweitert wurde – obwohl sie noch nicht in der äußeren Realität in Kraft getreten sind. Durch die innere Verwirklichung wird eine Realisation im Außen vorbereitet und eingeleitet. Es ist, als ob man sich in eine neue Realität hineinträumen würde.

Leitfaden für diese Technik des bewussten Träumens ist die Qualität, die den Vorstellungen Intensität, Präsenz und Leben einhaucht. Solche „qualifizierten", energetisch aufgeladenen Träume unterscheiden sich grundlegend von abstrakten Gedanken, die wenig anschaulich bleiben und das Unbewusste nicht zu mobilisieren vermögen.

Ein zweiter Arbeitsschritt ist die Feinabstimmung der motivierenden Wunschbilder: Wie müssen sie erscheinen, um noch mehr Energie zu transportieren? In der Werbung experimentiert man schon lange mit den feinsten Nuancierungen sinnlich vermittelter Botschaften, die das Angebot in möglichst attraktiver Form präsentieren sollen. Farb- und Musikpsychologie helfen dabei, das Repertoire zu erweitern, indem sie herausarbeiten, welche Farben und Formen, welche Klänge und Tonqualitäten besonders stark auf das Unbewusste wirken.

Wenn Sie Ihre Wünsche und Ziele sich selbst verkaufen möchten, müssen Sie herausfinden, was besonders attraktiv auf Sie wirkt, und zwar sinnlich und körperlich. Feinste Veränderungen in der Körperchemie können große Veränderungen im Gesamtbefinden auslosen: Durch Feinabstimmung aber lässt sich genau die Qualität herausfinden, die am meisten Energie transportiert und sozusagen mühelos die vorhandenen Kräfte nutzt.

ZITATE

- Hebe dein Segel einen Fuß hoch, und du bekommst zehn Fuß Wind. *Chinesisches Sprichwort*
- Quantität lässt sich zählen, Qualität zählt. *Lothar Schmidt*
- Qualität ist nie Zufall. Sie ist das Ergebnis intelligenter Bemühungen. *John Ruskin*

- Qualität steckt jene an, die ihr gewachsen sind. Die anderen schreckt sie ab. *Hubert Markl*
- Qualität, genauso wie Produktivität, kann nur durch Menschen erhöht werden. *Walter von Wartburg*
- Qualität, das ist auch das Menschliche. *Theodor Heuss*

Lernen

Alle Gewohnheiten sind erlernt, ebenso wie alles Verhalten. Manchmal ist es möglich, aus Erfahrungen zu lernen, ohne sie selbst machen zu müssen. Welche Assoziationen haben Sie bei der Vorstellung, aus dem Leben zu lernen?

DIE PHILOSOPHIE

Im Gegensatz zum schulischen Lernen, dem Studium wird mit dem modernen psychologischen Begriff des Lernens jede Verhaltensveränderung bezeichnet, die nicht durch entwicklungsbedingte Reifung, sondern aus einer spezifischen Erfahrung resultiert und länger andauert. Weitgehend vom Lernen abhängig sind verschiedene Bedingungen und Voraussetzungen des Verhaltens, wie die Entwicklung von Fähigkeiten und Intelligenz, die Ausprägung von Bedürfnissen, die Bereitschaft, Gefühle zu erleben und zu zeigen, sowie die Übernahme von Einstellungen, die in einer Gruppe oder Kultur dominierend sind.

Systematische Erklärungen von Lernprozessen bieten entsprechende Lerntheorien an, die auch Verhaltenstheorien genannt werden. Man unterscheidet verschiedene Arten des Lernens:

1. Zufallslernen resultiert aus dem blinden Suchen und Probieren nach dem Prinzip von Versuch und Irrtum. Blinde Versuche führen meist zu unbefriedigenden bis falschen Lösungen, aber manchmal werden auch Erfolgstreffer gelandet – denn bekanntlich findet selbst ein „blindes Huhn einmal ein Korn". Das Gesetz des Effekts besagt, dass eine Handlung umso sicherer wiederholt wird, je befriedigender der sie be-

gleitende Gesamtzustand ist – mit anderen Worten: Erfolg wiederholt man gern. Der Erfolg des Ausprobierens hängt von der Anzahl der Alternativen und der Anzahl der möglichen Lösungen ab. Gibt es nur eine mögliche Lösung, aber unendlich viele Alternativen, die als Fehler einzustufen sind, so ist dieses Verfahren äußerst frustrierend und deshalb nicht zu empfehlen.

2. Lernen durch Vermehrung, Steigerung und Zuwachs von Erfahrung und Kompetenz wird als Akkumulationslernen bezeichnet. Es ist ein graduelles, additives (also Schritt für Schritt sich aufbauendes) Lernen, das nach einer Zielvorgabe erreicht werden soll. Der Verlauf der Leistungssteigerung ist nicht stetig, da Menschen ihnen innewohnende Beschränkungen und Grenzen haben, die den nächsten Lernschritt hinauszögern oder gar verhindern. Hier empfiehlt es sich, die Methode des Lernens zu verändern: Wenn etwas nicht funktioniert, sollte man etwas anders machen.

3. Konzeptlernen ist ein Lernen durch Merkmalklassifizierung: Wissen wird nicht nur immer weiter aufgestockt, sondern auch weiterverarbeitet. Man gewinnt vernetzte Sicht- und Handlungsweisen als neues Wissen. Der Lernende wird zum Entdecker, der neues Material in die eigene, schon vorhandene Ordnung integriert. Im Gegensatz zum Akkumulationslernen, durch das ein Mensch zwar ein breites Fach- und Expertenwissen erwirbt, aber Gefahr läuft, von den Fakten überschwemmt zu werden, führt ein vernetztes Denken zur Bewältigung von Komplexität. Alle Daten müssen in ihrem Wechselverhältnis richtig eingeschätzt werden. Wo dies wegen einer Flut von Einflussfaktoren nicht möglich ist, empfiehlt es sich, das Vorgehen selbst neu zu überdenken und ganz neue Konzepte, Methoden und Herangehensweisen zu entwickeln. Hier erhält das Entwickeln von neuen Theorien und Modellen eine entscheidende Bedeutung, denn sie schaffen eine neue Sicht auf Probleme, die bisher als unlösbar galten.

4. Das Konzeptlernen stößt jedoch an seine Grenzen, wenn die Konzepte zu eng gefasst, der Blick zu fixiert, das Denken zu einseitig und einspurig (eindimensional) ist. Hier gilt es, ganz aus dem alten System herauszutreten und wiederum einen radikalen Wechsel vorzunehmen. Da das konzeptuelle Lernen

nun sich selbst zum Gegenstand hat, bedarf es eines übergeordneten Systems, das über das bekannte System hinausdenken kann. Es empfehlen sich neue Denkstile, die Denkbegrenzungen aufheben und mit dem Undenkbaren umgehen können. Hier setzt das vernetzte, das systemische Denken eigentlich an: Systeme werden aufeinander bezogen, miteinander verbunden und in ihrer systemischen Wechselwirkung erfasst.

FRAGEN AUS DER BERATUNGSPRAXIS

Lernen Sie aus dem, was Ihnen widerfahren ist? Überprüfen Sie Ihre Erfahrungen? Sind Sie bereit, auch dort etwas zu lernen, wo Tabus dafür sorgen, dass alles beim Alten bleibt und keiner Prüfung unterzogen wird? Sind Sie bereit, Selbstverständliches und Altbewährtes infrage zu stellen? Welche Strukturen haben Sie für diese Überprüfungen entwickelt? Neigen Sie dazu, den Überbringer schlechter Nachrichten für diese verantwortlich zu machen?

Gelangen Sie durch die Überprüfung Ihrer Erfahrungen und die Ausrichtung Ihrer Lernprozesse zu einem Wissen, das Ihnen nutzt und das Sie in der Zukunft anwenden können? Befähigt Sie dieses Wissen zu effektiven Entscheidungen und zu einer Handlungswahl? Führt es Sie zu Alternativen? Gibt es Ihnen mehr Spielraum und Wahlfreiheit? Haben Sie den Eindruck, dass Ihr Wissen, das Sie durch Lernen erworben haben, Sie zu einer neuen Qualität des Lernens selbst geführt hat? Lernen Sie durch das Lernen? Woran bemerken Sie, dass die Qualität sich verändert und das Lernen nun mehr Wert für Sie hat?

Ist das, was Sie lernen, für Sie relevant? Können Sie das Lernen umsetzen und anwenden? Ist das Lernen auf den Hauptzweck Ihrer Zielvorstellungen ausgerichtet? Welche Fertigkeiten und neuen Konzepte wären erforderlich, damit Sie sich Ihrem Ziel nähern? Welches Wissen bräuchten Sie noch zusätzlich? Was steht dem im Weg? Was lernen Sie aus Behinderungen und Blockaden? Was sagen Ihnen die Probleme und Schwierigkeiten, die gegen das Erreichen des Ziels sprechen?

Tauschen Sie dieses Wissen mit anderen aus? Sind Sie bereit, Ihren Informationsstand und auch Ihre Einsichten in Lernstrategien mit anderen zu teilen? Hebt das Lernen Ihren Status quo? Ist Ihre Lebensqualität und die Qualität Ihrer Beziehungen positiv beeinflusst durch das, was Sie gelernt haben? Hat sich Ihre Kreativität durch Lernen erhöht? Empfinden Sie das Lernen als etwas, das Sie inspiriert und dazu motiviert, weiter zu forschen und zu lernen?

Ist es schwer für Sie, zu akzeptieren, dass Sie weder alles wissen können noch müssen und dass es viele Gebiete gibt, in denen Sie keine Kompetenz haben?

MANAGEMENTSTRATEGIEN

Es kann einen Zuwachs an Wissen bedeuten, nicht nur durch das Leben, sondern auch voneinander innerhalb einer Organisation zu lernen. Unter einer lernenden Organisation versteht man ein Unternehmen, ein Team, eine Firma oder eine Institution, deren erklärte Strategie es ist, möglichst alle Beteiligten für einen ständigen Lernprozess zu begeistern. Durch dieses Engagement ist es möglich, Fähigkeiten kontinuierlich auf den neusten Stand zu bringen, zu erweitern und miteinander zu teilen. So werden nicht nur neue Lernziele gesteckt und zu erreichen angestrebt, auch das Denken selbst wird beweglicher, neue Querverbindungen lösen alte Meinungen ab, und durch Austausch nimmt die Arbeitsgemeinschaft an einem Wissen teil, das allen zugänglich wird. Wissensmanagement und die Bereitschaft einer Organisation, sich weiterzubilden, gelten zunehmend als unerlässliche Wettbewerbsfaktoren in einer globalisierten Wirtschaft und Welt.

Alle Veränderungen sind darauf zurückzuführen, dass unzählige kleine Dinge anders gemacht werden. Wenn man anfängt, anders zu denken, sieht man auch die Welt mit anderen Augen, und nach und nach verändert sich das ganze Verhalten. Damit nicht genug: Schließlich verändert sich sogar die kollektive Wahrnehmung und damit das Handeln der gesamten Organisation.

COACHINGTECHNIKEN

Im Coaching geht es oft darum, alte Kompetenzen zu überprüfen und neue Kompetenzen zu erwerben. Es trägt zum Verständnis der

Vorgänge bei, sich die vier Stadien des Lernens zu vergegenwärtigen, die stufenweise von der „unbewussten Inkompetenz" zur „unbewussten Kompetenz" führen. Mit jedem Stadium verbinden sich Gefühle und Krisenmomente, aber auch die Chance, weiterzugehen und durch Lernen den Horizont zu erweitern.

1. *Unbewusste Inkompetenz:* Ich weiß nicht, dass ich etwas Bestimmtes nicht kann. Es existiert nicht in meinem Erfahrungsschatz.
2. *Bewusste Inkompetenz:* Ich weiß, dass ich es nicht kann. Ich bin davon fasziniert, dass es möglich ist.
3. *Bewusste Kompetenz:* Ich übe es bewusst und absichtlich. Solange ich damit meine Aufmerksamkeit verbinde und nur das tue, kann ich es.
4. *Unbewusste Kompetenz:* Es geht von selbst. Ich tue es automatisch.

Zeichen eines aktiven Lernzustandes ist das zeitweise auftretende eigenartige Gefühl des Ungewohnten beim Einüben einer neuen Verhaltensweise auf der Ebene der bewussten Kompetenz; dies wird zum willkommenen Zeichen eines aktiven Lernzustandes. Viele Menschen geben sich mit diesem Stadium zufrieden und meinen, nur weil sie etwas sicher wissen, alles besser zu wissen. Auch beim zweiten Stadium, der bewussten Inkompetenz, legen manche einen Halt ein: Das Neue fasziniert nicht, sondern schreckt ab oder wird als unerreichbar eingeschätzt. Es kann auch daran liegen, dass die Neugier, dieser wichtigste Motor aller Lernbegeisterung, einfach fehlt: Das Neue stellt keine Herausforderung dar, und die Macht der Gewohnheit gewinnt wieder Oberhand.

Der NLP-Trainer Robert Dilts (1998) beschäftigt sich mit den Lernstufen und entwickelte die Klassifizierung in Lernen 0 bis Lernen 4; gerade für das Coaching ist eine Verknüpfung seiner Erkenntnisse interessant, wie das folgende Beispiel darstellen wird.

1. *Unbewusste Kompetenz = Lernen 0:* Hier, auf der Ebene von Umwelt und Verhalten, zeigen sich immer wieder dieselben Verhaltensreaktionen. Trotz Feedback kommt es zu keiner Änderung, das Muster bleibt gleich. Beispiel: Eine Führungskraft verliert schon bei kleinen Fehlern der Mitarbeiter regelmäßig

die Fassung und benimmt sich unangemessen. Hier stellt sich die Frage nach der Verhaltensweise, die mithilfe des Coachings verändert werden soll.

2. *Bewusste Inkompetenz = Lernen 1:* Hier, auf der Ebene der Verhaltensweisen und Fertigkeiten, zeigen sich Verhaltensreaktionen, die auf Korrekturen reagieren. Nun sind Veränderungen möglich, weil ein innerer Abstand geschaffen wird und Selbstreflexion eintreten kann. Es zeigen sich Verhaltensweisen, die zur Alternative stehen, aber bislang aufgrund der emotionalen Verschmelzung nicht genutzt wurden. Es entsteht mehr Spielraum und Wahlfreiheit durch eine Haltung der inneren Distanz. Man kann sich seine eigenen Grenzen durchaus eingestehen, ist sich also der Inkompetenz bewusst und sieht den Handlungsbedarf in Richtung Veränderung ein. Beispiel: Die Führungskraft rastet aufgrund erster Reflexionen nun nicht mehr aus und ist auch in konfliktbeladenen Auseinandersetzungen ruhiger und leiser als zuvor. Es stellt sich die Frage, was genau sich verändert, wenn nur einige Elemente des Verhaltens, also Lautstärke der Stimme und Körperausdruck in Haltung und Gesten, revidiert werden. Welche neue Qualität bringt dieses neue Verhalten in die Kommunikation mit den Mitarbeitern?

3. *Bewusste Kompetenz = Lernen 2:* Hier, auf der Ebene der erlernten Fertigkeiten und der dazugehörigen Überzeugungen, kann eine erste Bilanz gezogen werden, wenn das neu erlernte Verhalten von jemandem von außerhalb, etwa von einem Coach, beobachtet wird – wobei der Coach auf das Neue im Verhalten und in der inneren Haltung reagiert und seine Reaktionen beschreibt. Er gibt also ein Feedback darüber ab, wie dieses neue Verhalten bei ihm ankommt, wie es auf ihn wirkt und was es bei ihm auslöst. Diese Beschreibung der Wechselwirkung ermöglicht eine erweiterte Selbstreflexion, die ohne das Gegenüber nicht möglich wäre. Der Coach spiegelt die Verhaltensweisen und die Wirkung der inneren Haltung, die dazugehört, wider. Das Verhalten kann sich ändern, es kann ein ganzes Set von Verhaltensalternativen entwickelt werden. Und es stellt sich natürlich die Frage, warum bislang diese Alternativen nicht zur Verfügung standen. Beispiel: Warum konnte die Führungskraft nur so und nicht anders reagieren? Welche innere Haltung muss sie nun entwickeln, welche Wer-

te muss sie nun beherzigen, um souverän das angemessene Verhalten zu produzieren?

4. *Unbewusste Kompetenz = Lernen 3:* Hier, auf der Ebene der zur zweiten Natur gewordenen inneren Haltung, die im Verhalten ihren Ausdruck findet, auf der Ebene der Identität, der Kongruenz und Kohärenz, der Integration und Integrität, zeigt sich die Verhaltensreaktion eines wissenden, eines bewussten Menschen. Dies ist ein Mensch, der nicht mehr blind und unangemessen reagiert, sondern sich souverän auf die jeweilige Situation einstellen kann. Diesem Menschen würde es gar nicht einfallen, laut und aggressiv zu reagieren, da ihm ganz andere Verhaltensweisen zur Verfügung stehen. Beispiel: Innerhalb des Coachings wäre es möglich, auf die metaphorische oder symbolische Ebene überzuwechseln und etwas zu finden, was diese neue Qualität repräsentiert – als Einstiegshilfe zu einem neuen Selbstwertgefühl und Selbstverständnis. So etwa können kleine Figürchen oder „Fetische" die Kraft eines „Medizintiers" auf den Besitzer übertragen. Rituelles Handeln hilft, das neue Verhalten einzuüben.

5. *Master-Kompetenz = Lernen 4:* Hier, auf der Ebene einer ganz neuen Zugehörigkeit, zeigt sich ein „geniales", also von einer Vision geleitetes, inspiriertes Verhalten. Es kann durch die Zugehörigkeit zu einer neuen Gruppe ausgelöst und durch „Initiationen" bekräftigt werden. Beispiel: Bei einem gelungenen Coaching ist hier etwas gelernt worden, was einen entscheidenden Unterschied zu früher ausmacht. Die Mitarbeiter werden sich fragen, was mit der Führungskraft geschehen ist, welche „Erleuchtung" über sie gekommen ist. Im Coaching geht es jedoch abschließend darum, es nicht bei diesem wunderbaren Einzelfall zu belassen, sondern das neue Verhalten zu „implantieren", sodass sich daraus eine Reihe neuer Verhaltensveränderungen ergeben kann und das neue Verhalten zur zweiten Natur wird. Dazu bedarf es der Kooperation mit dem Unbewussten, das sein Einverständnis zu dieser neuen Identität geben muss, um diese nicht zu unterminieren. Die abschließende Frage lautet also: Gibt es einen Teil in der Persönlichkeit, der Einwände hat? Gibt es Faktoren im Umfeld oder im Beziehungsbereich, die gegen diese neu gelernte Meisterschaft sprechen würden?

Übung zu den einzelnen Lernebenen nach Robert Dilts

1. Denken Sie an eine Situation oder Beziehung, in der Sie immer auf dieselbe Art und Weise reagieren, obwohl es ineffektiv ist (Lernen 0). Versetzen Sie sich in die Situation, sodass Sie noch einmal erleben, wie das ist. Beobachten Sie Ihre Verhaltensreaktion.

2. Während Sie „assoziiert", also in Kontakt mit der Erfahrung bleiben, erforschen Sie, wie Sie dieses spezifische Lernverhalten variieren können: Übertreiben Sie es, dramatisieren Sie es, übersetzen Sie es in einen anderen Zusammenhang, machen Sie ein Gleichnis, eine Parabel daraus, finden Sie eine Metapher dafür, machen Sie es ein wenig kleiner und unauffälliger, lassen Sie es jemand anderen erleben, verpacken Sie es in eine Rolle (Lernen 1).

3. Gehen Sie nun in einen inneren Abstand zum Geschehen, als ob Sie sich selbst in der Problemsituation beobachten würden. Wie würden Sie Ihr momentanes Verhalten benennen und einordnen? Welchen Sinn ergibt es? Welches Bild haben Sie von sich selbst? Und nun fragen Sie sich: Welche andere Klasse von Verhaltensweisen könnte man hier wählen (Lernen 2)? Finden Sie eine geeignete Verhaltensweise, die Sie aus Ihrem Leben kennen, und gehen Sie in Kontakt mit diesem Erlebnis in der Vergangenheit, das ebenso gut auch eine Vorstellung, ein Traum, eine Fantasie sein kann. Vergegenwärtigen Sie sich das Gefühl, wie es war, in dieser Lage zu sein, diese andere Art von Verhalten zur Verfügung zu haben. Wie erlebten Sie es, diese Art von Lernen und damit eine ganze Klasse von Verhaltensweisen zu beherrschen? Schaffen Sie nun eine „Glaubensbrücke": Welche Meinung von sich selbst müssten Sie haben, oder was müssten Sie an Ihren bestehenden Meinungen und Vorstellungen grundlegend verändern, um die neue Klasse von Verhaltensweisen in der Problemsituation zu fördern? Testen Sie, ob Sie die notwendigen Überzeugungen gefunden haben, und spielen Sie die problematische Situation, für die Sie das neue Lernverhalten benötigen, durch. Fühlen Sie sich souverän genug, um sich den Herausforderungen zu stellen? Sind Sie motiviert genug, um Blockaden zu überwinden?

4. Gehen Sie nun wieder in den inneren Abstand, und reflektieren Sie darüber, was das Neue ist, das sich aus dem Durch-

spielen ergeben hat. Woran merken Sie, dass es sich hier um völlig andere Kategorien von Verhaltensweisen handelt, als Sie sie von sich selbst kennen und sich zugetraut hätten? Woran machen Sie fest, dass die Lernerfahrung Sie in Ihrer Identität verändern könnte? Welche Auswirkungen hätte diese Lernerfahrung auf Ihren Lebenskontext, auf Ihr Umfeld, auf Ihr Lebenssystem (Lernen 3)? Welcher Ruf würde Ihnen dieses neue System, das sich durch das Lernen ergeben hat, einbringen? Angenommen, jemand würde darüber berichten wollen – welche Beschreibungen, Beispiele oder Vergleiche würde er finden, um Ihr Verhalten zu erfassen? Welches Konzept steckt dahinter? Welche Idee, welches Ideal, welche Vision drückt sich dadurch aus?

5. Vergegenwärtigen Sie sich dieses neue Modell als eine Figur, die zunehmend an Leben gewinnt. Füllen Sie sie mit Ihren eigenen Erfahrungen und Meinungen, versetzen Sie sich in diese Figur hinein, übernehmen Sie die Rolle. Wenn Sie ein Vorbild haben, stellen Sie sich vor, mit diesem Vorbild nun zu verschmelzen. Steigen Sie bewusst in Ihre eigene Idealvorstellung ein. Was fühlen, spüren, denken Sie, was nehmen Sie wahr? Finden Sie eine „Glaubensbrücke", die Ihnen hilft, den Übergang zu diesem neuen Glauben an sich selbst zu schaffen.

6. Und nun beobachten Sie sich selbst aus einem noch größeren Abstand, als wären Sie jemand, der zufällig vorbeikommt und diese Gestalt sieht. Versetzen Sie sich in einen Zustand der gelösten Gelassenheit, in eine Haltung des Nichtwissens, fühlen Sie sich gesammelt und gleichzeitig offen für alle Möglichkeiten. Enthalten Sie sich aller Bewertungen, und verzichten Sie darauf, irgendetwas interpretieren zu wollen.

7. Aus dieser Haltung des gelösten Lassens versetzen Sie sich zurück in die Problemsituation, in der Sie eine neue Lernerfahrung brauchen. Was fällt Ihnen als Erstes ein, wie würden Sie jetzt spontan handeln? Was wäre das für ein Verhalten, das Sie jetzt, wie durch ein Wunder, sich angeeignet hätten und das für Sie in keines Ihrer bekannten Raster, in keines Ihrer Konzepte und Theorien, in kein System passt (Lernen 4)?

In Lernprozessen hilft der systemische Ansatz dabei, möglichen Fehlleistungen, die sich durch automatische Feedbackschleifen einschleichen könnten, zuvorzukommen. Es hat sich gezeigt, dass das menschliche Lernen einem ähnlichen Zyklus folgt wie das natürliche und reflexgesteuerte Verhalten von Tieren, das zwischen Spannung und Entspannung wechseln muss, um den Lebensanforderungen optimal gerecht zu werden.

Das menschliche Lernen vollzieht sich nicht immer auf einem Niveau gleich bleibender Konzentration oder Aktivität. Es wechselt zwischen Aktion und Reflexion, zwischen Aktivität und Entspannung und hat seinen eigenen Rhythmus. Dadurch ist es weniger anstrengend und motivierender; Frustrationen werden vermieden und Blockaden umgangen, und es wirkt zudem einer hektischen Betriebsamkeit entgegen, was vor allem die Arbeitsatmosphäre innerhalb einer Organisation positiv beeinflusst.

Mittels Reflexion wird man zum Beobachter des eigenen Denkens und Handelns und kann auch behutsam gewohnte Lernstrategien kritisieren. Feedback und Korrekturen finden hier ihren Raum und werden berücksichtigt, ohne dass gleich alles und alle aus dem Konzept gebracht würden. Die Stimmung ist ruhig, überlegt und gerade richtig für eine neue Weichenstellung.

Auf die Erkenntnisse, welche Verhaltensweisen zu welchen Auswirkungen geführt haben oder wo Verbesserungen möglich oder nötig sind, folgen Taten beziehungsweise Entscheidungen. Man entwickelt Ideen und Alternativen, Vorschläge und vor allem Verbindungen zwischen eigenen Verhaltensmöglichkeiten und den Möglichkeiten, die sich durch den Kontakt zu anderen Systemen ergeben.

Es erfolgt letztlich eine systemische Verknüpfung, die folgende Fragen zu beantworten sucht: Wo liegt eigentlich das Problem? Aus welchen unglücklichen Verknüpfungen kann es abgeleitet werden? Hier tritt oft die frustrierende, weil überwältigende Einsicht ein, dass systemisch alles mit allem zusammenhängt. Deshalb folgt gleich darauf die Frage nach Alternativen, ohne dass zu lange bei der Analyse des Problemgewebes verweilte. Welcher Ausweg bietet sich an? Welche Erfolge lassen sich aus anderen Versuchen ableiten? Welche neuen Erkenntnisse haben wir durch unsere Lernerfahrungen über die Welt gewonnen? Wo sollten wir weitermachen?

Nun ist es an der Zeit, aus den Alternativen und Optionen einige auszuwählen und an den systemischen Verknüpfungen weiterzuarbeiten, die wiederum systemisch neue Perspektiven anbieten und neue Horizonte eröffnen. Dann, in einem Moment der Experimentierlaune, wird das neue Programm ausprobiert. Und von dort geht es sofort wieder in die Reflexionsstufe, um keine Fehler aufgrund verfrühter Konsolidierung sich einschleifen zu lassen.

Bei all diesen einzelnen Operationen hilft es, mit den systemischen Archetypen den versteckten Koppelungsschleifen entgegenzuwirken. Lernfehler und Lernpannen können sich so gar nicht erst ausbilden und zur lästigen Gewohnheit werden. Das oberste Gesetz beim Lernen ist daher: Im Fluss bleiben!

ZITATE

- Wenn du einen Freund hast, schenke ihm einen Fisch. Aber wenn du ihn wirklich liebst, lehre ihn fischen. *Chinesisches Sprichwort*
- Es kommt eine Zeit, in der man sich Rechenschaft ablegt, dass alles, was wir tun, zu seiner Zeit Erinnerung sein wird. Das ist Reife. Um dahin zu gelangen, muss man eben schon Erinnerungen haben. *Cesare Pavese*
- Leben heißt Zeit in Erfahrung verwandeln. *Kalleb Gattegno*
- Wer nicht aus der Vergangenheit lernen will, muss sie wiederholen. *George Santayana*
- Erfahrungsregeln werden zur Belastung, wenn die Rahmenbedingungen, unter denen sie entstanden, nicht mehr existieren. *Henri Bergson*
- Reif ist, wer auf sich selbst nicht mehr hereinfällt. *Heimito von Doderer*
- Zen-Geist ist Anfängergeist. *Zen-Sprichwort*

Liebe

Das Fließen der Liebesenergie: Vom Ufer aus ist es schwer, nachzuvollziehen, welchen Sog der Strom entwickelt, sobald man sich darin befindet. Und doch ist Liebe eine Erinnerung, die wir alle im Gedächtnis tragen und die jederzeit wieder an Wirklichkeit gewinnt, wenn wir uns ihr überlassen.

DIE PHILOSOPHIE

Die Liebe gilt in den altindischen Veden und in der antiken griechischen Philosophie als das kosmische Prinzip, durch das das Weltall in der auseinander strebenden Fülle seiner Kräfte und Formen gebändigt und geeint wird. Dieses Prinzip wird personifiziert durch Eros, den Vermittler zwischen Göttern und Menschen.

Der Mensch ist ein liebendes Wesen: Alles Erkennen, alle Wertung gründet in der Fähigkeit zur Teilnahme am Sein, deren Antriebskraft die Liebe ist. Liebe überwindet Grenzen und wird in der Philosophie als sich in seiner Existenz wechselseitig anerkennendes, sich förderndes Streben zueinander bezeichnet. Liebe ist eine Fähigkeit, eine Handlung, eine Tat: Sie erschließt die Erfahrung, Personen – auch die eigene – und alle Lebewesen als wertvoll und würdevoll anzuerkennen.

Liebe ist ein Ja zum Leben, ein Ja zur Anwesenheit – der eigenen und der des anderen. Liebe ist eine Kraft, die Grenzen überwindet und die Verbindung in allem sucht.

Liebe ist eine Energie, die in der Meditation geweckt werden kann und eine Ausdehnung bewirkt, und zwar auf allen Ebenen: Die verfestigten Konzepte des Bewusstseins können sich relativieren und schließlich auflösen, fixierte Gefühle werden losgelassen, der

118

Körper entspannt sich. Im Zustand des Liebens kommt alles wieder in Fluss.

Fragen aus der Beratungspraxis

Woran merken Sie als Erstes, dass es um Liebe geht? Wie erleben Sie an sich selbst die Kraft der Liebe? Woran machen Sie es fest, dass ein Mensch sich selbst liebt? Woran merken Sie als Erstes, dass Sie sich so sein lassen können, wie Sie sind? Was muss geschehen, damit man einen Menschen bedingungslos annehmen kann? Unter welchen Bedingungen können Sie sich vorstellen, auch einen persönlichen Feind zu akzeptieren?

Was spricht gegen die Liebe?

Managementstrategien

Management „by love" – das mag manchen an die Flower-Power und die Selbsterfahrungsgruppen der Sechziger- und Siebzigerjahre erinnern. Nichtsdestoweniger ist auch das Management auf die Lebendigkeit, Lebenslust und Freude seiner Mitarbeiter angewiesen, denn jedes Engagement, jede Verpflichtung, jede Motivation stammt aus ebendieser Quelle einer lebensbejahenden, positiven Energie, die auch Liebe genannt wird.

Im Selbstmanagement geht es vor allem um das Thema, wie diese Lebensenergie gefördert, geschützt und im Leben konkretisiert werden kann. Jedes Ziel, das gesetzt wird, sollte mit Lust besetzt sein, um eine magnetische Anziehungskraft zu entwickeln. Wer *mit* der Lust lebt, statt sie zu bekämpfen, hat bessere Chancen.

Coachingtechniken

Die erneuerte Verbindung mit der eigenen Liebeskraft, die eine unmittelbar und körperlich spürbare Auswirkung auf den Gesamtzustand der Person hat, ist eine der mächtigsten Interventionen innerhalb der Beratung. Versöhnung kann dann zustande kommen, wenn man alle Teile der Persönlichkeit reintegriert, alle Ausgrenzungen aufhebt und alle Schattenbereiche wieder in das erweiterte Selbstverständnis hereinholt.

Versöhnung ist eine wesentliche Voraussetzung dafür, dass ein Mensch sich als kongruent und kohärent erfährt. Zugleich wird die Energie für andere Zwecke frei, die man vorher dafür benötigte, künstlich verstärkte Mauern um sich herum aufzubauen und die innerliche Verhärtung aufrechtzuerhalten. Wenn ein großer Teil der Lebenskraft in Schutz- und Abwehrmechanismen investiert wird, um die Stabilität der Person zu gewährleisten, ist dies ein hoher Preis, der für die Absicherung gegen außen gezahlt wird und eine allgemeine Schwächung bewirkt.

Wer nachgeben kann, erfährt das Ausmaß der bislang gebundenen Energie und schmilzt förmlich dahin. Sich berühren zu lassen bedeutet nicht nur, im Austausch und Kontakt mit der Umwelt zu stehen und dadurch besser informiert zu sein, sondern auch, die Lebensenergie besser für sich und die eigenen Projekte zu nutzen.

Versöhnung bietet oft eine echte Alternative zu einer Veränderung, die aufgrund von inneren Konflikten und sich in der Außenwelt spiegelnden Problemen angestrebt und als Thema in die Beratung eingebracht wurde. Unter dem Einfluss der Liebe können sich manchmal Konflikte und Probleme wie von selbst zu lösen.

Es ist jedoch viel Fingerspitzengefühl notwendig, innerhalb eines Coachings Menschen in Kontakt mit ihrer verloren geglaubten Liebeskraft zu bringen: Dass der Coach dieses Thema anspricht, könnte vom Coachee missverstanden werden als die Wahrnehmung eines Defizits. Die beste Art, diese Energie ins Spiel zu bringen, ist die unausgesprochene innere Haltung des Coachs, der Liebe im Leben und zum Leben einen großen Wert beizumessen. Akzeptanz und Liebe im Sinne eines Annehmens der eigenen Person und der des anderen, ohne Bedingungen daran zu knüpfen, sind starke Argumente, die der Worte nicht bedürfen.

Im Karuna-Training der kontemplativen Psychologie, das von den Buddhisten als Bildungskonzept für Menschen in helfenden Berufen entwickelt wurde, wird die Meditation als Möglichkeit verstanden, zu einer solchen Haltung zu finden. *Karuna* bedeutet im Sanskrit „Mitgefühl": Mitgefühl resultiert aus einer Liebe, die Verbindung schafft, und nicht aus einer Art Mitleid, das auf Unterscheidung beziehungsweise Trennung aufbaut und oft als Demütigung, ja sogar Verachtung vonseiten des Bemitleideten erlebt wird. Es zeigt sich, dass Liebe, wenn sie ihre höchstmögliche Wirkungsmacht entfaltet, aus einer gelebten Spiritualität stammt und sich von dieser nährt.

DER SYSTEMISCHE ANSATZ

Virginia Satir, eine der Begründerinnen der Familientherapie, brachte Paare, die sich entzweit hatten, durch die Technik des „Re-Anchoring Couples" wieder zusammen: Sie fragte, was diese beiden Menschen zusammengebracht hatte, und verankerte den jeweiligen Wert, die jeweilige Qualität oder Energie erneut in ihrem System. Dieser systemische Ansatz kann überall dort angewendet werden, wo ein System in sich brüchig geworden ist und bei den Beteiligten zu Gefühlen der Zerrissenheit und Entzweiung führt.

Versöhnung ist die Reintegration aller Beteiligten unter dem Zeichen einer übergeordneten Einheit, die sich als Wert bewährt und als Qualität das Leben erhöht. Manchmal jedoch müssen Systeme sich trennen, um überleben zu können. Ebenso, wie eine Zelle sich teilen muss, um sich fortzupflanzen, gibt es auch ein Gesetz des Systemwachstums und eines der Systemfortpflanzung. Der Fluss der Lebensenergie und der primären Liebe fließt aber auch durch diese notwendigen Trennungen hindurch und gibt ihnen einen Sinn. Die verbindende Liebe ist das übergeordnete Prinzip – dies ist besonders in der systemischen Familienaufstellungsarbeit nach Bert Hellinger (1995) deutlich zu erleben.

Manchmal ist Trennung die Voraussetzung für Individualität und Individuation. Individuen wollen ihre eigene Identität aufbauen. Auch die Persönlichkeit ist ein System für sich, innerhalb dessen die Liebe zu sich selbst eine Integration aller Teile des Systems fordert. Selbstliebe bedeutet weniger, jedem auch noch so kleinen Bedürfnis nachzugeben, sondern vielmehr, ständig an der eigenen Integrität zu arbeiten.

ZITATE

- Hass kann nie durch Hass besiegt werden – nur durch Liebe. *Konfuzius*

- Wenn auf Erden die Liebe herrschte, wären alle Gesetze zu entbehren. *Aristoteles*
- Wenn du geliebt werden willst, liebe! *Seneca*
- Die Liebe besiegt alles. *Vergil*
- Die Liebe allein versteht das Geheimnis, andere zu beschenken und dabei selbst reich zu werden. *Augustinus*
- Die Liebe ist das Wohlgefallen am Guten; das Gute ist der einzige Grund der Liebe. Lieben heißt, jemandem Gutes tun zu wollen. *Thomas von Aquin*
- Wir erkennen so viel, wie wir lieben. *Augustinus*
- Liebe ist dann da, wenn wir anderen dienen wollen. *Martin Luther*
- Nur der ist etwas, der etwas liebt. Nichts zu lieben und nichts zu sein ist identisch. *Ludwig Feuerbach*
- Ohne Achtung gibt es keine wahre Liebe. *Immanuel Kant*
- Lust und Liebe sind die Fittiche zu großen Taten. *Johann Wolfgang von Goethe*
- Glücklich allein ist die Seele, die liebt. *Johann Wolfgang von Goethe*
- Nur durch die Liebe und das Bewusstsein der Liebe wird der Mensch zum Menschen. *Friedrich von Schlegel*
- Liebe ist der Wunsch, etwas zu geben, nicht zu erhalten. *Bertolt Brecht*
- Liebe ist der Entschluss, das Ganze eines Menschen zu bejahen, die Einzelheiten mögen sein, wie sie wollen. *Otto Flake*
- Der Mensch ist sich tief bewusst, dass im Grunde seines Wesens ein Zwiespalt ist; er sehnt sich, ihn zu überbrücken; und irgendetwas sagt ihm, dass es die Liebe ist, die ihn zur endgültigen Versöhnung führen kann. *Rabindranath Tagore*
- Das ist das Eigentümliche an der Liebe, dass sie sich niemals gleich bleiben kann; sie muss unaufhörlich wachsen, wenn sie nicht abnehmen soll. *André Gide*
- Die Liebe ist so unproblematisch wie ein Fahrzeug. Problematisch sind nur die Lenker, die Fahrgäste und die Straße. *Franz Kafka*
- Alter schützt vor Liebe nicht, aber Liebe vor dem Altern. *Coco Chanel*

Macht

Macht macht vieles möglich, aber nur dann, wenn das Mögliche Sinn macht.

Die Philosophie

Macht wird zunächst neutral definiert als das Vermögen, Wirkungen hervorzurufen, und betrifft den alltäglichen politischen und sozialen Zusammenhang. Macht hat viele Gesichter, aber keine bestimmte Form und geht allen konkreten Gestaltungen der Wirklichkeit voraus.

Als Energie und Bestimmung beziehungsweise Bestimmtheit ist Macht eine Grundtatsache des Lebens, der sich niemand entziehen kann. Dafür Verantwortung zu übernehmen macht stark und gibt Kraft; eine Schwächung bedeutet es hingegen, Verantwortung abzugeben. Durch eine innere Haltung der Opferrolle wird der Zustand der Schwächung, der Ohnmacht aufrechterhalten. Für Plato etwa gehören zur Macht auch jene Handlungsmöglichkeiten, die in Form von Tugenden in der Lage sind, beispielsweise politische Ordnung aufzubauen und zu bewahren.

Im Zusammenhang mit dem Machtmissbrauch in Politik und Gesellschaft wird oft vom Machiavellismus gesprochen: Er ist der Inbegriff einer skrupellosen Machtpolitik, die den Gebrauch jeden Mittels erlaubt, um ein gegebenes Ziel zu realisieren – ohne Rücksicht auf Recht und Moral. In der Psychologie wird die Macht verknüpft mit der Fähigkeit, zu beeinflussen: Die Beeinflussung von Menschen ist dann möglich, wenn es eine Person gibt, die erwünschtes Verhalten belohnt beziehungsweise unerwünschtes Verhalten bestraft.

Macht besitzt in sich aber auch eine korrumpierende Wirkung, die sich darin zeigt, dass sich unterlegene oder abhängige Personen bei positiven Ereignissen (Erfolg) als deren Urheber sehen, negative Ereignissen (Misserfolg) aber dem Machtinhaber zuschreiben.

In der Machtfülle liegt auch die Faszination des Machtrauschs, der Reiz ihres rücksichtslosen Gebrauchs. Doch auf Macht ganz zu verzichten hieße, sich dem System der Gesellschaft und des gesellschaftlichen Handelns zu entziehen. Das wäre eine Konsequenz, die weder praktisch möglich noch wirklich wünschenswert ist.

Macht wird im Bereich menschlichen Handelns als eine grundlegende „soziale Energie", wie es Bertrand Russell genannt hat, betrachtet, das heißt als eine Kraft, die sich innerhalb von Beziehungssystemen auswirkt. Macht zeigt sich als der Gegenarchetyp zur Liebe – vor allem dort, wo sie Grenzen zieht und Gesetze verordnet, die sie mit unnachgiebiger Strenge verfolgt. So siegt sowohl im Alten Testament als auch in den antiken Tragödien das Gesetz. Der Ausdruck „Gnade vor Recht" hingegen deutet auf den Sieg der Liebe über die Gesetzesmacht hin und wird vor allem in Märchen propagiert.

Im Verbund mit Angst kann Macht bei Menschen Gefühle der Abhängigkeit, Hilflosigkeit und Ohnmacht auslösen. Im Verbund mit der Sehnsucht nach Unabhängigkeit und begleitet von unrealistischen Wünschen weckt sie jedoch Allmachtsfantasien. In der Macht steckt die Gefahr der Verselbstständigung, die die Menschen dazu verführt, sich über alle Widerstände hinwegzusetzen.

Es bleiben die traditionellen, unvollkommenen, aber verbesserungsfähigen Mittel gegen die Gefahren der Macht, nämlich institutionelle Kontrolle und persönliche Verantwortung. Die Grenzen der Macht werden also durch Recht und Moral bestimmt, die freilich, um wirksam zu sein, selbst der Macht bedürfen.

Fragen aus der Beratungspraxis

Welche Assoziationen verbinden sich für Sie mit dem Wort „Macht"? Woran merken Sie zuerst, dass jemand Macht über sie hat? Woran erkennen Sie, dass in bestimmten Beziehungssituationen Machtspiele ablaufen?

Wie fühlt es sich körperlich für Sie an, von jemandem abhängig zu sein oder sich in einer Situation der Abhängigkeit zu befinden?

Welche Gefühle verbinden Sie mit Abhängigkeit, welche mit Unabhängigkeit? Wie würden Sie Ihre Empfindungen benennen? Was macht den entscheidenden Unterschied zwischen Abhängigkeit und Unabhängigkeit für Sie aus? Wo liegt die Grenze für Sie?

Wie würden Sie sich fühlen, wenn Sie plötzlich in einer Machtposition wären und sehr viel Macht hätten? Wie würden Sie in einem Film eine mächtige Person spielen? Wie müssten Sie ihr Verhalten gestalten, um die Mächtigkeit am besten zum Ausdruck zu bringen? Würden Sie sich selbst in dieser Rolle eher von außen sehen und hören oder unmittelbar darin erleben? Was müssten Sie sehen und hören oder unmittelbar erleben, um diese Rolle zu übertreiben oder ins Lächerliche zu ziehen? Wie könnten Sie sie entschärfen? Wie könnten Sie die Intensität des Ausdruck und den damit verbundenen Ernst steigern?

Welche Farbe würden Sie der Macht geben?

Gibt es bestimmte Situationen, in denen Sie sich hilflos und ohnmächtig fühlen? Können Sie voraussagen, wann solche Situationen eintreten? Können Sie den Auslöser für Gefühle der eigenen Ohnmacht festmachen? Angenommen, Sie wollten sich willentlich in einen solchen Gefühlszustand hineinsteigern, was müssten Sie sich sagen, was müssten Sie sehen, woran sich erinnern, was sich vorstellen, welche Kommentare oder Aussagen innerlich hören? Wie müssten innere Gespräche laufen, um Sie an diesen Punkt zu bringen? Welche Farbe hat die Ohnmacht?

Was wissen/können/dürfen Sie, wenn Sie sich mächtig und den Dingen gewachsen fühlen? Fehlt Ihnen das in Situationen der Hilflosigkeit, Schwäche und Ohnmacht?

MANAGEMENTSTRATEGIEN

Beziehungsthemen in Gruppen und Organisationen sind fast immer mit Machtspielen verknüpft, wobei die Machthierarchien, die innerhalb des Systems die Rangordnung bestimmen, oft nicht klar definiert und öffentlich markiert sind. Je mehr Macht jemand in einer Organisation hat, desto weniger ist ihm oft die damit verbundene Bedeutung und Auswirkung bewusst.

Konsequenzen, die sich aus Macht ergeben, werden oft nicht öffentlich gemacht. Daher sind Spielregeln, nach denen sich die Hierarchie aufbaut und aufrechterhält, keine expliziten Regeln. Man kann sich über die Regeln informieren, aber nicht auf sie im Konfliktfall verlassen. Umso wichtiger ist es, sich der eigenen Stellung innerhalb der Rangordnung und der damit verbundenen Privilegien bewusst zu werden. Nur so können Kommunikationsprozesse besser verstanden und gegebenenfalls verbessert werden.

Zunächst sollte daher ein Kommunikationstraining oder Konfliktmanagement dazu führen, dass sich Menschen überhaupt dessen bewusst werden, was Rangordnung und Machthierarchie für sie bedeuten könnte und aus welcher Erfahrung her sie Probleme oder Konflikte, die damit verbunden sind, kennen.

Auch sollten Privilegien, also Vor- oder Sonderrechte, geklärt werden. Viele Menschen wachsen ganz selbstverständlich mit Privilegien auf und in die Rangordnung hinein, die sie aufgrund ihres angeborenen, vererbten oder erworbenen Standes einnehmen. Rang und Privileg werden zur Gewohnheit – und wie alle Gewohnheiten hat auch diese Gewohnheit eine magische Wirkung, deren Bann nur durch ein kritisches Bewusstsein gebrochen werden kann. Rang hypnotisiert Menschen in einen Bewusstseinzustand hinein, in dem sie Rang als eine Art Naturgesetz wahrnehmen und sich unbewusst ihm unterordnen.

In Konflikten ist es wichtig, ein Rangbewusstsein zu entwickeln, denn das Bewusstsein der eigenen Position innerhalb eines Systems schafft Orientierung. Es muss geklärt werden, welche der eigenen Privilegien den Konflikt ausgelöst haben mögen: Wo waren Ansprüche vielleicht nicht gerechtfertigt? Wo haben nicht offen deklarierte, unbewusste Ansprüche zu Erwartungshaltungen geführt, die enttäuscht wurden? Wo haben eigene Ansprüche und Erwartungen die Werte und Ansprüche anderer verletzt oder zumindest nicht beachtet? Ist es möglich, dass unbewusst der Ausdruck von Achtlosigkeit oder sogar Verachtung entstanden ist?

Rang ist nach Arnold Mindell (1994) eine unsichtbare Macht, die von weniger Mächtigen aufgrund unbeabsichtigter Signale wie Verachtung, Demütigung, Machtmissbrauch als Angriff auf die persönliche Würde gedeutet wird. Menschen, die einer niedrigeren Rangstufe oder einer Minderheit angehören, fühlen sich durch bestimmte Signale unbewusst an bestimmte traumatische Ereignisse in ihrem Leben erinnert. Menschen, die einer höheren Rangordnung angehören, sind sich wiederum oft nicht der Signale, die sie aussenden, bewusst; sie bedürfen der Unterstützung eines Prozesshelfers, um ihre unbewusst ausgesandten Signale zu registrieren.

Rang ist auch nicht für alle, die ihn besitzen, ausschließlich ein Vorteil oder eine Ehre; vielmehr ist er oft mit persönlicher Unfreiheit verknüpft und zudem eine Verpflichtung – und somit häufig mit ambivalenten Gefühlen belegt.

Rang lässt sich nach folgenden Kriterien beurteilen:

- Geschlecht
- ethnische Zugehörigkeit
- gesellschaftliche Klasse
- Bildung
- körperliche Erscheinung
- Geld
- persönliche Freiheit
- Verantwortungsbewusstsein
- Risikobereitschaft, Mut
- Sensibilität, Intuition
- Konzentration, Intelligenz
- Flexibilität, Kreativität
- sprachlicher Ausdruck
- Präsenz und Selbstdarstellung.

Überlegen Sie, welche Macht- und Rangkriterien Sie aus Ihrem persönlichen Umfeld kennen. Beschreiben Sie die Beziehung, die Sie selbst zu diesen Arten von Rang haben, und welche Gefühle sie in Ihnen auslösen: Welche Ränge sind problematisch, welche nicht?

Innerhalb der Coachingsituation kann folgende Übung helfen, mehr Aufmerksamkeit für solche Signale zu entwickeln:

- Beschreiben Sie innerhalb einer Kleingruppe einen Konflikt, den Sie am Arbeitsplatz oder in einer Institution haben.
- Schildern Sie die Rolle des Konfliktpartners so anschaulich, dass diese Rolle mühelos nachgespielt werden kann.
- Übertreiben und karikieren Sie.
- Überprüfen Sie Ihre Argumente im Konflikt. Stimmen sie noch?
- Wenn nicht, ändern Sie Ihren Standpunkt, und argumentieren Sie neu.

- Nehmen Sie für jeden Standpunkt, den Sie verinnerlichen, auch eine äußere Position ein (setzen Sie sich zum Beispiel auf verschiedene Stühle).
- Beobachten Sie, wie Sie den jeweiligen Wechsel der Argumente, Standpunkte, Positionen und Rollen erleben.
- Lassen Sie sich von anderen erläutern, wie sie Ihr Rollenspiel erlebt haben.

Prozessmoderation kann die verborgene Seite der Macht zutage fördern und festgefahrene Konflikte, Stellungskriege und Pattsituationen beheben. Das beinhaltet, dass innerhalb eines Kommunikationsprozesses die Standpunkte der Beteiligten, die Argumente und Themen als Teil der Tagesordnung vorgestellt werden und alles, was gesagt werden sollte, auch wirklich zur Sprache kommt. Dazu bedarf es eines systemischen Verständnisses der Wechselbeziehungen von Macht und Schwäche, sozialer Position und psychologischem Impuls.

COACHINGTECHNIKEN

Menschen, die im Coaching über ihre Probleme berichten, neigen dazu, dem Coach Beschreibungen des Vorgefallenen zu liefern, die bereits eine entsprechende Deutung des Geschehens darstellen. Es kommt zu Aussagen, die ein Urteil beinhalten – für den Coach eine schwierige Ausgangssituation, da er sich doch ein Bild davon machen sollte, wie es „wirklich" aussieht. Er muss also zunächst von den wertenden Aussagen der Klienten zu einer konkreten Verhaltensbeschreibung kommen, um das Geflecht von Signalen und Reaktionen zu entwirren und zu einer konkreten, nachvollziehbaren Schilderung des Ablaufs zu gelangen.

Die meisten konfliktgeladenen Abläufe sind jedoch oft schon chronisch geworden und laufen immer wieder nach demselben Muster ab. Diese Muster werden vom Coachee unter einem Stichwort subsumiert und dann als Kurzfassung dem Coach als Thema weitervermittelt – doch genau diese Kurzfassung mit der darin enthaltenen Deutung ist schon ein Teil des Themas.

Oft sind es die kleinen Details, die auf die richtige Spur und aus der Problemtrance hinausführen. Deshalb sollten Fragen zum Verhalten und zum typischen Verhaltensmuster der erste Schritt zur Klärung von Machtpositionen und Machtproblemen sein.

Der Coach fragt zum Beispiel danach,

1. wie die Entscheidungsabläufe im Team/in der Mitarbeiterbesprechung/in der Produktpräsentation etc. sind,
2. wer die wichtigsten Entscheidungsträger sind,
3. wie sich Machbefugnis und Befehlsgewalt äußert und inwiefern der Führungsstil Autorität verrät.

Damit erhält der Coach eine Vorstellung davon, wie die Zuständigkeiten geregelt sind und wer im System das Sagen hat. Nun geht es um die Auswirkungen von Autorität. Der Coach fragt,

1. woran man erkennt, dass der Chef nicht einverstanden ist,
2. wie das Verhalten von Kollegen erlebt wird, wenn Kritik geäußert wird,
3. was wörtlich von den Kollegen gesagt wurde.

Nachdem der Coach also die konkreten Details herausgefunden hat, fragt er nach einem strategischen Vorgehen, nämlich:

1. was man in einem solchen Fall macht,
2. welche Schritte man plant,
3. welche Hilfsmittel man wählt.

Und hier zeigt sich, dass die innere Abbildung des Coachees unvollständig ist, denn meist ist nur eine einzige Art und Weise, mit Machtspielen umzugehen, dort verzeichnet – allerdings als Sackgasse. Dies spiegelt den Zustand des Coachees wider: Er weiß nicht weiter, ist verzweifelt und erlebt sich als hilfloses Opfer.

Eine erste Frage, die diesen Endzustand der Hoffnungslosigkeit überwinden und den Coachee aus der Sackgasse herauslocken kann, konzentriert sich auf die Erklärung, auf den Sinn, den ein Mensch dem gibt, was ihm widerfährt. Die Frage lautet: Wie erklären Sie sich das? Deutungen haben den Zweck, sich einen „Reim" auf das Geschehen zu machen, irgendwie Sinn zu stiften: Selbst das Prädikat „sinnlos" ist das Ergebnis einer Sinnstiftung.

Die Frage nach der persönlichen Erklärung regt zu einer neuen Sinnsuche an. Mit jedem neuen Bild aber, das entsteht und sich über das ursprüngliche Bild der Hoffnungslosigkeit legt, wird dessen Ausstrahlung und Zauberbann schwächer. Es verschwindet zwar nicht ganz, aber es verblasst und beherrscht nicht mehr die Szene.

Nun geht es darum, die eigene Position zu klären, zu stärken und innerhalb des Systems den strategisch günstigsten Platz zu finden. Der Coach fragt den Coachee nun nach den Aussichten auf neue Lösungsbilder, die gemeinsam entwickelt werden können, zum Beispiel:

1. Haben Sie schon eine Idee, wie Sie diese Aufgabe neu angehen werden?
2. Was meinen Sie, welcher Ihrer Vorschläge am meisten Anklang findet?
3. Wie, glauben Sie, wird sich der weitere Verlauf entwickeln?

Der Coach sollte eine Haltung der Neugier mitbringen, denn dies ist die beste Voraussetzung dafür, auf etwas Neues zu kommen. Er sollte ferner nicht Opfer seiner eigenen Interpretationen und Beurteilungen sein und sich auch nicht von vorgefassten Meinungen leiten lassen; um dies zu vermeiden, sollte ein Coach sich seiner eigenen Macht- und Ohnmachtgefühle bewusst werden, Rangordnungen einschätzen können und trotz aller Konfliktprogramme die mögliche Kooperation, die allen nutzt, im Auge haben.

DER SYSTEMISCHE ANSATZ

Ein Kernsatz des Neurolinguistischen Programmierens (NLP) lautet: „Menschen verfügen prinzipiell über alle Ressourcen, die sie brauchen, um die gewünschten Veränderungen zu erreichen." Ohnmacht ist genau die gegenteilige Erfahrung – keine Veränderung ist möglich, keine Ressourcen stehen (mehr) zur Verfügung. Dabei wird Ohnmacht als etwas erlebt, das objektiv „da draußen" existiert und festgelegt ist.

Macht ist natürlich eine Realität, die wir jeden Tag aktualisiert sehen – ob im eigenen Umfeld oder in den Abendnachrichten; auch die ungerechte Verteilung von Macht, die Ohnmacht mancher Menschen ist nicht von der Hand zu weisen. Und dennoch: Macht wie Ohnmacht ist auch ein Phänomen des subjektiven Erlebens. Manche

Menschen befinden sich in der desolaten Lage scheinbar absoluter Machtlosigkeit und entwickeln dennoch (oder vielleicht gerade deswegen) eine innere Stärke, die niemand ihnen zugetraut hätte.

Sie stehen offensichtlich in Kontakt mit einer inneren Kraft, die „Berge versetzt". Dieser Zustand kann, was das subjektive Erleben betrifft, durchaus als Macht, Potenz, Kraft und Power beschrieben werden. Ermächtigung und Entmachtung sind Vorgänge, die sich einerseits in der Außenwelt vollziehen, aber andererseits auch Prozesse des subjektiven Erlebens widerspiegeln.

Selbstermächtigung ist eine Strategie, bei der ein Mensch sich selbst in einen ressourcenreichen Zustand bringt – Entmachtung hingegen ist der Prozess einer Selbstschwächung und kann bis zur völligen Aufgabe der eigenen Verantwortung führen. Auf beides hat das Subjekt Einfluss. Wenn Menschen meinen, sie verfügten über keinerlei Ressourcen – wenn also deren Verfügbarkeit nicht sofort offensichtlich ist –, besteht immer die Möglichkeit, sie neu zu organisieren, sodass sie zum richtigen Zeitpunkt und im richtigen Kontext verfügbar sind. Es bedarf des bewussten Willens und des Vertrauens in den kreativen Teil des Unbewussten, um in Kontakt mit den Ressourcen zu kommen und zu bleiben.

Bewusstsein und Unbewusstes bilden zusammen das System „Subjekt", das sich seine eigene, seine subjektive Wirklichkeit schafft. In Interaktion mit anderen Subjekten entsteht eine „intersubjektive Wirklichkeit", auf die man sich einigt – natürlich nicht bewusst und nicht jedes Mal neu. Diese Konsenswirklichkeit hat einen hypnotischen Charakter: Man glaubt, hellwach zu sein, und befindet sich doch in einem Traum – einem kollektiven, intersubjektiven und interaktiven Traum.

Macht und Ohnmacht sind Traumbilder, die häufig geträumt werden – es sind stark aufgeladene Archetypen. Aus der Hypnose wissen wir, dass wir die Wirklichkeit dort vermuten, wo gerade die Aufmerksamkeit fokussiert ist. Wenn jemand mit der eigenen Ohnmacht identifiziert wird, ist der Fokus seiner Aufmerksamkeit festgefroren und zeigt nur einen Ausschnitt des Panoramas – nämlich den Bereich, wo keine Ressourcen sind, sondern nur Defizite.

Wer hingegen den Fokus der Aufmerksamkeit umschwenkt und als Lichtkegel über das gesamte Inventar schweifen lässt, kommt unweigerlich in Kontakt mit seinem Potenzial. Ein Potenzial ist zwar noch nicht wirkliche Macht, aber die beste Voraussetzung dafür, an

die eigene Macht zu kommen – nämlich indem das Potenzial eingesetzt und umgesetzt wird. Verschiedene Methoden der Selbsthypno-
se, der aktiven Imagination und der Orientierung an einem Vorbild
oder Beispiel helfen dabei, sich auch dann in einen ressourcenreichen Zustand zu versetzen, wenn Rang- und Machtordnung einem
diese Ressourcen absprechen wollen.

ZITATE

- Wer Menschen führen will, muss hinter ihnen gehen. *Laotse*
- Es muss verschiedene Rangstufen geben, da alle Menschen
  herrschen wollen und nicht alle es können. *Blaise Pascal*
- Kein Mensch ist gut genug, einen anderen Menschen ohne
  dessen Zustimmung zu regieren. *Abraham Lincoln*
- Alles Geschehen aus Absichten ist reduzierbar auf die Absicht
  der Mehrung der Macht. *Friedrich Nietzsche*
- Wenn der Mensch im Gefühl der Macht ist, so fühlt und nennt
  er sich gut: Und gerade dann fühlen und nennen ihn die an-
  deren, an denen er seine Macht auslassen muss, böse. *Friedrich
  Nietzsche*
- Das Hauptelement des Ehrgeizes ist, zum Gefühl seiner
  Macht zu kommen. *Friedrich Nietzsche*
- Was ist Gewalt anderes als Vernunft, die verzweifelt? *José Or-
  tega y Gasset*
- Die Angst zu besiegen ist der Anfang der Weisheit, im Streben
  nach Wahrheit wie in dem Bemühen um eine würdige Lebens-
  weise. *Bertrand Russell*
- Kraft kommt nicht aus körperlichen Fähigkeiten. Sie ent-
  springt einem unbeugsamen Willen. *Mahatma Gandhi*
- Die Menschen bezahlen die Vermehrung ihrer Macht mit der
  Entfremdung von dem, worüber sie Macht haben. *Max Hork-
  heimer*
- Unvergleichlich nachhaltiger als Gewalt und Abgefeimtheit
  ist die echte Kraft. Die echte Kraft aber reift im Kampf. *Heinrich Mann*

....

Ordnung

Während Ordnung meist geschaffen werden muss, kommt die Unordnung ganz von selbst. Es gibt eine Ordnung, die von außen verordnet ist, und eine Ordnung, die von innen erlebt wird. Was fällt Ihnen als Erstes ein, wenn Sie das Wort Ordnung hören?

Die Philosophie

Nach Plato entstand die Ordnung der Welt und des Seins aus dem Chaos, und zwar durch das Werk eines Demiurgen, eines Halbgottes, der sich an die Stelle des eigentlichen Schöpfergottes setzte; die Welt, die er schuf, war entsprechend unvollständig und unvollkommen. Aristoteles hingegen ging von einer Ordnung aus, die seit Ewigkeiten schon bestand. Für Augustinus wiederum bedeutete Ordnung „die Zusammenstellung gleicher und ungleicher Dinge durch Zuweisung eines Standorts"; Thomas von Aquin und Martin Luther übernahmen diesen Begriff von Ordnung: Sie wurde als von Gott gesetzt verstanden und wies auch dem Bösen seinen Platz zu.

Mit dem Aufkommen der Wissenschaften verlor der religiös eingefärbte Ordnungsbegriff seine Bedeutung als etwas, das auf Gott, den ersten Verursacher, zurückzuführen war. Man betrachtete nun die Ordnung als etwas, das der Natur innewohnte und schließlich von Kant in das Subjekt selbst verlegt wurde: Ordnung wird ihm zufolge subjektiv wahrgenommen und subjektiv verschiedentlich erlebt. Das Erleben der Ordnung ergibt sich aus der Wirklichkeitskonstruktion: Die Ordnung und Regelmäßigkeit an den Erscheinungen, die wir wahrnehmen und Natur nennen, bringen wir selbst hinein.

Die Deutung bestimmt nun, was als Ordnung gilt und was nicht. Davon hängt ab, was als „natürlich" erlebt wird beziehungsweise früher als gottgegeben anerkannt wurde. Heute hat Ordnung nicht mehr den Stellenwert wie früher und wird auch nicht mehr von einer hierarchisch aufgebauten Schöpfungsordnung abgeleitet.

Häufig wird der Begriff sogar willkürlich gesetzt, denn der Mensch selbst bestimmt, was Ordnung ist und was nicht. Alte Ordnungen werden durch Revolutionen in neue Ordnungen übergeführt und in totalitären Regierungsformen, etwa Diktaturen, absolut gesetzt. In demokratischen Systemen wird Ordnung hingegen immer neu „verhandelt". Durch diese Relativierung und Pluralisierung der Ordnung entsteht ein formaler, funktionaler Ordnungsbegriff, der in Begriffe wie Struktur, Gestalt, System und Regelsystem übergeht.

Zunehmend macht sich auch der Einfluss aus den östlichen Philosophien bemerkbar: Es wird vom Tao gesprochen, wenn Ganzheit und ihre innewohnende Ordnung gemeint ist. Laotse bezeichnete das Tao als den Ursprung, der alle Dinge hervorbringt. Das Tao wird im Westen häufig – nicht ganz zutreffend – mit dem christlichen Schöpfergott gleichgesetzt; als philosophischer Begriff ist das Tao dem griechischen *arche*, dem Uranfang und Ersten Prinzip, seiner Ordnung und seinem Gesetz zuzuordnen. Es ist Geist, Geistiges und Auswirkung des Geistigen zugleich.

C. G. Jung nennt das indische *atman* und den westlichen tiefenpsychologischen Begriff des Selbst in einem Atemzug. Gemeint ist eine psychische Totalität, wobei diese übergeordnete Ganzheit vom Menschen als geheimnisvoll und faszinierend erlebt wird. In einer solchen Ganzheit zu Hause zu sein gibt dem Menschen ein Gefühl von psychischer und spiritueller Geborgenheit, ebendas Gefühl, auf allen Ebenen „in Ordnung zu sein".

Alle lebenden Systeme zeichnen sich durch Eigendynamik aus. Die Eigendynamik wird aktiv aufrechterhalten, indem sich alles permanent verändert – es sei denn, irgendwer oder irgendetwas sorgt dafür, dass es bleibt, wie es ist. Während Maschinen berechenbar und „trivial" sind, bergen lebende Systeme immer wieder Überraschungen; sie werden daher als nichttriviale Systeme bezeichnet und entziehen sich einer vollständigen Beschreibung oder Berechnung, da sie mehrere Eigenzustände und unendlich viele Variablen, veränderliche Größen, enthalten. Ein Beispiel für ein triviales System wäre eine Kiste, deren Inneres nicht zu sehen ist, aber durch äußere Knöpfe geregelt werden kann – die Verknüpfung von inneren Prozessen und äußeren Schaltern ist „eindeutig". Viele Maschinen und Geräte, die wir im Alltag bedienen, folgen diesem Prinzip.

Haben wir es jedoch mit nichttrivialen Systemen, etwa Menschen, zu tun, dann ist das Innenleben nicht einsehbar, da man ja nicht in der Haut des anderen steckt. Schon wenn es nur zwei Eigenzustände gäbe, zum Beispiel die Zustände „gute Laune" und „schlechte Laune", ließe sich nicht voraussagen, wie diese sich auf die Wahrnehmung der Wirklichkeit auswirken und die Befindlichkeit des Menschen bestimmen. Alles, was uns zustößt, ist mit unserer Laune verknüpft und wirkt sich auf diese wiederum aus. Nicht einmal wir selbst wissen genau, wie wir uns unter bestimmten Bedingungen fühlen werden. Um wie vieles undurchschaubarer, „intransparenter" sind demnach ganze soziale Systeme! Und so lädt der systemische Ansatz in Therapie und Beratung zu einer Haltung der „Demut" und des Eingeständnisses des eigenen Nichtwissens ein.

Unterschiedliche Beobachter können Systeme unterschiedlich beschreiben. Man weiß inzwischen, dass die Beobachtung Einfluss hat auf das Beobachtete: Wenn wir als Beobachter das Beobachtete beschreiben, färben wir die beschriebenen Beziehungen und Interaktionen ein und bestimmen dadurch ihre Qualität mit. Die Beschreibung selbst ist also eine Interaktion, und es gibt keinen „objektiven Blick von außerhalb". Nun geht es nicht mehr um die Beobachtungen allein, sondern vor allem um die Wirkung, die diese Beobachtungen haben. Wichtig wird auch der Beobachter und das, was er mit seinen Beobachtungen bewirken kann beziehungsweise will.

Daraus folgt: Wer systemisch in der Beratungspraxis tätig ist, sagt nicht nur etwas, sondern beobachtet auch die Wirkung des Gesagten. Was er sagt, kommt nicht von außen, sozusagen als „objektive" Diagnose, sondern ist Teil der gemeinsam in der Beratung gestalteten Bedeutungswelt. Grundsätzlich gibt es keine einheitliche oder „richtige" Systemtheorie: In ihr ist die Aufteilung der Welt in Subjekt und Objekt aufgehoben, und damit stellt sie sich in aller Relativität selbst ständig neu infrage. Fazit: Jeder sieht dieselbe Sache anders.

Ein System setzt sich aus einem Satz von Elementen und Objekten und ihren Beziehungen zueinander zusammen. Gibt es also dieses Zusammengesetzte, so ist anzunehmen, dass es auch jemanden oder etwas gibt, der beziehungsweise das diese Leistung des Zusammensetzens vollbringt. Der biblische Schöpfungsbericht schreibt

Gott diese Leistung zu, während die Mythen vieler anderer Kulturen erzählen, dass diese Ordnung schon immer da gewesen, also ein Teil der Natur sei.

Ein System ist mehr als die Summe seiner Teile: Dieses Mehr besteht in den gegenseitigen Wechselwirkungen zwischen den Systemelementen. Daher muss das System immer ganzheitlich, holistisch betrachtet werden. Jede Veränderung, die irgendwo im System geschieht, hat logischerweise auch eine Veränderung des ganzen Systems zur Folge. Diese ganzheitliche Sichtweise im systemischen Coaching führt zu folgenden Unterschieden gegenüber kausal-linearen Beratungspraktiken:

1. Es handelt sich um lebende Systeme (Personen, Familien, Teams, Unternehmen etc.), die eine andere Ordnung mit entsprechenden Regelungen und Gesetzen aufweisen als technische Systeme.

2. Bei einem lebenden System stiftet nicht eine starre, festgelegte Einheit die lebendige, überlebensfähige Einheit, sondern die Vielheit. Erst in der Unterscheidung entsteht zum Beispiel systemisches Bewusstsein. Integration und Zusammenhalt sind durch eine übergeordnete und vereinende Ordnung gewährleistet.

3. Bei lebenden Systemen spielt das subjektive Erleben eine Rolle: Ein System wird von einem subjektiven Standpunkt aus betrachtet, verbunden mit einer Entscheidung des Beobachters, wie er sich selbst und das System definiert. Die Entscheidung und Deutung des Beobachters ist nicht abgetrennt vom Beobachteten, sondern hat Einfluss darauf.

4. Seine Definition wird zur Information, die innerhalb des Systems weiterverarbeitet wird und dieses beeinflusst. Immer, wenn ein System definiert wird, bestimmt die Definition von innen, was zum System dazugehört und wo die Grenze verläuft. Das heißt aber, dass es auch ein Außerhalb gibt.

5. Statt einer Diagnose problematischer Zustände empfiehlt sich die Fokussierung wünschenswerter Zustände innerhalb des Systems, denn die Fokussierung als eine Art der Beobachtung und Deutung hat Auswirkungen auf das System, das damit in die gewünschte Richtung gesteuert wird beziehungsweise sich selbst dorthin ausrichtet.

6. Die systemische Beratung ist eine Kunst des minimalen, flexiblen und kreativen Erarbeitens von Einzelstücken, die als Ganzes dann systemisch (das heißt autoregulativ) funktionieren. Es bedarf oft nur eines kleinen Anstoßes, um entscheidende Veränderungen anzuregen.

Die Systemtheorie beschäftigt sich mit den Funktionen und strukturellen Gesetzmäßigkeiten, die für alle Systeme (in der allgemeinen Systemtheorie) – unabhängig von ihrer materiellen Beschaffenheit – gelten. Dem liegt die Erkenntnis zugrunde, dass ein System in seiner Ganzheit sich qualitativ neu und anders verhält als die Summe seiner isoliert betrachteten Einzelelemente. Danach haben Systeme folgende Merkmale:

1. *Ganzheit:* Eine Veränderung in einem Teil des Systems beeinflusst notwendigerweise das ganze System.
2. *Übersummativität:* Das Ganze unterscheidet sich von der Summe seiner Teile. Übersummativität ist das Mehr, um das es sich handelt, wenn man sagt: Das Ganze ist mehr als die Summe seiner Teile.
3. *Äquifinalität, Multifinalität*: Äquifinalität bedeutet, dass der Endzustand von verschiedenen Ausgangszuständen aus beziehungsweise auf verschiedenen Wegen erreicht werden kann; Multifinalität bedeutet, dass ähnliche Anfangsbedingungen beziehungsweise die Benutzung unterschiedlicher Wege zu nichtähnlichen Endzuständen führen können.
4. *Zirkuläre Kausalität, Nichtlinearität:* Zirkuläre Kausalität ist eine Folge von Ursachen und Wirkungen, die zur Ausgangsursache zurückführt und diese bestätigt oder verändert. Sie wird der Linearität gegenübergestellt, bei der keine Rückkoppelung vorliegt, das heißt die Ursache-Wirkungs-Sequenz nicht zum Ausgangspunkt zurückführt.

Systemtheoretische Ansätze in der Therapie finden sich vor allem zunächst bei dem Anthropologen Gregory Bateson. Bateson, der Vordenker der systemischen Therapie, beschäftigt sich mit den Pathologien (zum Beispiel Schizophrenie) und Paradoxien (zum Beispiel Double-bind) systemischer Entwicklungen, die beim Menschen durch den Gegensatz zwischen seinem individuellen Überlebenswillen und dem Überlebenswillen der Gattung – also zwischen der Orientierung des Menschen als Individuums und des Menschen als Vertreters seiner Spezies innerhalb der Evolution – gekennzeichnet sind.

Bateson (1990) prägte den Begriff von der „Ökologie des Geistes", „dessen Grenzen nun nicht mehr mit der Haut der beteiligten Individuen zusammenfallen". Für Bateson besteht das Ich als Charakter aus Verhaltensmustern und Interpretationsmustern, aus Gewohnheiten und Meinungen. Diese Charakterbildung findet auf den Stufen des Lernens statt. Kommt es durch bestimmte einschneidende Ereignisse, die das bisherige Weltbild und Lebensgefühl revidieren, zu einem Lernen der dritten Art – indem über das, was sich aus dem Leben lernen ließ, reflektiert wird –, so wird das Ich (das aus Konditionierungen besteht) irrelevant, und „der Begriff des Selbst wird nicht mehr als zentrales Argument in der Interpunktion von Erfahrung fungieren". Stattdessen tritt das „Zwischen" in den Vordergrund.

Das systemische Denken fokussiert den Beziehungszusammenhang, in dem sich Menschen befinden. Dies können interpsychische Beziehungen (Beziehungen zwischen Personen innerhalb einer Gruppe, eines Teams, der Familie, des Unternehmens) oder intrapsychische Beziehungen (Beziehungen von Anteilen der Persönlichkeit innerhalb der persönlichen Identität) sein. Ein System wird von den Persönlichkeitsteilen und ihren Beziehungen untereinander ebenso wie zu dem Ganzen, das die Person ausmacht, gebildet. Auch Inhalte des Bewusstseins und des Unbewussten, Repräsentationen von vergangenen (erlebten) oder zukünftigen (erwarteten) Erfahrungen gehören zum intrapsychischen System.

Selbstorganisation ist die Tendenz eines Systems, sich selbst zu erhalten. Im systemischen Coaching setzt man auf diese Fähigkeit eines Systems und strebt Zustände an, in der diese Kraft sich aktualisieren kann. Fixierte Verbindungen, die durch ihren Zusammenhalt eine problematische Struktur gewährleisten, sollten zugunsten einer neuen Strukturierung gelockert werden, sodass mittels Selbstorganisation sich eine neue Struktur herausbilden kann. Nach Verflüssigung der alten Strukturen erfolgt eine Phase der Anpassung an die aktuelle Situation und Aufgabe.

Mittels Selbstorganisation bilden sich neue Strukturen heraus, die ihrerseits Stabilität schaffen, ohne sich durch Endgültigkeit zu verfestigen. Selbstorganisation ist ein Prozess der kontinuierlichen Anpassung an die gegebenen Verhältnisse. Verhaltensmuster, als Abfolge bestimmter meist unwillkürlich und unbewusst erfolgender Handlungselemente, die sich in einem bestimmten Kontext (zum Beispiel einem bestimmten Beziehungszusammenhang) herausgebildet haben, werden aufgelöst. Das neue, „richtige" Verhalten wird nicht vorgegeben, sondern ergibt sich von selbst.

Drei Relationen sind nach Maturana (Maturana u. Varela 1987) notwendig, um Leben möglich zu machen, wobei diese Relationen rekursiv miteinander verbunden sind:

1. *Die Relation des Konstituierens:* Es bildet sich etwas. Wir bilden zum Beispiel Symbole, um Gegenstände zu bezeichnen und dadurch erkenntlich zu machen.
2. *Die Relation der Spezifizität:* Sobald sich etwas Neues entwickelt und gebildet hat, muss unterschieden werden. Die Frage ist, wie etwas von seiner Umgebung unterschieden werden kann. Für diesen Vergleich bedarf es einer genauen Wahrnehmung.
3. *Die Relation der Ordnung – Ordnung der Ordnung:* Dies bezieht sich nicht nur auf die Anordnung im Raum, sondern schließt auch die zeitliche Ordnung ein. Alle Teile eines Systems stehen miteinander in einer signifikanten (bedeutungsvollen) Beziehung.

Die Veränderung der Ordnung ist bedingt durch die Ordnung der Veränderung: Die Ordnung kann sich verändern, wenn ein Bedürfnis nach Veränderung entstanden ist. Dieses Bedürfnis kündigt sich in Träumen, Tagträumen, in Trancezuständen und entsprechenden Metaphern oder Symbolen an. Das Bedürfnis schafft neue Formen, mit denen es sich anzeigt – umgekehrt kann durch Metaphern der Veränderung das Bedürfnis danach geweckt werden. Die „Veränderungstrance" als bewusst induzierter Tagtraum mit dem Thema „Veränderung" hilft, neue Symbole zu schaffen, die auf Veränderung hinweisen.

Verhalten kann nur untersucht werden, wenn man davon ausgeht, dass sich in jeder Aktion oder Interaktion eine verlässliche, bestimmte Ordnung oder ein Muster findet. Notwendige Untersuchungskriterien sind:

- Man muss sich auf einen Bezugsrahmen einigen.
- Man muss eine Form des Verhaltens fokussieren.
- Man muss in diesem Vorstadium der Versuchung widerstehen, Eigenschaften zu abstrahieren (wie das in der Persönlichkeitsstudie getan wird).
- Man muss sich von Schlussfolgerungen distanzieren, die das Konzept einer Black Box (eine Kiste, in die man nicht hineinsehen kann) einführen müssen, um geistige und physiologische Prozesse zu erklären, welche dazu beitragen, ein bestimmtes Verhalten zustande kommen zu lassen.
- Die Beobachtungen müssen aus erster Hand sein und dürfen nicht durch direktes oder indirektes Befragen des Patienten gewonnen werden: Dieser kann nämlich nicht adäquat beschreiben, was er tut – er wird nur Gefühle bezüglich seines Verhaltens äußern oder „Mythen" über sein Verhalten erzählen.
- Man darf sich nicht damit zufrieden geben, Verhaltenseinheiten zu isolieren und sie einfach zu messen oder zu zählen.
- Interessanter sind die Beziehungen der Elemente oder Ereignisse, die Konfigurationen und Muster.

Logische Ebenen (ein Ordnungsmodell nach Bateson bzw. Dilts) gehen auf die Theorie der Typen von Russell zurück, die besagt, dass selbstreferenzielle (selbstrückbezügliche) Aussagen aus der Logik eliminiert werden müssen.

Logische Ebenen werden von Bateson insofern voneinander unterschieden, als sich eine Lernerfahrung, die sich auf einen neuen Kontext übertragen lässt, von einer Lernerfahrung, die unübertragbar und einmalig bleibt, unterscheidet. Die Übertragung fordert ein gewisses Maß an Abstraktionsvermögen, also einen Akt des Überblicks, der Unterscheidung, des Vergleichs, des Rechnens – kurz, der Informationsverarbeitung durch Denken. Übertragung geschieht also von einer höheren Ebene aus und ist zum Beispiel ein Lernen der höheren Art als das Lernen durch einmalige Erfahrung. Interessant werden die logischen Ebenen, wenn es darum geht, „Stabilität" und „Veränderung" als zwei verschiedene Arten oder logische Typen voneinander zu unterscheiden. Denn: Die Klasse der Dinge, Ereignisse, Muster und Systeme, die man als „stabil" bezeichnen kann, schließt die Klasse der Dinge, Muster oder Systeme, die man als „veränderlich" bezeichnen kann, aus.

Letztere Ebene der möglichen Veränderung muss durch das Konzept der Veränderung, der Morphogenese beschrieben werden, während für die erste Ebene das Konzept der Homöostase ausreicht. Bateson sagt über die logischen Gesetze, die sich mit den logischen Ebenen Russells verbinden, „dass man sie nicht anwenden kann, ohne sie zu verletzen". Tatsächlich sind sie der Übergang zu einer neuen Logik, die die alte, klassische Logik ablösen wird.

Konstruieren im systemischen Kontext heißt: durch den Verstand formen, hervorbringen, erfinden (etwa wie das Erfinden einer glaubwürdigen Geschichte). Konstruktionen von Lösungsmöglichkeiten und Zukunftsvisionen helfen dem Kunden, eine offene Erwartungshaltung zu entwickeln. „Es wird sich etwas verändern" bewirkt dauerhafte Veränderungen, ohne dass unbedingt der sekundäre Gewinn des Problems (das, was das Problem aufrechterhält) oder die Vergangenheit des Kunden bekannt sein muss.

Der Konstruktivismus ist der theoretische Ansatz, der dem systemischen Denken in der Beratungspraxis den philosophischen Hintergrund gibt. Nach dem philosophischen Standpunkt des Konstruktivismus wird die Wirklichkeit nicht entdeckt, sondern erfunden. Realität erwächst aus den sprachlichen Prozessen, über die ein Konsens besteht. Der Konstruktivismus ist verwandt mit dem poststrukturalistischen oder postmodernen Denken, nach dem die Welt als Sprache angesehen und das Vorhandensein allgemeiner Gesetze angezweifelt wird.

Was für die Strukturalisten „Oberfläche" (Schein oder Überbau) war, also etwas, das auf einer Struktur aufbaute, hat jetzt Vorrang vor dem, was für grundlegend (und deshalb wichtiger, tiefer, bedeutender) gehalten wurde. Die epistemologische (erkenntnistheoretische) Frage lautet: Wie wissen wir, was wir zu wissen glauben? Konstruktivismus ist ein Schritt weg vom traditionellen Objektivismus: Während dieser annimmt, dass die Wahrheit „draußen" den Wahrnehmungen des Subjekts „drinnen" entspricht, gesteht der Konstruktivismus dem Subjekt mehr als eine Funktion des passiven Aufnehmens von Information zu.

Wissen reflektiert nicht eine Welt „da draußen", beschreibt sie nicht und entspricht ihr nicht. Wissen lässt sich konstruktivistisch als „passend" zu den Einschränkungen ansehen, innerhalb deren das Leben, Arbeiten und Denken der Organismen stattfindet. Gutes (nützliches) Wissen ist jenes, das das erkennende Subjekt befähigt, den Fluss der Erfahrungen zu organisieren, vorherzusagen und sogar zu kontrollieren.

In gewisser Hinsicht löste der Konstruktivismus den Strukturalismus ab und wurde oft Poststrukturalismus genannt. Der Strukturalismus ist eine philosophische Methode zur Feststellung und Analyse der grundlegenden, relativ stabilen strukturellen Elemente eines Systems, insbesondere in den Verhaltenswissenschaften. Struktur bedeutet die Anordnung oder Wechselbeziehung aller Teile eines Ganzen, ihrer Art der Organisation oder Konstruktion.

Im Allgemeinen befassen sich Strukturalisten damit, die Welt zu erkennen, das heißt, sie durch detaillierte Beobachtungsanalyse aufzudecken und Landkarten mit ausgedehnten Erklärungsrastern zu erstellen. Ihre Auffassung von Wissenschaft ist die traditionelle, an Objektivität ausgerichtete und ihr Ziel das traditionelle wissenschaftliche Ziel der Wahrheit.

Während der Strukturalismus insbesondere in den Geisteswissenschaften eine beliebte Methode war, die unübersichtliche Fülle von Fakten zu ordnen, kommt der Begriff „systemisch" aus den Wissenschaften, die sich im weitesten Sinne mit Systemen (wie in der Kybernetik) und mit lebenden Systemen (wie in der Neurologie, Neurobiologie, den Kognitionswissenschaften und der Psychologie, Soziologie) beschäftigen. Er bezieht sich auf ein Organsystem oder mehrere Organe, die in gleicher Weise in einen Prozess eingebunden oder von ihm betroffen sind. Alle Veränderungen, die durch den Prozess ausgelöst werden, wirken sich auf das ganze System, das heißt auf alle seine Teile und auf das System als Ganzes, aus. Systemisches Denken erfordert also, in ganzheitlichen Bezügen und Verhältnissen denken zu lernen.

Systemisches Denken ist ein ökologisches Denken, da nicht nur die Auswirkungen bestimmter Einflüsse bedacht werden, sondern diese auch vorweggenommen, das heißt in die Zukunft verlegt und mit in die Berechnungen eingeschlossen werden. Die Veränderungen, die sich ergeben (werden), sind als weitere Faktoren zu sehen, die auf das Ganze Einfluss nehmen. Wäre das Ganze nur die Summe seiner Teile, dann würden Veränderungen und Entwicklungen linear verlaufen. So aber können unvorhergesehene Entwicklungssprünge stattfinden und exponentielle Wachstumsschübe eintreten.

Systemisch zu denken heißt, das zu beachten und mit einzuberechnen, was das System zusammenhält. Doch das lässt sich nicht bei oberflächlicher Betrachtung entdecken: Was wie isolierte und unabhängig voneinander funktionierende Einheiten aussieht, könnte sich aus systemischer Sicht als das erweisen, was von entscheidender Bedeutung ist. Systemisch zu denken heißt ferner, Verbindungen zwischen Ereignissen herzustellen, diese Verbindungen zu verstehen und sie eventuell zu beeinflussen, wenn es darum geht, das System in seinem Funktionieren zu unterstützen.

Das System funktioniert nur als Ganzes und durch die gelungene Interaktion seiner einzelnen Teile. Diese entscheidet nämlich letztlich, ob ein System überlebt oder nicht – besonders, wenn wir es mit Verbindungen von Systemen untereinander und mit Zusammenschlüssen zu größeren Systemen zu tun haben, wie im Falle von Paaren, Familien, Teams oder Firmen oder Fusionen.

Allen systemisch geschlossenen Ganzheiten ist gemeinsam, dass es sich um komplexe Muster handelt, deren Zustandekommen und Zusammensetzung nicht einfach zu verstehen ist. Das Komplexe bezieht sich auf die Art der Querverbindungen, die sich gegenseitig beeinflussen. Dabei sind die Inhalte zunächst zweitrangig – nicht das Was steht im Vordergrund, sondern das Wie: Die spezifische Qualität des Aufeinanderbezogenseins macht das Systemische aus.

Wir leben in einer Zeit der Informationsflut, sodass es immer wichtiger wird, auf einen Blick das Wesentliche vom Unwesentlichen unterscheiden zu lernen. Nur das systemische Denken kann diese Leistung erbringen, denn es entwickelt einen Blick für das Essenzielle, ohne die Existenz von Details leugnen zu müssen. Da wir nicht im Voraus sicher wissen können, was sich als der Schlüssel zum Verständnis eines Systems herausstellen wird, müssen wir unsere Wahrnehmung offen halten, alles zulassen und für möglich erachten und nichts voreilig ausschließen oder übergehen.

Das systemische Handeln geschieht auch „aus dem Bauch heraus", intuitiv, instinktiv, spontan. Es ist ein Antworten auf minimale Impulse, die ihrerseits wieder Reaktionen auf andere empfangene Impulse sind. Aufgrund dieser sich blitzschnell vernetzenden Reaktionskette kommt es zu diesen Ergebnissen der Informationsverarbeitung, die mit „normalem" Denken nicht erreicht werden könnten. Es sind Einsichten, die „mit einem Schlag" da sind und wie ein Funke zünden.

Woran merken Sie, dass alles „in Ordnung" ist? Woran machen Sie das Gefühl fest, so, wie Sie sind, in Ordnung zu sein? Woran können Sie am besten merken, wenn etwas nicht in Ordnung ist? Woran merken Sie am ehesten, wenn Sie sich nicht in Ordnung fühlen? Was müsste geschehen, damit Sie sich in Ordnung fühlen könnten?

Können Sie sich einordnen? Was müsste geschehen, damit Sie sich einordnen könnten? Haben Sie das Gefühl, Ihren Platz in der Welt beziehungsweise in der Gesellschaft gefunden zu haben? Was müsste geschehen, damit Sie das Gefühl bekommen, überhaupt (einen) Platz zu haben?

Wie sind Sie eingebunden in alte und neue Systeme? Wann haben Sie den Übergang von einem alten System in ein neues erlebt, und wie? Bestehen noch Loyalitäten? Wie steht es mit Ihrem Einsatz? Wie ist Ihr Verhältnis zum System? Was tun Sie für die Familie, für das Unternehmen, in dem Sie arbeiten, für die Organisation, die Ihr äußeres Leben bestimmt, für die Gesellschaft, für den Staat? Wie nehmen Sie Ihre soziale Verantwortung wahr?

Managementstrategien

Zwei Vorgehensweisen bieten sich im Management an, wenn es darum geht, Einblick zu erhalten in die schon bestehende Ordnung. Die erste betrifft die äußere Ordnung, die erdacht, geplant und kontrolliert werden kann; die zweite bezieht sich auf die innere Ordnung, die gefühlt und erlebt wird.

In der Organisationsentwicklung geht es um bewusst und kontrolliert eingesetzte Steuerungsmaßnahmen, die eine Organisation, ein Unternehmen oder eine Institution lebens- und leistungsfähig erhalten sollen.

Jede Organisation verändert sich permanent, wie dies auch jeder Organismus tut, denn eine lebendige Entwicklung führt zu notwendigen Schritten der Ablösung und des Neuanfangs. Geordnet werden diese Abläufe durch Führung von oben. Die Menschen fügen sich heute jedoch nicht mehr ohne weiteres in eine durch autoritären Führungsstil verursachte Fremdbestimmung; sie sind über die Rolle von Erfüllungsgehilfen der von oben verordneten Aufgabenanweisungen hinausgewachsen. Die Führung hat sich also den Menschen anzupassen und nicht umgekehrt.

In der Unternehmensführung wird das Betriebsgeschehen durch die Schaffung von kleinen, funktionalen Einheiten organisiert. Diese sind mit weitgehender Entscheidungsbefugnis ausgestattet und können als Produktionsgruppe flexibel auf eingehende Anfragen und Aufträge reagieren. Die Arbeitszeiten werden entsprechend erweitert oder verkürzt, je nach Bedarf – die Ordnung stellt sich also immer wieder neu her. Damit werden chaotische, das heißt kaum berechenbare Vorgänge in einem Unternehmen (zum Beispiel das zeitliche und mengenmäßige Eintreffen von Aufträgen) steuerbar, sodass kleinste Herstellungseinheiten flexibel reagieren können, statt die Ordnung im Großen auf Biegen und Brechen erhalten zu müssen.

Coachingtechniken

Durch gezielte Fragen und Veränderungsvorschläge kann im Coaching von der alten, festgefahrenen Ordnung „abgelenkt" und der schöpferische Prozess einer Neuordnung angeregt werden. Die Musterunterbrechung geschieht in diesem Falle auf einer Ebene, wo Muster bestimmen, wie die Welt vorsortiert und geordnet wird. Diese Ordnungsmuster sind im Grunde nicht mehr als Gewohnheiten, aber da wir uns mit der Art, wie wir Ordnung machen, identifizieren, sind sie oft zu einer zweiten Natur geworden. Wenn diese gewohnten Ordnungsmuster durch Alternativen erweitert werden, ergibt sich oft spontan ein ganz neuer Zugang zur Ordnung und zur Orientierung. Daraus entsteht eine neue Ordnung, die sich ständig neu an die Umweltbedingungen anpasst und angemessener, flexibler und spielerischer ist als die alte Ordnung, die sich verfestigt hat.

Die Programme, die hinter unserem Verhalten der Selbstprogrammierung stehen und alte, gewohnheitsmäßige, einseitige und einschränkende Orientierungsweisen auch dann aufrechterhalten, wenn alles für eine Neuorientierung spricht, sind mit Schubladen vergleichbar, in denen wir gern unsere Erfahrungen der Ordentlichkeit halber verstauen und sie dort vergessen – sodass allmählich das Gefühl für die Erfahrungen und die sie ordnenden Muster verblasst. Es verliert sich zugleich auch die Bewusstheit für die Rasterung aller

Wahrnehmung, für die ständig aktivierten Selektionsfilter, die das eine beachten und das andere ausgrenzen – und das alles unter dem Vorwand der Ordnung.

Unsere Ordnungs- und Orientierungsmuster, die so genannten Metaprogramme, zeigen auf, nach welchem Muster unsere Wahrnehmungen und unsere Verhaltensweisen ablaufen. Es sind innere Strukturen, die die Fülle des Erlebten sortieren und als Filter der Wahrnehmung fungieren; sie sind durch prägende Erfahrungen entstanden, untrennbar mit der Person verbunden und formen ihre Persönlichkeit.

Solche Orientierungsprogramme offenbaren sich in vielfältigen Lebensbereichen und Verhaltensweisen und bilden die strategischen Muster ab, die ein Mensch zu seiner Orientierung benutzt. Immer ist darin ein Zielzustand enthalten, und zwar in zwei möglichen Motivationsausrichtungen: hin zum Gewünschten – weg vom Gefürchteten. Jeder Mensch „sortiert" sich also anders, sodass auch seine Wahrnehmung entsprechend vorsortiert und filtert.

Im systemischen Coaching geht es auch darum, Metaprogramme zu erkennen, um Gewohnheiten durchbrechen zu können. Das gewohnte Muster wird unterbrochen oder durchbrochen, indem kleine Aufgaben, oft in Form von Experimenten oder Ritualen, dazu anregen, das Ungewohnte zu tun. Das Entwerfen oder Erfinden solcher Aufgaben nennt man Tasking, wobei das Aufgabenstellen allein schon ein Schritt der Bewusstwerdung und damit der Kontrolle über sonst automatisch ablaufende Verhaltensmuster darstellt.

Indem man die unbewussten Strategien, von denen man bislang getrieben wurde, untersucht und sich dafür entscheidet, sie bewusst zu gestalten beziehungsweise umzugestalten, handelt man strategisch. Man kann vom Unbewussten dort, wo es nützliche Strategien entwickelt hat, lernen und unbewusste Strategien verbessern, wenn sie sich als veraltet, beschränkend oder einfach umständlich und reizlos erwiesen haben. Indem die Strategie hinter der Strategie entdeckt wird, indem man ein Gefühl für Metastrategien entwickelt, erweitert man die persönliche Flexibilität und Souveränität.

Die Verordnung als einzig mögliches Mittel der Orientierung und als Richtmaß für innere und äußere Ordnung wird vom systemischen Ansatz infrage gestellt. Das systemische Denken bricht mit der westlichen Tradition, die sich auf die Autorität eines obersten Prinzips beruft, und sucht nach einem neuen Ausrichtungsprinzip: Es gilt, Abschied zu nehmen von der Idee einer letztgültigen Wahrheit. Dieser Verzicht auf die Autorität, die von oben verordnet, was zur Ordnung gehört und was nicht, macht zwar frei, verpflichtet aber auch, auf sich selbst zu hören, der inneren Stimme zu gehorchen und ihr zu antworten. Nur so kann wirkliche Verantwortung erfahren und umgesetzt werden.

Die Antwort liegt also nicht außen und kommt auch nicht von oben – sie ist sozusagen mitten unter uns. Wenn die Hierarchie außer Kraft gesetzt wird, können die Kräfte der Selbstorganisation das Steuer übernehmen und auf die natürliche Ordnung, die Herrschaft der anderen, umstellen. Unter den Bedingungen der Selbstorganisation, die die verordnete Ordnung von oben ablöst, kann ein Zustand entstehen, in dem sich jeder selbstverantwortlich und gleichzeitig intuitiv auf ein übergeordnetes Ganzes hin ausrichtet und sich ökologisch darauf abstimmt. Im Spiel und im Tanz geschieht genau diese Abstimmung, die nicht rational und kontrolliert vor sich geht. Berührung und Austausch statt Abgrenzung und Isolation sind wichtige Faktoren für das Zustandekommen dieses Wunders oder Zufalls – der letztlich wieder System hat.

ZITATE

- Aller Dinge Maß ist der Mensch. *Protagoras*
- Es ist nicht auszudenken, was Gott aus den Bruchstücken unseres Lebens machen würde, wenn wir sie ihm nur überlassen würden. *Blaise Pascal*
- Ordnung ist die Verbindung des vielen nach einer Regel. *Immanuel Kant*
- Die soziale Ordnung kommt nicht von Natur. Sie gründet sich auf Verträge. *Jean-Jacques Rousseau*
- Der Einzelwille strebt von Natur aus nach Auszeichnung und der Gemeinwille nach Gleichheit. *Jean-Jacques Rousseau*

- Es ist gleich tödlich für den Geist, ein System zu haben und keins zu haben. Er wird sich wohl dazu entschließen müssen, beides zu verbinden. *Friedrich von Schlegel*
- Jede große Philosophie sagt: Lerne aus dem Bild deines Lebens den Sinn deines Lebens. *Friedrich Nietzsche*
- Welche Regierung die beste sei? Diejenige, die uns lehrt, uns selbst zu regieren. *Johann Wolfgang von Goethe*
- Neigung zum Erhalten und Geschicklichkeit zum Verbessern sind die beiden Elemente, deren Vereinigung in meinen Augen den Charakter des großen Staatsmannes bildet. *Edmund Burke*
- Regieren besteht im Festsetzen von Prioritäten. *Harold Wilson*
- Die ganze Wahrheit ist immer nur die halbe Wahrheit. *Theodor W. Adorno*
- Um Mensch zu werden, dürfen wir uns kein Bild vom Menschen machen. *Karl Jaspers*

Probleme

Problemloses Glück ist die vielleicht größte Herausforderung im Leben. Ein Problem kann einerseits eine belastende Schwierigkeit, andererseits eine anregende Aufgabe sein. Der Unterschied ergibt sich aus dem Grad der Verinnerlichung. Wer sich Probleme nicht zu sehr zu Herzen, sondern sie gelassen als sportliche Herausforderung, Spiel oder Rätsel nimmt, hat bessere Gewinnchancen. Bei der Suche nach der Lösung hilft es loszulassen (vor allem die Fixierungen), sich in Gelassenheit zu üben und Lockerheit anzustreben, statt sich zu versteifen und festzubeißen.

Die Philosophie

In der Antike wird das Problem als Handlungsdruck beschrieben, der auf eine Situation von außen einwirkt und zu einer Entscheidung auffordert, ohne dass die handelnden Personen darauf vorbereitet sind. Das Problem ist ein Vorbote des Unbekannten, verwandt mit dem Chaos. Davon berichten die Mythen, etwa in Gestalt der mythischen Rätselstellerin, der Sphinx. Ein Problem zum Mythos zu machen heißt, sich damit abzufinden, es nicht lösen zu können – und davon ausgehend zu der Verallgemeinerung zu gelangen, dass das Problem prinzipiell nicht gelöst werden kann. Heute werden Probleme als Konstrukte und Systeme beschrieben. Die Lösung ist zwar nach wie vor oft unbekannt, aber das wird nicht mehr dem Rätselhaften an sich zugeschrieben, sondern als Teil der Problemkonstruktion angesehen.

Probleme ergeben sich aus bestimmten Einstellungen, Wünschen, Vorstellungen und Erwartungen.

Sie sind das Produkt, das durch die Mitwirkung von verschiedenen Faktoren entsteht, sie sind eine Wirklichkeitskonstruktion. Damit ein Problem wirklich ein Problem ist, bedarf es mindestens eines Subjekts, das das Problem als Problem erlebt. Fragen nach den Entstehungsbedingungen eines Problems eruieren, wann, wo in welchem Zusammenhang was oder wer ein Problem darstellt.

Probleme entstehen besonders oft durch die Enttäuschung einer Erwartung oder eines Anspruchs: Wo kein Anspruch, da kein Problem. Eine philosophische Art, Probleme herunterzuspielen oder nicht ernst zu nehmen, ist, sie als Scheinprobleme zu deklarieren.

Probleme und Theorien ähneln sich: Sie haben ihre Daseinsberechtigung – bis zu einem bestimmten Punkt. Dann kommt eine neue Erkenntnis, und diese löst das Problem ab. Oft nennen wir dies „Lösung", aber es ist einfach etwas Neues, das das Alte überlebt. Allerdings kann einem ein Problem ans Herz wachsen oder einfach zur Gewohnheit werden, sodass man sich ein Leben ohne dieses Problem oder Probleme generell nicht mehr vorstellen kann. Wichtig beim Coaching ist deshalb die Frage, womit man sich beschäftigen wird, wenn das gegenwärtige Problem gelöst ist.

Probleme sind Konstruktionen, also können sie rekonstruiert werden. In der Rekonstruktion wird bewusst, nach welchem Muster das Problem gestrickt ist. Diese Problemkonstruktionen sind wie Texte oder Gewebe: Die einzelnen Gewebekomponenten gehen miteinander eine chemische Verbindung ein und treten miteinander in Wechselwirkung. Um das Gewebe aufzulösen, kann die Musteranordnung unterbrochen werden. Häufiger ist allerdings der Fall, dass eine „Lösung" zum Problem wird, da sie problemverstärkend wirkt – etwa in Form des Bewusstseins, tatsächlich ein Versager und defizitärer Mensch zu sein.

Durch das Hinzuziehen eines qualifizierten Beraters tritt oft eine „Disqualifizierung" des Ratsuchenden ein, der von seinem eigenen Defizit, seiner Inkompetenz geradezu gelähmt, hypnotisiert wird. Diesen Lösungsversuch gilt es als solchen anzuerkennen und als kompetentes Verhalten zu würdigen: Probleme muss man nämlich nicht verstehen, um sie klären und beseitigen zu können.

Durch eine Differenz zwischen dem (enttäuschenden, also problematischen) Ist-Zustand und dem Soll-Zustand entsteht ein Problem. Ist die Messlatte zu hoch gehängt, so wird das Soll nicht erfüllt. Mit der problematischen Abweichung des Ist vom Soll kann in zweierlei Weise verfahren werden: Entweder hält man an der enttäuschten Erwartung trotz der Enttäuschung fest oder ändert die Erwartung wegen der Enttäuschung. Die Abweichung von Ist und Soll wird also korrigiert durch eine Angleichung des Ist-Zustands an den Soll-Zustand.

Als Lösung wird gemeinhin das Verfahren bezeichnet, in dem der Unterschied zwischen Erwartung und Enttäuschung aufgehoben wird, sodass das Problem (die Ursache der Differenz) verschwindet. Probleme können auf sehr verschiedenen Wegen gelöst werden. Gesucht ist nicht die Lösung. *Eine* Lösung reicht völlig!

Im Zusammenhang mit dem Konzept der lösungsorientierten Kurztherapie nach de Shazer (1994) sind folgende Begriffe (aus dem Englischen übersetzt) systemisch zu verstehen:

1. Lösungsorientierung (*solution orientation, solution-oriented:* „lösungsorientiert") ist zum Beispiel gegeben durch die Konzentration auf die Frage: Woran wird der Klient merken, dass sein Problem gelöst ist? Dies lässt den Zustand der Gelöstheit ins Bewusstsein dringen und sich vergegenwärtigen.

2. Der Lösungsprozess ist der Prozess der Lösungsfindung (und nicht der Problemlösung, *problemsolving*), in dem sich Coach und Coachee gemeinsam engagieren. Der Prozess selbst steht im Vordergrund, nicht sein Ergebnis. Die verschiedenen Interventionen können eher durch den Prozess als durch die Ergebnisse, die sie bringen, beschrieben werden.

3. Kooperation: Eine kooperative Beziehung zwischen Coachee und seinem Coach kann durch eine offene und lösungsorientierte Erwartungshaltung des Coachs (Orientierung an vergangenen Erfolgen im Gegensatz zur Analyse der vergangenen Misserfolge) unterstützt werden, sodass der Coachee zu der Vision einer besseren Zukunft gelangt. Dabei betrifft Kooperation, systemisch gedacht, weniger bestimmte einzelne Inhalte, sondern vor allem die grundlegende Beziehung zwischen Coach und Coachee. Eine logische Implikation zeigt allerdings, dass Kooperation und Widerstand (als Phänomen des Nichtkooperierens) als einander ausschließende Gegensätze konstruiert werden können – was dem Prozess selbst nicht dient. Deshalb ist es besser, auf andere Konzepte, die mehr Integration ermöglichen, auszuweichen.

4. Das Auftauchen *(evolving, emerging)* von Lösungsmöglichkeiten ist das Ergebnis einer prozessorientierten Vorgehensweise,

die eine offene Erwartungshaltung (sowohl des Beraters als auch des Ratsuchenden) befürwortet.

5. „Erlaubnis gewähren" ist eine Haltung des Coachs, die es dem Coachee ermöglicht, sich Lösungen zu erlauben beziehungsweise sich zu erlauben, seinen Horizont so weit zu erweitern, dass Lösungen darin enthalten sind. Dies ist eine „Großzügigkeit" des Bewusstseins, die auf wertschätzender Anerkennung beruht und die Kooperation zwischen Coach und Coachee in einem lösungsorientierten Prozess unterstützt.

6. Die lösungsorientierte Erwartungshaltung ist die Bereitschaft, positive Veränderungen für möglich zu halten, ohne genau zu wissen, wie und warum diese Lösungen zustande kommen *(assumption of an open expectation of change)*. Soweit der Coach den Prozess der Veränderung beeinflussen kann, muss dieser Einfluss innerhalb des Kontextes eines Coachings konstruktiv so eingesetzt werden, dass er beim Coachee die Erwartung einer spürbaren Veränderung weckt.

7. Fehlschläge *(failures)* können als Teile des ziel- und lösungsorientierten Systems umgedeutet werden, die also nicht gegen, sondern für den Erfolg sprechen insofern, als sie als Ereignisse auf dem Weg zum Erfolg stattfinden *(failures are part of the route to success)*.

8. Flexibilität heißt im systemischen Beratungskontext: Wenn der Beratungsprozess ins Stocken gerät, sollte nicht (nach analytischer Manier) verstärkt nach dem Grund des „Fehlers" oder der „Störung" gesucht, sondern einfach die Methode gewechselt und anders vorgegangen werden. Da nach systemischer Sicht eine Veränderung, die an irgendeinem Punkt des Systems ansetzt, die Veränderung des ganzen Systems bewirkt, ist es letztlich egal, wo man beginnt. Es empfiehlt sich, den Weg des geringsten Widerstand zu gehen, statt diesen besonders zu beachten und dadurch zu verstärken.

9. Gewichtungen *(points of emphasis)* sind Mittel der Fokussierung. Der Fokus sollte sich darauf richten, was gut für den Coachee ist, und nicht darauf, was falsch läuft. Diese Gewichtspunkte begünstigen *(promote)* das Entstehen einer kooperativen Beziehung zwischen Coach und Coachee und sind Teil des Prozesses der gemeinsamen Lösungsfindung.

10. Interventionen (Eingriffe) innerhalb des Coachings sollten nichteingreifend *(non-directive)* sein – sie müssen passen *(fit)* wie ein Schlüssel in ein Schloss, um so das Auftauchen *(evolving)* einer Lösung zu ermöglichen. Die Lösung als Schlüssel muss nicht der Komplexität des Problems beziehungsweise des Schlosses entsprechen und kann ganz einfach sein. Folgende Interventionen werden in Zusammenhang mit den Problemkomponenten aufgeführt:
    - den Denk- und Bezugsrahmen ändern
    - Ausnahmen zum Problemgeschehen finden
    - vergangene Erfolge fokussieren
    - neue Erwartungen aufbauen
    - minimale Veränderungen bewirken
    - einen neuen Schauplatz wählen
    - Aufgaben entwerfen.

    Diese Lösungskomponenten entsprechen den Problemkomponenten und werden in Interventionen oder „Hausaufgaben" verpackt. So vollzieht sich die Umwandlung des beklagten Sachverhalts in die entsprechende Lösung. Ein System wird in das andere übergeführt, die Vorgangsweise ist systemisch.

11. *Frames* („Rahmen") sind Maßstäbe (von Enge und Weite), die die Annehmbarkeit von Verhaltensweisen beschreiben, indem sie Grenzen ziehen. Was ist noch „im Rahmen" und „fällt aus dem Rahmen", ist also problematisch? Der Maßstab des Rahmens, der gesetzt wird, ähnelt einem Thermostat: Wird eine Grenze überschritten, dann erhält das System ein Signal.

12. Formelaufgaben *(formula interventions)* nach Steve de Shazer sind nicht bestimmte Lösungsformen (Schlüssel), die für bestimmte Probleme (Schlösser) gefunden wurden, sondern „Dietriche", die sich im Allgemeinen für eine Vielzahl von schwierigen Situationen als hilfreich erwiesen haben. Es sind „Verschreibungen" *(prescriptions)*, die ein Sprungbrett zum Kern des Problems darstellen und die Beschäftigung mit den Details erübrigen. Beispiel: Wenn etwas nicht funktioniert, dann sollte man etwas anderes tun (statt das Gleiche mit doppelter Bemühung zu wiederholen). Es geht bei diesen Interventionen darum, neue Verhaltensmuster aufzurufen.

Faustregeln für die Problemlösung nach Steve de Shazer

- Erinnern Sie sich an frühere Erfolge! In der Erinnerung wird das Problem und die damit verbundene Hilflosigkeit verallgemeinert. *Frage:* Wie haben Sie es bis jetzt geschafft? *Vorannahme:* Sie haben es geschafft.
- Vergegenwärtigen Sie sich Ausnahmen von der Regel! Nichts geschieht immer. *Frage:* Wann war es anders? Nicht: War es je anders? *Vorannahme:* Es war einmal anders.
- Ersetzen Sie das Entweder-oder durch ein Sowohl-als-auch! Es gibt nämlich mehr als eine einzige Wahrheit. Widersprüche gehören zum Leben und müssen nicht zum Problem werden. Sie sind darüber hinaus logische Konstruktionen und können Ansätze zu Lösungen sein, die auf einer übergeordneten Ebene angesiedelt sind. *Frage:* An welcher Reaktion von Ihnen oder anderen Beteiligten werden Sie merken, dass die Widersprüche kein Problem mehr sind und insofern eine Lösung eingetreten ist?
- Steigen Sie aus der problematischen Gewissheit aus! Irgendetwas als gesichert zu betrachten und daran festzuhalten verhindert jegliche Prozesse, vor allem lösungsorientierte Veränderungen. *Frage:* Woran werden Sie merken, dass die problematische Bedeutungsgebung sich verändert hat und das Problem insofern gelöst ist? *Vorannahme:* Sie müssen eine problematische Realitätskonstruktion nicht verändern – es reicht, wenn sich die *Bedeutung* dieser Realitätskonstruktion verändert.
- Sprengen Sie eingefahrene Grenzen! *Frage:* Wie sieht die Welt aus, wenn Sie aus der Perspektive, aus der das Problem ein Problem war, ausgestiegen sind und aus einer anderen Perspektive das Problem als Teil der Lösung innerhalb eines bestimmtes Kontextes betrachten? *Vorannahme:* Alles hat mehr als eine Seite.
- Gehen Sie davon aus, dass Ihre Wünsche Wirklichkeit werden! *Frage:* Woran werden Sie merken, dass sich Ihre Wünsche erfüllt haben? Und wann wird das sein? *Vorannahme:* Ihre Wünsche werden sich erfüllen.

Das Konzept der Problemlösungsbalance geht einen Schritt weiter als die Lösungsorientierung in der Kurztherapie. Der Umgang mit

Problemen und Lösungen muss dem Problemgewebe selbst angemessen sein. Es ist darauf zu achten, wer wen oder was als Problem definiert, denn ohne eine Definition gibt es auch kein Problem. Teil der Beratung ist die Suche nach neuen Definitionen.

Auch der Kontextbezug ist von Bedeutung, da die Problemdefinition selbst eine beziehungsgestaltende Maßnahme ist. Das Problem wird als einseitig schlecht erlebt und mit einem negativen Etikett versehen – es muss weg, am liebsten sofort. Die Versuche, das Problem verschwinden zu lassen, sind zwar Lösungsversuche, bewirken aber fast immer eine Stabilisierung oder sogar Verschlimmerung des Problems: Die *Lösung* wird zum Problem. Beispiel: Das Medikament, das gegen ein Symptom entwickelt und verwendet wird, produziert Nebenwirkungen, die schlimmer sind als das Symptom.

Mit den negativen Bewertungen und den damit verbundenen Versuchen, das Problem verschwinden zu lassen, gehen dann auch die Erwartungen an die Berater einher. Die Aufträge, die ihnen übermittelt werden, nennt Gunther Schmidt „Killeraufträge". Sie bringen die Berater in Doppelbindungssituationen – denn wenn man sie annehmen würde, würde man die problemverstärkenden Lösungsversuche nur wiederholen. Lehnt man sie allerdings ab, so fühlen sich auch gleichzeitig die Auftraggeber oft abgelehnt und missverstanden.

Die Problemlösungsbalance geht also auf die Probleme ein, bezieht die problematischen Lösungsversuche mit ein, wertet sie auf und baut ein Bündnis zwischen dem Problem einerseits und einer ganz neuen Lösung andererseits auf. Folgende Basisinterventionen schlägt etwa Gunther Schmidt vor:

- Der Coach relativiert den Ist-Wert: das reale, problembehaftete Erleben der Betroffenen.
- Der Coach relativiert den Soll-Wert: das kognitiv angestrebte, erdachte und vorgestellte Ideal oder Ziel, das vielleicht gar nicht den persönlichen Bedürfnissen und der Gesamtökologie entspricht.
- Der Coach überprüft die Lösungsversuche auf ihre Auswirkungen hin.
- Der Coach relativiert eventuell die Motivation zur Veränderung.

Diese Basisinterventionen verlangen allerdings nach sehr komplexen Interventionen, die sich der klassischen Logik und der Vorstellung von einer ordentlichen, überschaubaren Reihenfolge entziehen. Wer sich einmal in Aikido oder Tai-Chi geübt hat, kennt diesen Fließzustand, in dem eine Bewegung in die andere übergeht und Gegner zu Partnern werden, da der Kampf oder der Tanz nicht isoliert und unabhängig von allen Beteiligten seine Form finden kann.

Das Erleben solcher fließenden Energiezustände schafft Bewusstseinsräume. Im Zusammenhang mit der Problemlösungsbalance spricht man von Interventionsräumen, die wiederum das Problemlösungsgeflecht in seiner komplexen Vielschichtigkeit und Bewegtheit erfassen. Nur wer mittanzt, kann den Tanz auch mitgestalten.

Fragen aus der Beratungspraxis

Direkte Fragen, die gleich „zur Sache kommen", sind: Was steht an? Was ist das Thema? Was beschäftigt Sie? Was ist das Problem? Wo liegt das Problem? Wann taucht das Problem auf? Seit wann gibt es dieses Problem? Ist es überhaupt ein Problem?

Die häufig gestellte Frage „Was ist das Problem?" wird oft als Suggestion verstanden oder wirkt sich zumindest als solche aus. Es wird unterstellt, es gäbe das so genannte Problem „an sich", als wäre es eine eigenständige Wesenheit, die anscheinend aus sich selbst heraus existiert. Solche Fragen unterstützen suggestiv eine Opfer- und Inkompetenzwahrnehmung. Sie stärken ungünstige Realitätskonstruktionen, die dann als noch „naturwüchsiger" erlebt werden – so, als gehöre das Problem zur Natur des Probleminhabers. Das Problem wird als „herrschender Täter", die eigene Person als „Opfer" erlebt; man kann sich nicht vorstellen, dass es sich bei dem Problem um etwas Künstliches handelt.

Im systemischen Beratungskonzept wird dagegen angenommen, dass es keinerlei Probleme an sich und in sich selbst gibt. Fragen, die eine Beratung anders einleiten, sind: Um was geht es Ihnen heute? Was möchten Sie gern für sich tun? Womit kommen Sie nicht klar? Wobei soll ich Ihnen helfen? Wie kann ich Sie begleiten? Was möchten Sie gern verändern? Was möchten Sie erreichen?

Fragen, die in die Lösung hineinführen, sind: Woran würden Sie merken, dass das Problem gelöst wäre? Woran würden Sie zuerst merken, dass eine Veränderung eingetreten ist? Oder die bereits erwähnte „Wunderfrage" nach Steve de Shazer: Wenn über Nacht ein Wunder geschehen wäre, woran würden Sie merken, dass das Problem nicht mehr besteht?

Fragen, die ins Problem und Problemerleben führen, sind: Was genau ist Ihr Problem? Wann war es am schlimmsten? Kennen Sie diese Art von Schwierigkeit auch von anderen Situation, aus anderen Zusammenhängen? Wie fühlt sich das für Sie an? Woran erinnert Sie das? Woher kennen Sie das? Solche Fragen dienen der Vertiefung und helfen, ein Problem genau zu erfassen und zu umreißen. Die emotionale Anbindung, die Identifikation mit der Problematik und die Assoziationen um sie herum ermöglichen es, zum Kern vorzustoßen, die Qualität genau zu bestimmen.

Außerdem dienen Fragen nach dem Woher und Wodurch dazu, die Entwicklungsgeschichte, die „Biografie" eines Problems zu beleuchten. Die Entstehungsbedingungen, die Voraussetzungen, Faktoren und Einflüsse, die zu der Problemkonstruktion geführt haben und eventuell das Problem aufrechterhalten, können durch „paradoxe" Fragen herausgefunden werden: Wodurch können Sie besonders zuverlässig erreichen, dass das Problem nicht gelöst, das Ziel nicht erreicht wird? Welche Ressourcen müssen Sie auf jeden Fall verleugnen oder nicht heranziehen, um das Problem sicher nicht zu lösen? Wer könnte Sie dabei optimal unterstützen, auf dessen Hilfe Sie bislang verzichtet haben? Wie könnten Sie sich selbst optimal motivieren, die Problemlösung wirkungsvoll zu verhindern? Wo haben Sie leichtfertig spontane Lösungsmöglichkeiten zu unterminieren versäumt? Wenn es Ihnen bisher erfolgreich gelungen ist, diese Lösung auszuschalten, dieses Ziel zu vermeiden, wodurch könnten Sie die Sicherheit dieser Erfolglosigkeit noch erhöhen? Paradoxe Fragen setzen jedoch eine gute Portion Humor und eine gute Beziehung zwischen Coach und Coachee voraus.

Probleme werden als Zustand erlebt. Um einen Problemzustand genau zu erforschen, können ihn Fragen nach dem Erleben konkret abbilden: Welche Empfindungen verbinden sich mit dem Problemzustand, beziehungsweise welche Empfindungen müssten Sie sich einbilden, um das Problem sinnlich zu erleben? Welche inneren Dialoge laufen in Verbindung mit dem Problemzustand bei Ihnen ab, beziehungsweise was müssten Sie sich innerlich sagen, um den Problemzustand wieder aufleben zu lassen? Welche inneren Filme laufen bei Ihnen ab, beziehungsweise welchen Film müssten Sie innerlich durchleben, um in den Problemzustand zu kommen? Wie können Sie Ihr Problemdrama möglichst wirkungsvoll inszenieren? Welches Atemmuster eignet sich besonders gut, um den Problemzustand herzustellen? Welche Körperhaltung? Gibt es eine bestimmte Bewegung, Geste, Gebärde oder Tätigkeit, die Sie unwillkürlich in die Problemtrance versetzt? Welche Rollen müssten Sie spielen, womit sich identifizieren, um ein Problem zu haben oder zu *sein*? Welche Erinnerungen, welche damit verbundenen Gefühle müssten Sie „aufwärmen", um der Problemkonstruktion Leben zu verleihen? Diese Fragen betreffen die interne Problemkonstruktion. Gerade im Coaching sollte die Verwendung dieser gefühlsintensiven Fragen gut überlegt sein: Falls sie erforderlich sind, sollte das damit verbundene Ziel klar sein, da jede Intervention Auswirkungen hat.

Fragen zur externen, kontextabhängigen Problemkonstruktion könnten so klingen: Wer definiert wen oder was als Problem? Wo, wie, wann und mit wem oder ohne wen ist das Problem ein Problem? Wie sehr ist es ein Problem? Wie intensiv wird es erlebt? Wie häufig kommt es vor? Wann kommt es nicht vor? Wie wird das Problem bezeichnet und von wem? Wie wird das Problem erklärt und von wem? Welche Schlussfolgerungen werden aus der Erklärung oder Beschreibung gezogen und von wem? Welche anderen Lösungsversuche wurden bisher ausprobiert und mit welchen Auswirkungen? Welche Erwartungen werden an den Coach in Bezug auf das Problem gestellt?

Da das Problem in diesem Modell als eine Konstruktion betrachtet wird, ist es interessant, sich die einzelnen Muster, die als Elemente zu der Konstruktion beitragen, bewusst zu machen. Die Frage ist: Wie wird das Problemmuster konstruiert? Was ist dazu nötig? Was ist das Rezept oder Strickmuster? Was muss erlebt und wie mit anderen Erlebniseinheiten verkoppelt werden, damit sich ein Problem ergibt? In welcher Reihenfolge müssen die einzelnen Erlebniseinheiten zeitlich geordnet sein, damit sich am Ende ein echtes Problem ergibt?

Im Gegensatz zu klassischen Beratungsmodellen steht beim Coaching nicht die Problem-Ursachen-Analyse im Vordergrund. Vielmehr konzentrieren sich die Coachs darauf, den Mitarbeitern zu helfen, in ihrem jeweiligen Arbeitskontext auf „problematische", also ineffektive, vielleicht sogar gesundheitsschädliche Lösungsversuche zu verzichten, um Alternativen zu den bisherigen, ungenügenden Lösungen zu finden. Das Hauptaugenmerk richtet sich dabei auf die Unterstützung der Beteiligten, wobei sie nicht isoliert voneinander Probleme lösen, sondern systemisch vernetzt ein kreatives Arbeitsteam werden und Kompetenz in der erfolgreichen Lösungssuche entwickeln.

Zu Beginn eines Coachings steht häufig beim Coachee das Problem im Vordergrund. Damit verknüpft sind eventuell auch sehr belastende, mit vielen Defiziterfahrungen einhergehende Erlebnisse in seinem bisherigen Arbeitsleben. Die Fokussierung auf diese problematischen Bereiche ist aber während der „Phase des Beklagens", in der das Thema auf den Tisch gebracht wird, meist so einseitig und meist so stark ausgeprägt, dass häufig der Blick für Ressourcen, Potenziale und hilfreiche Muster verstellt wird. Dies wiederum trägt bei zu individuellen und interaktiven Prozessen, die gerade die „Problemtrance", in der Menschen sich gefangen fühlen, stabilisieren oder sogar verstärken.

Auch das Problem ist kein Zustand, sondern ein Prozess – jede Veränderung bewirkt eine Destabilisierung. Jede Verstärkung hingegen trägt dazu bei, dass das Problem sich verfestigt und aufrechterhalten wird. Die Analyse dieser Problemprozesse macht deutlich, dass sich auf unwillkürlicher, unbewusster Ebene die Mitarbeiter und Führungskräfte geradezu in die Problemmuster „hineinhypnotisieren". Auch die Beiträge ihrer Interaktionspartner tragen ungewollt zu den problemhypnotischen Abläufen bei.

Dieselben Kräfte, die eine Problemtrance aufbauen und aufrechterhalten, können jedoch auch dazu genutzt werden, Lösungsräume zu erschließen und in einer „Lösungstrance" nicht nur eine, sondern viele mögliche Lösungen zu finden. Die Lösungstrance ist ein positiver Zustand, in den man sich selbst hineinträumen kann – selbst ein ganzes Team kann diesen Akt der positiven Selbstverzauberung vollbringen. Es reicht, den Fokus umzuschwenken, weg vom

Problem, hin zur Lösung, die zwar noch gefunden werden muss, aber schon als Potenzial im Raum steht. Die Gelöstheit hilft dabei, dass die Lösung Gestalt annehmen kann und dem Ratsuchenden Ideen kommen.

Jeder hat schon einmal die Erfahrung gemacht, dass sich Dinge und eben auch Lösungen dann oft „wie durch ein Wunder" finden lassen, wenn man aufhört, danach zu suchen. Wichtigste Voraussetzung dafür ist der Fokuswechsel: Die Perspektive verändert sich, ebenso das subjektive Erleben und Befinden und damit auch der Radius der Gedanken.

Die Erfahrungen mit diesem Konzept haben gezeigt, dass selbst dann, wenn sich die Coachees selbst als massiv gestört erleben, sie praktisch dennoch alle wesentlichen Kompetenzmuster in ihrem Erfahrungsbereich aufweisen und darauf zurückgreifen können. Aufgrund ihrer Defizitfokussierung jedoch sind sie sich ihrer Kompetenz nicht bewusst, da der Scheinwerfer des Fokus diesen bislang verdunkelten Bereich der eigenen Kompetenz nicht erhellt hat. Die Hauptaufgabe eines Coachings besteht daher in der Umfokussierung auf lösungsrelevante Kompetenzen.

In der Kompetenzorientierung geht man noch einen Schritt weiter: Den Fokus vom Problem auf die Möglichkeit einer Lösung umzuschwenken führt nicht nur dazu, dass man sich einzelne Lösungen vorstellen und sie durchdenken kann. Es geht vielmehr um die Fähigkeit, sich selbst immer wieder und immer aufs Neue in einen lösungsorientierten Zustand zu bringen.

Es geht darum, durch die eigenen positiven Lernerfahrungen von sich selbst zu lernen: durch den Wechsel der Richtung, das Umschwenken des Fokus, das Umstrukturieren der Gewohnheitsmuster und Neuverschalten von Programmierungen, das Aussteigen aus dem Alten und Einsteigen in das Neue. Es geht darum, die Steuerung des eigenen Zustandes und der Interaktionsprozesse bewusst in die Hand zu nehmen: heraus aus der Problemtrance – hinein in die Lösungskompetenz. Ein wesentliches Merkmal hypnotherapeutischen Vorgehens ist die Vorannahme, dass die Lösung und darüber hinaus die Kompetenz zur Lösungsfindung im Möglichkeitsbereich des Coachees selbst liegt.

Als wichtigste Aufgabe in einer systemischen Beratung wird die Fokussierung auf die Lösungserfahrung angesehen. Sie führt vom problemorientierten System zum Lösungssystem, das als Lösungsraum oder -zeit vorgestellt werden kann. Der Lösungsraum kann betreten und ein neuer Horizont wahrgenommen werden, die Lösungszeit kann vorwegnehmend erlebt werden – in der Zukunft, wenn das Problem gelöst sein wird. Das Lösungssystem stellt aufgrund neuer Sichtweisen lösungsfördernde Potenziale dar.

In diesem Prozess der Lösungs- und Kompetenzfokussierung, in dem die Lösungen hypothetisch vorweggenommen werden, bedarf es der konzentrierten und kontinuierlichen Fokussierung von Aufmerksamkeit. Alle „prompt" daraus resultierenden Aktionen und Reaktionen – Denkmuster, emotionale Prozesse, Verhaltensweisen – können später als Ressourcen verstanden werden. So müssen die Ressourcen nicht irgendwo im Außen gesucht werden (womit sie eventuell in eine Abhängigkeit von äußeren Faktoren führen), sondern können aus dem eigenen Bereich geschöpft werden. Der schöpferische Vorgang macht es möglich.

Übung: Probleme rechts liegen lassen, um sie mit links zu lösen

Sie müssen nicht genau wissen, was das Problem ist und woher es kommt. Es reicht, wenn Sie alle Belastungen, die mit dem Problemerleben und dem Problembewusstsein verbunden sind, in Ihrem Körper zusammenfließen und aus sich hinausfließen lassen, hinein in einen schwarzen Kreis. Sie können sich diesen schwarzen Kreis nur in Gedanken vorstellen, Sie können ihn auch aufmalen oder ausschneiden und auf dem Boden auslegen.

Lassen Sie alles dorthin abfließen, was Sie bedrückt, was ungeklärt und ungelöst ist, was Sie belastet – alle inneren Zweifel, Konflikte oder negativen Gefühle. So können Sie sich langsam von der Schwere und Schwärze des Problems lösen – das Problem ist noch da, aber es ist außerhalb Ihres Körpers. Es befindet sich auf dem Blatt Papier.

Nun lassen Sie das Problem rechts liegen. Eigentlich läge der schwarze Kreis im Fokus der Aufmerksamkeit, wenn Sie jetzt nicht links vom Kreis ein dickes Kreuz einzeichnen würden – achten Sie darauf, das Kreuz mindestes so auffällig zu gestalten wie den Kreis, denn nur dadurch ist die Balance gegeben.

Fokussieren Sie nun das Kreuz. Sie werden merken, dass der Fokus leicht irritiert immer wieder nach rechts abgleiten will. Es entsteht eine Oszillation, ein Tanz, auch wenn Sie nun das rechts liegende Problem ordnungsgemäß wie im Straßenverkehr links überholen.

Fahren Sie weiter in Richtung Lösung, das heißt versetzen Sie sich in eine zukünftige Situation, in der das Problem längst gelöst ist und weit hinter Ihnen liegt. Aber Sie sind beileibe nicht davon abgeschnitten, Sie haben nicht vergessen, was Sie durch die Lösung gelernt haben. Während Sie so tun, als ob das Problem schon gelöst wäre, versetzen Sie sich selbst in eine Lösungstrance, die die unbewussten Kompetenzen in Ihnen aktiviert und Ihnen nun als Ressourcen zur Verfügung stehen.

Machen Sie sich also die Ressourcen bewusst, und gehen Sie nun das Problem an, diesmal „mit links" – also mit den Mitteln der unbewussten Weisheit, die in Ihnen liegt.

DER SYSTEMISCHE ANSATZ

Im Bereich der Bewusstseinsforschung und insbesondere der Psychoneuroimmunologie konnte der systemische Ansatz aufzeigen, dass alles Bewusstsein, alles emotionale Erleben und Verhalten Ausdruck und Ergebnis der Aufmerksamkeitsfokussierung ist. Dies gilt sowohl für den Umgang mit sich selbst als auch mit anderen und vollzieht sich sowohl auf willkürlicher und bewusster als auch auf unwillkürlicher, unbewusster Ebene.

Der Umgang mit Problemen und Lösungen beziehungsweise Lösungsversuchen verlangt nach einer ökologischen Abstimmung, die auf das Wohl des Ganzen hin ausgerichtet ist. Zunächst stehen zwar die Probleme im Vordergrund, denn sie sind der Grund für den Auftrag, der an den Berater ergeht. Doch der subtile Umgang mit dem „Problemgewebe" beschränkt sich eben nicht auf die klassische Analyse der Problemfaktoren, sondern fordert ein systemisches Eintauchen in die Muster und Prozesse, die das Problem ausmachen.

Selbst wenn die Lösung offenbar wird, sind Ihre Verbindungen zum Problem nicht abgeschnitten, da sonst ein Ungleichgewicht entstünde. Die Kompetenzorientierung als Erweiterung der Lösungsorientierung ist die Orientierung an einem systemischen Lernen, das nicht einmaliges Lernen, sondern ein Lernen am Lernen ist.

- Für Optimisten ist das Leben kein Problem, sondern bereits die Lösung. *Marcel Pagnol*
- Es ist weniger schwierig, Probleme zu lösen, als mit ihnen zu leben. *Pierre Teilhard de Chardin*
- Die Welt ist für uns stets eine Antwort, die von der Frage abhängt, die wir an sie stellen. *Stanislaw Brzozowski*
- Wenn man das Leben als eine Aufgabe betrachtet, dann vermag man es immer zu ertragen. *Marie von Ebner-Eschenbach*
- Ausnahmen sind nicht immer Bestätigungen einer alten Regel. Sie können auch Vorboten einer neuen Regel sein. *Marie von Ebner-Eschenbach*
- Die Erfindung des Problems ist wichtiger als die Erfindung der Lösung; in der Frage liegt mehr als in der Antwort. *Walther Rathenau*
- Die Maschine wird alles tun können, sie wird alle Probleme, die man ihr stellt, lösen können, aber sie wird niemals ein Problem zu stellen vermögen. *Albert Einstein*
- Wer ein Problem definiert, hat es schon halb gelöst. *Julian Huxley*
- Für jedes komplexe Problem gibt es eine Lösung, die einfach, elegant – und falsch ist. *Henry L. Mencken*
- Wenn Muster durchbrochen werden, entstehen neue Welten. *Tilly Kupferberg*
- Die Antworten zu unseren Problemen kommen aus der Zukunft und nicht von gestern. *Frederic Vester*

Rat und Rätsel

Kommt Zeit, kommt Rat – aber meist nicht in der erwarteten Form.
Einen Rat zu geben ist schwierig. Einen Rat zu verstehen ist es auch.

DIE PHILOSOPHIE

Was muss beachtet werden, um den Rat nicht in ein Rätsel zu verwandeln? Zuerst die Weisheit des Unbewussten, das insofern beteiligt ist, als die Lösungen schon präsent, aber noch im Unbewussten verborgen sind. Da der Fokus der Aufmerksamkeit auf den Mangel an Lösung fixiert ist, entsteht ein defizitäres Bewusstsein – ein Bewusstsein der eigenen Inkompetenz, das dazu antreibt, sich Rat von außen zu holen. Der erfahrene Berater jedoch weiß, dass der Rat nur von innen kommen kann und sich der Fokus der Aufmerksamkeit dorthin wenden muss.

Diese Hinwendung zu den eigenen Fähigkeiten ist verbunden mit dem Aufgeben der Kontrollfunktion, die das Bewusstsein davon abhält, sich aufzulösen. Die Fähigkeit, zu fokussieren, ist eine Errungenschaft des Bewusstseins; weitet sich der Fokus aber so sehr, dass die Welt in einer Art Streulicht und einem diffusen Nebel verschwimmt, so können keine Unterschiede mehr gemacht werden, und es tritt ein Trancezustand ein. Nun ist der Kontakt zum Unbewussten hergestellt.

Es tauchen neue Ideen und Impulse auf – plötzlich und ganz von selbst, denn nichts kann in diesem Zustand dirigiert oder erzwungen werden. Der Berater hat nun die Aufgabe, dieses Material aufzubereiten und das Unsagbare durch Fragen in eine sprachliche Form zu bringen; er „verkauft" sozusagen dem Ratsuchenden des-

164

sen eigene Lösungen. Der Berater „weiß" also keinen Rat, er ist nur Auslöser des Trancezustands und Übersetzer der in Trance empfangenen Einfälle. Doch der Ratsuchende wird nicht mit einem Packen weiser Sprüche nach Hause geschickt, sondern auf seine inneren Suchprozesse zurückgeworfen. Das Unbewusste ist nämlich noch dabei, sich etwas einfallen zu lassen.

Trance ist ein wichtiger Bestandteil jeder Beratung. Dabei fällt der Wechsel vom Wachbewusstsein zum Trancezustand nicht weiter auf, denn wir sind im Grunde ständig in Trancezuständen befangen – je nachdem, wie stark sich unsere Aufmerksamkeit auf etwas fixiert. Konzentration ist die Fähigkeit, eine Sache länger zu verfolgen und dabeizubleiben, also eine Kontinuität zu schaffen. Im Alltag springt jedoch der Gedankenfluss von einem Gegenstand zum anderen, ohne länger bei einem zu verweilen. Ständig läuft nebenher ein innerer Kommentar, der deutet, sich seinen Reim auf das macht, was gerade geschieht, oder Urteile äußert. Meist ist er ein schlechter Ratgeber, weil er aus Denkgewohnheiten schöpft.

Ein äußerer Ratgeber hingegen bringt seine ganz persönliche Weltsicht als erfrischenden Input in die Beratung hinein: Er ist relativ unvoreingenommen und erweitert das Blickfeld. Die wichtigste Eigenschaft, über die ein Berater verfügen muss, ist dennoch Zurückhaltung. Nicht er steht im Mittelpunkt, und nicht er wird letztlich um Rat gefragt, sondern das Unbewusste.

MANAGEMENTSTRATEGIEN

Die Beraterfunktion ist vielen Menschen – ohne dass sie sich dessen bewusst wären – in Fleisch und Blut übergegangen, da sie durch Lebenserfahrung darin ausgebildet wurden, den Kreislauf der Selbstbezogenheit zu durchbrechen und sich für Inputs, die von außen kommen, zu öffnen. Das bedeutet, dass sie sehen, hören und spüren, was von außen kommt – und das macht sie wiederum zu natürlichen Beratern, denn sie können das, was sie wahrnehmen, zurückspiegeln und dem Ratsuchenden Anhaltspunkte geben, wo der Rat, den er sucht, zu finden ist.

Der formale Ablauf der Beratung stellt sich in vier Stufen dar:

1. Der Fokus wird auf lösungsrelevante Kompetenzmuster gelenkt.
2. Gemeinsam mit dem Ratsuchenden werden Zielvisionen konstruiert.
3. Der Berater fragt nach Ausnahmen vom Problemverhalten, denn sie bestätigen nicht nur die alte Regel, sondern führen auch neue Regeln ein.
4. Die Ergebnisse werden ausgewertet und an einem Maßstab gemessen, zum Beispiel auf einer Skala eingetragen.

Um kompetent „raten" zu können, muss der Berater verschiedene Voraussetzungen beziehungsweise Auflagen erfüllen:

1. Er sollte eine neutrale Haltung einnehmen.
2. Er sollte durchgehend seine Wertschätzung für den Kunden beibehalten und ausdrücken (Akzeptanz).
3. Er darf keinen Druck erzeugen hinsichtlich des Ergebnisses der Beratung.
4. Er sollte sich Verbesserungen nicht als eigene Leistung zuschreiben.

Gelassenheit entspricht all diesen Anforderungen und überträgt sich zudem auch auf den Ratsuchenden. Je mehr dieser die Kontrolle und den eigenen Willen los- und sich auf den unbewussten Informationsstrom einlässt, ohne ihn festhalten zu wollen, desto eher gerät er in einen Zustand der Gelöstheit. Dieser Zustand ist die beste Voraussetzung, um auf neue Verhaltens- und Handlungsalternativen zu kommen, auch wenn sie vielleicht gar nichts mit dem ursprünglichen Problem oder Anlass zu tun haben.

Man kann kein System zwingen, irgendetwas zu tun, zu denken oder zu fühlen. Dementsprechend können auch Einflüsse von außen, zum Beispiel in Gestalt eines Beraters, ein System nicht direkt verändern, sondern nur quasi als „Klima" darauf einwirken. Eine Beratung in diesem Sinne fungiert als Begleitung und Unterstützung. Sie regt autonome Suchprozesse beim Kunden an, in deren Verlauf eigene, das heißt im System schon vorhandene Ressourcen und Kompetenzen gefunden und zielorientiert eingesetzt werden.

Es hat sich gezeigt, dass selbst dann, wenn Ratsuchende sich ratlos fühlen, sie dennoch alle wesentlichen Kompetenzmuster zur

Lösung des Rätsels in ihrem Erfahrungsbereich aufweisen – allerdings unbewusst. Den Kunden muss nun klar gemacht werden, dass sie die Lösung des Rätsels finden werden, wenn sie ihr Bewusstsein erweitern und Rat bei sich selbst beziehungsweise ihrem Unbewussten suchen.

In den Märchen treten hilfreiche Tiere oder Weise auf, die das kreative Unbewusste repräsentieren. Diese Aufgabe erfüllt in der modernen Beratungspraxis der Coach, der beim Ratsuchenden eine Umfokussierung weg von den Defiziten, hin zu den (noch unbekannten) Ressourcen initiiert.

FRAGEN AUS DER BERATUNGSPRAXIS

Die wichtigsten Fragen in der Beratung dienen nicht dazu, den Berater darüber zu informieren, worum es eigentlich geht, wer beteiligt ist oder was es mit dem Problem auf sich hat. Vielmehr fragt der Berater, um innere Suchprozesse beim Ratsuchenden auszulösen, so dass dieser selbst sein Problem, sein Rätsel lösen kann.

Also soll nicht der Berater informiert werden, sondern der Ratsuchende sich über sich selbst informieren. Diese so genannte Selbstreferenz setzt voraus, dass man sich selbst von außen beobachtet. Die folgenden Fragen schulen die Fähigkeit zur Selbstreferenz, indem sie Unterschiede herausarbeiten, das Problem einkreisen und die rätselhaften Regeln des Problemspiels aufdecken:

Wen betrifft das Problem am meisten, wen am wenigsten? Gibt es eher einheitliche oder unterschiedliche Problemsichten? Welche Auswirkungen haben die jeweiligen Problemsichten auf die Beziehungen der Beteiligten? Welche Auswirkungen haben die jeweiligen Problemsichten auf die Aufrechterhaltung des Problems?

Definieren die gleichen Beteiligten in unterschiedlichen Situationen das gleiche Phänomen unterschiedlich (zum Beispiel mal mehr, mal weniger als Problem)? Welche Auswirkungen hätte es, wenn die Unterschiede in den Problemdefinitionen anders gestaltet beziehungsweise ein anderer Ausdruck für sie gefunden würde?

Gibt es Situationen, in denen das Problem gar nicht so sehr als Problem angesehen wird? Welche Auswirkungen hat dies dann auf die Interaktionen zwischen den Beteiligten – wie gestalten sich die Interaktionsbeiträge dann? Was macht den Unterschied aus?

Und ließe sich dieser Unterschied nutzen für die gewünschte Lösung?

Wie wird das Problem von wem benannt? Welche unterschiedlichen Erklärungen für das Problem gibt es?

Welche Schlussfolgerungen für das Verhalten untereinander, insbesondere dem Probleminhaber gegenüber, werden daraus gezogen? Wie wirken sich diese Schlussfolgerungen auf die Stabilität des Problems aus?

Welche Auswirkungen hätte es, wenn andere Erklärungen oder andere Schlussfolgerungen aus den Erklärungen für das Problem gezogen würden? Lassen sich die beobachteten Unterschiede in Kategorien einordnen? Und wenn ja, welche Kategorien müssten man einrichten, um Ordnung zu schaffen?

DER SYSTEMISCHE ANSATZ

Einerseits ist der Mensch durch die Fähigkeit gekennzeichnet, sich eine eigene Wirklichkeit in Form von Mustern und Strukturen zu „erfinden" oder zu „konstruieren"; andererseits aber ist er, wie alle anderen Lebewesen auch, einer Umwelt ausgeliefert, die auf ihn einwirkt. Nur der Mensch entwickelt Bewusstsein hinsichtlich seiner Eingebundenheit in sein Leben.

In einem System ist jeder Teil Ausdruck des Ganzen. Wenn ein Teil verändert wird, verändert sich auch der Ausdruck des Ganzen. Deshalb kann man eben an jedem Punkt in einem System heilend intervenieren: Wenn irgendein Aspekt des Systems verändert wird, verändert sich aufgrund der Gesetze der Autoregulation auch die gesamte Organisation des Systems und pendelt sich auf Heilung ein. Wenn irgendeine Regel des Spiels verändert wird, verändert sich das ganze Spiel. Das heißt, es entsteht Sinn.

ZITATE

- Bisweilen gehört nicht weniger Klugheit dazu, auf einen guten Rat zu hören, als sich selbst einen solchen zu geben. *François de La Rochefoucauld*

- So gut es ist, sich den guten Ratschlägen zu unterwerfen, so gefährlich ist es, sich den guten Ratgebern zu unterwerfen. *Bertolt Brecht*
- Ratschläge sind wie abgetragene Kleider: Man benutzt sie ungern, auch wenn sie passen. *Thornton Wilder*

Raum

Das Aufräumen ist der Beweis: Ordnung schafft Raum.

DIE PHILOSOPHIE

Die Psychologie stellt fest, dass der Raum keine Einzelgröße ist, sondern vielmehr aus einer Vielfalt umfassenderer oder engerer Bezugssysteme besteht, zu denen die verschiedenen Gegenstände gehören. Für die westliche Wissenschaft hat der Raum keine weitere Eigenschaft, abgesehen von der Festlegung der einzelnen Orte und der Gegenstände, die dort vorhanden sind.

In der jüdischen Mystik hingegen ist der Raum Ausdruck der Allgegenwart Gottes, während die östliche Anschauung den Raum mit Ma, der Allmutter, in Verbindung bringt. Eine erweiterte Theorie des Feldes, wie sie im Westen entwickelt wurde, schlägt eine Brücke zu dieser Vorstellung: Nach der Feldtheorie erzeugt nämlich jede Kraft um sich herum ein Feld, die Kraft selbst wird definiert als Fähigkeit, ein Feld zu erzeugen. Dieses Feld dehnt sich aus als Kontinuum und wirkt auf jeden Körper, der sich darin befindet. Die Wirkungen sind Wechselwirkungen, und alles darin Befindliche wird von dieser Dynamik erfasst.

Im Feld entsteht eine „Wechselwirkungswirklichkeit", die wahrgenommen werden kann, wenn die Wahrnehmung sich darauf einstellt. Wenn etwas „im Raum steht", so meint das genau dies: Es ist wahrgenommen worden als etwas, das sich nicht eindeutig zuordnen lässt, sondern das Ergebnis von Wechselwirkungen ist.

Welche Kräfte im Spiel sind und ob es Gesetze gibt, die diese Kräftewirkungen regeln, sei dahingestellt. Gläubige Menschen sprechen zum Beispiel von den „göttlichen Ordnungsgesetzen des Lebens", vor allem im Zusammenhang mit Heilung und Gesundheit. Aber auch Menschen ohne jede Glaubensvorstellung können wahrnehmen, dass etwas im Raum steht, wenn dies der Fall ist. Was es genau ist, darüber kann spekuliert werden – man kann es aber auch lassen, denn es muss nicht unbedingt festgestellt, erklärt und bewiesen werden. Wichtiger ist, die Auswirkungen dieser Kräfte zu beobachten und ihre Einflüsse auf die Menschen wahrnehmen zu können.

Ist es möglich, sich eine Vorstellung, einen Plan zu machen von etwas, das nicht sichtbar und begreifbar ist? In der therapeutischen Methodik, die „Aufstellungsarbeit" genannt wird (zum Beispiel bei Bert Hellinger), wird genau das getan: Menschen positionieren sich in einem Feld und stellen die sich selbst regulierenden Wechselwirkungen innerhalb eines reell existierenden Systems nach.

Dabei müssen diese Menschen nichts über das System und die Auswirkungen der Einflüsse wissen, um am eigenen Leibe zu spüren, „was los ist": Ein Eindruck ist plötzlich da. Die Einsicht vermittelt sich spontan und nicht aufgrund vorangegangener Analysen und ist auch nicht mit den Gesetzen der Kausalität oder Kontinuität zu ergründen. Die Ergründung folgt allein über das „Sehen" von Mustern und Anordnungen. Die Heilung unheiler Verhältnisse gelingt allein durch die rituelle Handlung der Neuordnung, die mit einer realen Umstellung im Feld verbunden ist.

Dieses Aufstellen funktioniert nicht nach den Gesetzen der kausal-linearen Logik. Was abläuft, ist nicht durch eine strenge Kontinuität erklärbar, denn die Erscheinungen sind nicht immer und durchgehend da. Man wird sich also auf Diskontinuität einstellen müssen: auf zeitliche und räumliche Unterbrechungen oder Brüche und Sprünge in einem Sinnzusammenhang, der durch die Verkettung von Ereignissen hergestellt werden soll; manchmal spannt sich ein solcher Sinnzusammenhang sogar über Generationen hinweg.

Die Redewendungen „Raum haben" und „Raum geben" beschreiben geistige Zustände beziehungsweise Haltungen, die körperlich wahrgenommen werden. Raum zu haben oder Raum zu geben heißt, in Verbindung zu sein mit dem geistigen Hintergrund, aus dem die Ereignisse hervortreten. Alles Erleben, das ganze Leben kann so gesehen werden, auf dem Hintergrund des Raumes, der sich als Weite öffnet.

Welche Landschaften vermitteln Ihnen ein Gefühl von Weite? In welcher Umgebung oder in welchem Umfeld empfinden Sie am ehesten Weite?

In welchen Situationen haben Sie Raum? Bei welchen Menschen erleben Sie es, Raum zu haben? Was tun diese Menschen, um Ihnen Raum zu geben?

Wie verhalten Sie sich (unwillkürlich), wenn Sie Raum haben? Woran merken Sie zuerst, dass es Ihnen (zu) eng wird? Woran bemerken Sie am ehesten, dass Sie beengend auf jemand anders wirken?

Wo im Körper erleben Sie die Enge beziehungsweise Verengung? Wo im Körper erleben Sie Weite beziehungsweise Weitung?

Wenn Sie Offenheit als Befindlichkeit und Zustand beschreiben sollten, welche Merkmale wären Ihnen am wichtigsten? Wenn Sie ein Symbol für Offenheit und Weite finden sollten, welches würden Sie wählen und warum? Wenn Sie in einem Bild Offenheit und Weite darstellen sollten, welche Farben und Formen würden Sie wählen und warum?

Wenn Sie fremde Räume (ein fremdes Haus oder eine Wohnung) betreten – woran machen Sie fest, welche Atmosphäre herrscht, und woran bemerken Sie die Auswirkungen dieser Atmosphäre?

Wenn Sie Ihren eigenen Raum (Haus, Wohnung, aber auch Ihren geistigen Zustand) von außen betrachten, was fällt Ihnen zuerst auf? Wenn Sie Ihren eigenen Raum (Haus, Wohnung, aber auch Ihren geistigen Zustand) von außen betreten, als wäre er der Raum von jemand anders, wie wirkt dies auf Sie?

Woran merken Sie, dass ein Raum neu für Sie ist? Wann war es das letzte Mal, dass Sie einen neuen Raum entdeckten?

MANAGEMENTSTRATEGIEN

Open Space („offener Raum") wurde als Veranstaltungsform von H. Owen Mitte der Achtzigerjahre in den USA entwickelt und funktioniert nach den Prinzipien der Autonomie und Selbstorganisation. Die Idee dazu kam Owen, als er beobachtete, dass wesentliche Erkenntnisse und Diskussionsbeiträge bei Tagungen und Meetings erst in den Kaffeepausen in kleinen Kreisen entstanden. Er führte dies darauf zurück, dass eine straffe Tagesorganisation nicht genug Raum lässt für das Aktivwerden der Teilnehmer: Die Ideenfülle, die inspirierende Themenangebote zunächst in ihnen wecken, wird durch die vorgeschriebene Passivität wieder deaktiviert.

Deshalb erweiterte Owen einfach die Kaffeepausen, sodass „Zeitfenster" entstanden – Zeiten also, in denen Raum gegeben wurde. Open Space verlangt nach einer guten Koordination von Zeiten und Räumen, die zur Verfügung stehen. Die Tagesordnung entsteht dabei erst kurzfristig und richtet sich nach dem Interesse.

In der Prozessmoderation nach Arnold Mindell gewinnt das „Feld" eine besondere Bedeutung: Eine Gruppe oder Organisation bildet ein Feld, in dem alle Menschen miteinander verbunden sind und aufeinander wirken. Dieses Feld ist eingebettet in ein größeres Feld, das auch die Felder der einzelnen Gruppenmitglieder enthält. All diese Felder sind miteinander verbunden und wirken aufeinander.

Felder sind demnach natürliche Phänomene, die jeden einschließen, überall vorhanden sind und auf alles, was sich im Feld befindet, wirken.

COACHINGTECHNIKEN

Thema des Coachings sind Probleme. Erfahrungsgemäß ziehen Probleme die Aufmerksamkeit auf sich: Der Fokus wird verengt und bleibt auf das Problem fixiert, und die möglichen Verhaltens- und Handlungsalternativen geraten aus dem Blickfeld, das heißt aus dem Bewusstsein. Die lineare Logik spitzt die Dinge auf ein Entweder-oder zu, und ein Nebeneinander in der Art des Sowohl-als-auch wird dabei ausgeblendet: Es fehlt der Raum, in dem so etwas möglich oder wünschenswert ist.

Weite entsteht über die Erfahrung eines Bewegungs- und Spielraums. Das ist der Raum, in dem Fixierungen sich auflösen und man die Dinge wieder mehr überblicken kann, statt auf einen einzigen Punkt fixiert zu sein. Das absichtslose Wandern des Blicks ist wie das Schweifen der Gedanken, die sich ohne den Zwang des ständigen Sinnmachens erlauben können, immer öfter Zwischenräume frei zu lassen.

Öffnung entsteht dann, wenn die Gewissheit des „bekannten Elends" (also die Fixierung auf das Problem) für einen Moment aufgegeben und der Schritt in die Ungewissheit getan werden kann. Probleme sind manchmal zu lieb gewonnenen Gewohnheiten geworden und wie Wohnhäuser, aus denen schon der erste Schritt vor die Tür einen radikalen Wandel des Bewusstseins bewirkt. Die Erinnerung an die Freiheit veranlasst dazu, sich mehr Raum nehmen zu wollen als bisher, und so wird es möglich, aus eigenem Impuls aus der Spur des Problemdenkens hinauszuspringen. Der Atem verändert sich unwillkürlich.

Der Coach muss selbst erfahren haben, dass Unvereinbares und Widersprüchliches im Raum nebeneinander stehen bleiben darf und dass Wandel ein natürliches Phänomen ist und sich von selbst ergibt, also nicht durch forciertes Suchen nach den kausalen Gründen des Problems zu erzwingen ist. Erst dann kann der Coach eine entsprechende Atmosphäre herstellen, die zur Lösungsfindung beiträgt: Angesichts der Gelassenheit, Offenheit und Weite des Beraters gibt auch der Coachee sich selbst wieder Raum.

Gruppen aufstellen im Raum nach 1. und 2. Wahl

- Es werden im Raum drei bis vier Optionen angeboten, für die sich die Anwesenden entscheiden können (zum Beispiel berufliche Interessen, privates Interesse, Neugier, Vergnügen etc.). Alle begeben sich zu dem Ort, der sie am meisten anzieht.
- Nach einer ersten Wahl wird die Möglichkeit zu einer zweiten Wahl gegeben. Es ist sinnvoll, die Verteilung für beide Durchgänge auf einem Flipchart festzuhalten.

Diese Übung bringt die Gruppe schnell in Bewegung und schafft dadurch eine andere Atmosphäre (vor allem als Anfang oder Einstieg geeignet oder wenn das Klima in der Gruppe sehr steif ist).

Alle Anwesenden sind auf spielerische Weise aufgefordert, sich zu zeigen. Es ist nicht möglich, nur zu beobachten – falls diese Haltung auftaucht, ist sie auch eine Position im Raum wie alle anderen. Zudem stellt die Übung eine sinnlich-analoge Möglichkeit dar, Meinungen auszudrücken (im Gegensatz zu abstrakt-digitalen Abstimmungen).

Das Angebot einer zweiten Wahl macht den Grundsatz sinnlich erlebbar, dass ein Mensch nicht nur eine einzige Rolle verkörpert, und wirkt auch in diesem Sinne befriedigend.

Die Dynamik hinter der scheinbaren Statik eines gewählten primären Ziels wird sichtbar und erlebbar, und die Gruppenleiter erhalten Informationen, die später aufgegriffen werden können (zum Beispiel: Welche Untergruppen gibt es? Welche „Achsen"? Was ist sekundär?). Und nicht zuletzt wird der Raum als Instrument für die Arbeit mit der Gruppe eingeführt.

DER SYSTEMISCHE ANSATZ

Er regt dazu an, sich mit den Kräftefeldern, die sich durch Bezugssysteme ergeben, zu beschäftigen. In Beziehungen geht es um Bindung und um Loslassen und um den Wechsel zwischen diesen beiden Polen. Es ergeben sich viele verschiedene Zwischenzustände aus diesem Zusammenspiel, das oft weder bewusst noch gewollt ist. Es verläuft auf der Ebene unbewusster Feedbackschleifen, die das Verhalten regulieren.

Diese haben die Tendenz, sich zu verselbstständigen und ebenjene Gewohnheiten herauszubilden, die schließlich zu einem Beziehungsproblem werden können. Um die eingespielten Muster aufzubrechen, bedarf es eines Impulses, der von der starren Fixierung in die Bewegung überführt und den verlorenen Raum zurückgewinnt. Das Heraustreten aus der Beziehungsproblematik und das Eintreten in etwas, das größer ist als das Gewohnheitsmuster, kann in der Vorstellung, aber auch rituell als eine Handlung im Raum vollzogen werden.

ZITATE

- Durch den Raum erfasst mich das Weltall und verschlingt mich wie einen Punkt, durch das Denken erfasse ich es. *Blaise Pascal*
- Die Fäden, aus denen das Gewebe der Welt besteht, werden auch „die Haare Shiwas" genannt. Sie sind gewissermaßen die Kraftlinien der geschaffenen Welt und werden in der körperlichen Welt durch die Richtungen des Raumes dargestellt. *René Guénon*

Systematisch

Es ist gleich tödlich für den Geist, ein System zu haben und keins zu haben.
Er wird sich wohl dazu entschließen müssen, beides zu verbinden.
Friedrich von Schlegel

Es gibt Berufe, in denen systematisches Vorgehen von Vorteil ist. Der Jurist, der Buchhalter, der Steuerberater und auch der Versicherungsangestellte müssen systematisch (nach einem System) vorgehen – schließlich ist einem Berg von Akten auf dem Schreibtisch und einer Vielzahl von Fakten, die bearbeitet werden sollen, nicht anders beizukommen. System heißt zunächst nicht mehr und nicht weniger als „zusammenhängendes Ganzes". Und der systematische Ansatz zeichnet sich nun einmal durch Gründlichkeit aus.

Philosophie

Zum psychischen Profil eines Systematikers zählt der Drang, zu einem Ende zu kommen, um die Arbeit hinter sich zu bringen. Der Systematiker fängt am Anfang an und hört nicht eher auf, als bis das Ende erreicht ist. Nur dann stellt sich Zufriedenheit bei ihm ein – allerdings getrübt von der Erkenntnis, dass niemand außer ihm Interesse am Ergebnis hat und er deshalb seine Zufriedenheit mit niemandem teilen kann. Ein Systematiker weiß, was ein System ist beziehungsweise zu sein hat. Seine Systemdefinition bestimmt, um was es sich bei seiner Arbeit handelt, und seine Vorstellung von dem, was objektiv gegeben ist, beschränkt sich auf konventionelle, „normale", das heißt genormte Vorstellungen – die er im Laufe seines systematisch geführten Lebens nie als Vorurteile bezeichnen würde.

176

Wo ist Anfang und Ende? Wann ist das Ziel erreicht? Welche Faktoren müssen im Prozess berücksichtigt werden? Wer legt das eigentlich fest? Was gehört nicht hierher? Was gehört noch dazu?

MANAGEMENTSTRATEGIEN UND COACHINGTECHNIKEN

Der Ansatz des *Psychologisch-Praktischen-Problemlösens ("PPP")* wurde bis 1982 am Lehrstuhl für Kognitive Psychologie als Umsetzung jahrelanger Beratungserfahrungen im betrieblichen Bereich entwickelt und als Ergebnis in seiner vorliegenden Form veröffentlicht (Ueckert, Knop u. Burkhart 1982).

Dieses Verfahren geht davon aus, dass ein Problem dann gelöst werden kann, wenn es hinreichend genau beschrieben worden ist und die Zwischenschritte zum erwünschten Ziel genau genug definiert wurden. Im Vordergrund des Problemlöseprozesses steht dabei die möglichst rasche Umsetzung von "Muss-Zielen", erst in zweiter Linie werden dann die oft attraktiveren, dabei risikobehafteten "Wunschlösungen" bearbeitet.

Auch wird besonderer Wert gelegt auf "Risiken und Nebenwirkungen" von geplanten Lösungsstrategien, deren Nichtbeachtung erfahrungsgemäß zum Scheitern auch attraktivster Zielplanungen führen.

Der Ansatz bietet eine Schnellanwendung, deren Anwendung etwa einen Tag benötigt und ist bei vollständiger Durchführung mit etwa vier Tagen recht aufwändig, da dann bis in kleinste Details hinein analysiert, geplant und abgewogen wird. Er bietet aber den Vorteil, dass bei korrekter Durchführung eine brauchbare Lösung sicher erreicht wird, sofern sich ein Problem überhaupt real lösen lässt. Daher zeichnet sich die Methode nebenbei auch dadurch aus, dass sie unrealistische Ziele, verdeckte Lösungsblockaden und "vergessene" Risiken aufzeigt, oft z. B. auch im kommunikativen oder zwischenmenschlichen Bereich.

Das komplette Bearbeitungsschema umfasst die im folgenden aufgeführten Punkte, von denen bei der Schnellanwendung nur die Schritte 2–4 und 8–13 zum Einsatz kommen. In der Schnelldurchführung werden dabei auch nur ein bis zwei Kernpunkte bearbeitet, was besonders dann angezeigt ist, wenn um rasches und dringliches Handeln erforderlich ist. Der entscheidende Unterschied des Verfahrens liegt auch bei der Schnelldurchführung in der Beachtung der Risiken und dem Erstellen von Notfallmaßnahmen.

EINZELPUNKTE DES PPP:

1. Allgemeine Beschreibung des Problems
Hierbei soll eine allgemeine Gedankensammlung über das Problem erfolgen und dieses in möglichst normaler, allgemein verständlicher Form beschrieben werden.

2. Beschreibung des Soll- bzw. Zielzustands
Hier werden sämtliche Einzelpunkte gesammelt, die zu einem Zielzustand notwendig und wünschenswert erscheinen. Wenn dieser Zustand erreicht ist, sollte das Problem gelöst sein, es sei denn, verdeckte Risiken wurden gefunden.

Dabei ist zu unterscheiden zwischen „Muss-Zielen", also in jedem Falle zu erfüllenden Minimalanforderungen und „Wunsch-Zielen", also wünschenswerten Maximalanforderungen.

3. Beschreibung des Ist-Zustands
Hier wird der jeweils gegenwärtige Zustand, in dem das Problem existiert, in all seinen Einzelaspekten beschrieben.

4. Ermittlung der Soll-Ist-Abweichung
Für jedes einzelne Sollziel wird verglichen, inwieweit es vom Ist-Zustand verschieden ist. Es wird ermittelt, worin genau sich Soll- und Ist-Zustand von einander unterscheiden. In der gefundenen Abweichung ist dann das Problem selbst beschrieben. Dies wird erleichtert durch möglichst konkret benennbare Differenzwerte und qualitative Angaben, mindestens aber definierte Einschätzungsskalen. So können Fortschritte konkret „abgerechnet" und der Stand der Problemlösung genauer überprüft werden. Insgesamt wird das Problem also näher beschrieben, in seiner Tragweite genauer definiert und in kleinere Teilprobleme zerlegt.

5. Berücksichtigung von Ursachenhypothesen

In manchen Fällen kann es nützlich sein, nach ursächlichen Bedingungen zu suchen, um nähere Angaben über das Problem, aber auch das sich daraus ergebende Ziel zu bekommen. Dies dient einerseits dem Ausnutzen von schon vorhandenem Wissen, um nicht jedes Mal „das Rad neu zu erfinden", andererseits kann es Aufschlüsse geben über eventuell vorhandene Grundsatzprobleme im jeweiligen Kontext.

Es werden hier vier Basistypen von Problemen unterschieden, jeweils Daten und Fakten zusammen getragen und in Bezug zum aktuellen Problem gesetzt:

- Der Vergleichsfall:
  - Informationen über einen ähnlichen Fall aus einem *anderen* Gebiet, bei dem das Problem *auch* auftrat.
  - Informationen über einen ähnlichen Fall aus einem *anderen* Gebiet, bei dem das Problem *nicht* auftrat
  - Informationen über einen ähnlichen Fall aus einem *gleichen* Gebiet, bei dem das Problem *auch* auftrat.
  - Informationen über einen ähnlichen Fall aus einem *gleichen* Gebiet, bei dem das Problem *nicht* auftrat.
- Der eigene Fall
  - Informationen über den eigenen Zustand.

Der Vergleich beider Fälle kann dann helfen, die Ursache des Problems zu finden.

6. Entwicklung von Ursachen-Hypothesen

Falls eine konkret definierbare Ursache zu finden war, dient dies der Vorbereitung der Lösungsfindung. Wenn die Ursache beseitigt ist, müsste auch das Problem verschwinden. Diejenigen Hypothesen werden aufgezeichnet, welche die Ursachen benennen und dadurch beschreiben, wie es zum Problem kam.

7. Problemfeld vs. Vergleichsfeld

Ein „Vergleichsfeldansatz" stützt sich auf Daten eines unter Punkt 6 gefundenen, vergleichbaren und somit übertragbaren „Falles" eines gleichen oder anderen Gebietes. Es wird untersucht, wie es dort gelöst wurde und wie diese Lösung übernommen werden könnte.

Ein „Problemfeldansatz" ergibt sich, wenn unter 6. keine Ursachen benannt werden konnten und bezieht sich daher auf ein völlig neuartiges Problem, zu dem noch überhaupt keine Erfahrungen vorhanden sind.

8. Erstellen von Ideenlisten zur Lösungsfindung

Mit der Methode des Brainstorming oder strukturierter Kreativtechniken werden zu jedem Teilpunkt der Soll-Ist-Abweichung Lösungsideen gesammelt. Wichtig bei diesem Punkt ist, dass die Ideen noch nicht endgültig bewertet werden, dies geschieht später, zu einem extra dafür vorgesehenen Zeitpunkt.

Des öfteren muss dabei auf externe Datenquellen zurückgegriffen werden, dies können Lösungswege von Experten, aus Datenbanken, Büchern u. v. m., aber auch von Kollegen, Freunden und Bekannten sein.

Hilfreich zur Grundbewertung, welcher Ansatz nützlich sein könnte, ist auch die Überlegung, ob das Problem so oder ähnlich, möglicherweise in anderen Bereichen „schon immer" vorhanden war, dabei aber nur in geringerer Ausprägung. Wurde also bislang nur ein „kritischer Schwellenwert" nicht erreicht, deutet dies auf einen Vergleichsfeldansatz hin.

Trat jedoch nach einem „schwerwiegenden Ereignis" plötzlich und unvorbereitet ein Problem auf, so bietet sich der Problemfeldansatz an.

9. Bewertung der Ideenliste zur Lösungsfindung

Hier werden zu jedem einzelnen Vorschlag zu jedem einzelnen Sollziel Punkte gegeben, die a) die Qualität des Vorschlags bewerten (Muss- vs. Wunsch-Zielerreichung), b) die Anzahl der durch den Vorschlag gelösten Teilprobleme bewerten und c) die Einfachheit der Durchführung bewerten.

10. Aufbau einer Notfall- und Maßnahmenliste

Für jede zusammengestellte Lösungsidee muss an dieser Stelle eine Liste erstellt werden, die sämtliche erwarteten oder möglichen negativen Nebenwirkungen und Risiken benennt. Dies stellt eine Art „Was wäre, wenn …"-Analyse möglichst aller denkbaren Störungen dar, welche auftreten könnten. Ziel hierbei ist das Vorbereitetsein auf das scheinbar „Undenkbare", im Sinne des Mottos „Eine Falle, die ich erwarte ist eigentlich keine Falle mehr, sondern ein aktiv zu entdeckendes Hindernis" oder allgemeiner ausgedrückt: „Antworten zu finden gelingt nur, wenn man in der Lage ist, die entsprechenden Fragen überhaupt zu stellen".

Ebenso wird dann für jede der gefundenen negativen Nebenwirkungen eine Liste erstellt, wie im Falle des Eintretens damit konkret umgegangen werden kann und wird, damit in keinem Falle die Kontrolle über die Situation verloren geht.

Hierfür wird wieder das schon bewährte und damit bekannte Verfahren der „Lösungsfindung – Lösungsbewertung" (s. o.) verwendet.

11. Bewertung der Lösungsansätze (mit den jeweiligen Notfallmaßnahmen).

In tabellarischer Form werden hier die einzelnen Lösungsvorschläge mit ihren Risiken kategorisiert und bewertet.

Die Bewertungsskala ergibt sich dann mit:
0 = keine, 1 = einige, 2 = ziemlich viele, 3 = alle …
a) Mussziele erreicht
b) Wunschziele erreicht
c) wie viele Nebenwirkungen vermutlich eintreten werden
d) welche Notfallmaßnahmen diese wie auffangen werden.

Weiterhin werden dann nur noch solche Vorschläge in die engere Wahl gezogen, die in jedem Fall sämtliche „Muss-Ziele" abdecken.

12. Durchführung der Lösungsansätze

Gemäß der Planung werden die erarbeiteten Lösungswege jetzt umgesetzt, was je nach Aufgabenstellung unterschiedlich lange dauern kann.

13. Erfolgskontrolle

Nach einer festgelegten Probezeit kommt es zu einer Überprüfung der Lösungsumsetzung. Hier wird dann erneut eine Soll-Ist-Bestimmung durchgeführt und auf noch vorhandene Abweichungen überprüft.

Gibt es an dieser Stelle noch wichtige Abweichungen oder sogar nicht erfüllte Mussziele, so ist das gesamte PPP-Modell „rekursiv", also „selbst aufrufend" nochmals mit dem jetzt neuen Problem durchzuführen.

Oft ist es an dieser Stelle auch ein Hinweis auf nicht ausreichend ausgearbeitete Notfallmaßnahmen, unzureichende Realitätsüberprüfungen oder verdeckte „Nebenschauplätze", wenn ein Lösungsansatz „nicht funktioniert" bzw. „nicht durchführbar" ist.

Der systemische Ansatz

Es gibt einen Plan, nach dem die Schrittfolge, der Prozess der Verwirklichung eines Projekts oder Unternehmens, abläuft. Der Plan ist ein Muster. Für die meisten Menschen ist dies sehr beruhigend: Das planmäßige Ablaufen gibt ihnen das Gefühl, alles sei „in Ordnung" oder werde zumindest wieder in Ordnung kommen, da es ja ein Muster von der Ordnung gibt; dieses ist als Idee schon da, und nun kommt es nur noch darauf an, das Geschehen oder Unternehmen planmäßig weiterlaufen zu lassen. Alles geschieht im Grunde von selbst – das klingt nach Paradies oder Schlaraffenland. Und in bestimmten Lebensbereichen, etwa in Bezug auf die Vorgänge im menschlichen Organismus, geschieht tatsächlich alles von selbst – dies wird jedenfalls von unserem Ich, das keine Kontrolle darüber hat, als unwillkürlicher Automatismus empfunden. Wenn wir uns bewusst machen, wie viel eigentlich von selbst geschieht, Tag für Tag, dann rechtfertigt das ein Vertrauen in unseren Organismus.

Die Frage ist nur, was geschieht, wenn etwas falsch läuft und das System unerwünschte Endergebnisse produziert? Erst dann machen wir uns Gedanken darüber, was mit dem System falsch ist. Wir beginnen mit einer Systemanalyse. Das westliche Denken liebt es, erst einmal alles zu analysieren und darauf zu hoffen, dass durch die Analyse der einzelnen Elemente als Teile eines Systems sich der Rückschluss auf die richtige, die natürliche Ordnung und die Methoden, sie wiederherzustellen, ergibt. Die Systemanalyse – ein Begriff aus der elektronischen Datenverarbeitung – geht an das Problem heran, indem sie es in Einzelprobleme zerlegt, um dann, wenn der Fehler entdeckt und beseitigt wurde, das System neu zu programmieren. Wenn man es mit Programmen zu tun hat, ist das auch genau das Richtige.

Das System ist letztlich immer für den Menschen da und nicht der Mensch für das jeweilige System, in das er hineingezwängt wird: Systematisieren, das heißt etwas in ein System bringen, ist nur so lange eine nützliche Vorgehensweise, als das Denken flexibel und offen genug dafür bleibt, all das, was nicht ins System passt, trotzdem zu beachten.

Systemisch

Wenn du ein Schiff bauen willst, so trommle nicht Männer zusammen, um Holz zu beschaffen, Werkzeuge vorzubereiten, um die Arbeit zu erleichtern, sondern lehre die Männer die Sehnsucht nach dem endlosen Meer.
Antoine de Saint-Exupéry

Der Energie ist es egal, wie sie sich auswirkt, sie „weiß" nichts davon. Sie übt in diesem Sinn auch nicht Macht aus – nur insofern, als sie wirkt.

Das Wirken selbst ist das Machen, die Macht. Eine Versicherung will sich absichern, indem sie alles berechnet, was die Sicherheit gefährden könnte. Aber wie kann man die Rechnung mit dem Wirt machen, wenn der Wirt doch unbekannt ist – nicht, weil er nicht existiert, sondern weil er noch nicht in Erscheinung getreten ist. Was sicher ist und berechnet werden kann, ist nur der kleinste Teil – der Rest ist das „Restrisiko", mit dem wir uns abfinden müssen. Das Leben mit dem Restrisiko fordert ein Umdenken: Das Leben selbst ist Restrisiko. Eine solche Umstellung ist auch innerhalb der Beratung von Nutzen. Komplexe Systeme in einem labilen Gleichgewicht entwickeln sich am wirksamsten, wenn sie sich selbst steuern. Wer mit dem Chaos umgehen will, muss einsehen: Die Komplexität der Einflussfaktoren ist so groß und vernetzt, dass unser lineares Ursache-Wirkungs-Denken ohnehin an Grenzen stößt.

Das systemische Denken hilft beim Umdenken, bevor es zu spät ist. Es hilft beim notwendigen Paradigmenwechsel, der sich in der Umstellung von der alten, linearen Makrologik zur nichtlinearen „Chaostheorie" komplexer Mikroverhältnisse vollziehen muss.

Im ursprünglichen Wortsinn bedeutet „System" etwas, das zusammen *(syn)* steht *(stamein)* oder liegt *(histamein)*. Ein System bezeichnet also eine „Zusammenstellung". Unser Sinn für Ordnung gibt sich damit nicht zufrieden und fragt nach: Wer oder was wurde denn als „Zusammensteller" aktiv?

Doch nur eine Ordnung, die Sinn hat, kann als ordnendes Prinzip angewendet werden. Eine Ordnung, die nicht einleuchtet, kann zwar von oben her befohlen, aber nicht wirklich „beherzigt" werden – sodass auch die ordnenden Kräfte, die jeder Ordnung innewohnen sollten, nicht zur Verfügung stehen. Damit bleibt auch die Ordnung nur ein Prinzip, graue Theorie, und jede Anwendung erstickt im Keim. Dahinter verbirgt sich ein psychologisches Grundgesetz, das da heißt: „Mehr als die Summe seiner Teile." Dieses „mehr" besteht in den Wechselwirkungen zwischen den Systemelementen. Daraus ergibt sich eine zentrale Aufgabe: die Systemelemente zu identifizieren, die daraus folgenden Wechselwirkungen zu erkennen und Interventionsmöglichkeiten abzuleiten.

Diese Idee der Systemtheorie als etwas Zusammengesetztes, welches untereinander in Wechselwirkung steht, wurde erstmals in der Biologie von Bertalanffy (1956) formuliert. Mit der Kybernetik wurde ein wissenschaftliches Programm ins Leben gerufen, welches zur Beschreibung, Regelung und Steuerung von komplexen Systemen dienen sollte.

Hier wurden Rückmeldungsschleifen (= Wechselwirkungen) im Bereich der Technik formuliert und technisch genutzt (z. B. beim Heizungsventil). Heinz von Foerster benutzte für den philosophischen Bereich den Begriff „Systemtheorie".

Anfang der Achtzigerjahre wurde im Bereich der Familienforschung der Begriff „systemisch" immer häufiger benutzt, um auf die Plan- und Steuerbarkeit von komplexen menschlichen Systemen hinzuweisen. Dazu sei es allerdings notwendig, die Komplexität so zu reduzieren, dass ein Bild konstruiert werden kann, welches die „Komplexität realistisch abbildet" (von Schlippe u. Schweitzer 1996).

Um welche Zusammenhänge geht es bei der systemischen Prognose? Was ist das Interesse, das hinter dem Auftrag der Prognose steht? Was ist das Motiv, und inwiefern hängt das Motiv mit der Prognose zusammen? Und überhaupt: Welches Ganze ist denn gemeint? Was passiert, wenn nichts passiert? Was ist da? Wer definiert ein Problem für wen oder was, wann, wie, mit wem, ohne wem?

Was gibt es noch jenseits der verordneten Ganzheitsgrenzen? Womit würden Sie sich beschäftigen, wenn Sie sich nicht mehr mit dem Problem beschäftigen könnten, weil es gelöst ist?

Wer nimmt was wie wahr, und wie wird dies von wem wie bewertet?

Managementstrategien und Coachingtechniken

Der Systemiker wird sich darauf konzentrieren, die Zusammenhänge zu erkennen, ohne den Anfang zu beachten oder sich verpflichtet zu fühlen, irgendein Ende zu erreichen – es sei denn in hypothetischen und prognostischen Gedankenvorläufen. Den Systemiker interessieren nur die Auswirkungen, und die kann er in Gedanken vorwegnehmen beziehungsweise berechnen lassen; er muss nicht bis zum Ende gehen und sie am eigenen Leibe erleben. Dementsprechend ist sein Gemüt ungetrübt und unbelastet, und er strahlt eine gewisse Gelassenheit aus – so als hätte er im Voraus begriffen, dass Kopfzerbrechen sich nicht lohnt: Denn erstens kommt es anders und zweitens, als man denkt. Alles gehört dazu – aus dem einfachen Grund, weil es da ist. Was eine Ganzheit ist, hängt von der jeweiligen Einschätzung ab, sagt der systemische Profi, dessen kleine, graue Hirnzellen wie wild in alle Richtungen gleichzeitig assoziieren. Die wichtigste Aufgabe in einer systemischen Beratung ist die Fokussierung auf die Lösungserfahrungen. Alle damit verbundenen Aktionen, Reaktionen (Denkmuster, emotionale Prozesse, Verhaltensbeiträge) können als Ressourcen verstanden werden. Das Lösungssystem stellt mit neuen Sichtweisen lösungsförderliche Potenziale dar.

Der Coach soll für alle relevanten Beteiligten eine kontinuierliche Fokussierung von Aufmerksamkeit (sowohl bewusst als auch unbewusst) auf die lösungsförderlichen Potenziale unterstützen. Dies gilt sowohl interaktionell als auch im internalen Prozess von Wahrnehmung und Erlebnisgestaltung. Dabei ist es nützlich, Informationen darüber zu sammeln, wie andere Beziehungspartner des Kunden das Problem wahrnehmen. Das bringt Tiefe und Breite in die Beschreibung der erfragten Ausnahmen vom problematisierten Zustand und den Anteil, den andere daran haben. Das gelingt sehr gut mit den zirkulären Fragen: „Wenn Ihr Vorgesetzter hier wäre, was denken Sie, würde er anders machen in Bezug auf Sie in den Zeiten, wenn das Problem nicht stattfindet?" „Was, denken sie, sagt er, was Sie dann anders machen?" „Wenn Sie … tun, was bemerken Sie anderes an ihm?"

Für die Coachingangebote sehen wir es als unsere zentrale Aufgabe, jeden Schritt der Zusammenarbeit sehr differenziert direkt mit den Beteiligten und eventuell mit ihren relevanten Arbeitspartnern zu entwickeln. Dies muss so geschehen, dass deren eigene Zielvorstellungen die jeweiligen Leitlinien der Zusammenarbeit werden (Würdigung ihrer autonomen Kompetenz bei der Zielentwicklung und Definition der zieldienlichen Schritte). Den Kunden begegnen wir konsequent als gleichwertige und kompetente Kooperationspartner in diesem Prozess. Unsere Angebote werden also „maßgerecht" für die einzigartigen Sichtweisen und Bedürfnisse der Betroffenen, auf die Bedingungen ihrer Arbeit und Beziehungen und auf die relevanten Faktoren ihrer Arbeitskontexte zugeschnitten.

Die Betroffenen selbst werden die Prioritäten dafür setzen, was „gesunde", „stimmige" Lösungen für sie sind. Sie werden also konsequent als kompetente Experten und Co-Coachs ihrer eigenen stimmigen Problemlösungen angesprochen und behandelt. Wir werden unsere Fachkompetenz dabei zur Verfügung stellen, um:

a) Sie dabei zu unterstützen, dass Sie die optimalen zieldienlichen Schritte dafür entwickeln können, und

b) diese Zielvisionen mit den Betroffenen zusammen auf soziale Angemessenheit und Kompatibilität mit den Anorderungen ihrer Arbeitskontexte so abzustimmen, dass sie einer gesunden und konstruktiven Entwicklung sowohl persönlich als auch interaktionell dienen.

Im systemischen Coaching sind folgende Grundregeln zu beachten:

– lösbare Ziele / Aufträge erarbeiten,
– dafür hilfreiche Ressourcen herausarbeiten,
– daraus lösungsfokussierende Aufgaben, zirkuläre Fragen usw. bilden,
– nach Lösungsmöglichkeiten suchen (Ausnahmen von Problemen, Wunder usw.),
– klären, warum die Ressourcen jetzt (noch) nicht genutzt wurden.

DER SYSTEMISCHE ANSATZ

Es ist leicht, sich zum systemischen Menschen zu entwickeln, denn das systemische Lebensgefühl war zuerst da – die Systematik bildete sich erst in den Wissenschaften aus. Außerhalb des wissenschaftlichen Arbeitens ist Gründlichkeit meist ein Nachteil: Denn als Drang, allem auf den Grund zu gehen, beeinträchtigt sie die Weitsicht und den Sinn für das Offensichtliche, das sich schon an der Oberfläche dem zeigen wird, der einen Blick dafür hat.

Es ist schwierig, das Systemische sinnlich, sozusagen als Lifestyle zu beschreiben. Da muss man weit ausholen, geradezu poetisch werden. Oder realistisch – denn die systemische Herangehensweise hat sich oft als *das* Mittel der Wahl bewährt, wenn es darum geht, mit komplexen Verhältnissen konstruktiv umzugehen. „Die nützlichsten Wörter an der Börse sind: vielleicht, hoffentlich, möglich, es könnte, nichtsdestoweniger, obwohl, zwar, ich glaube, ich meine, aber, wahrscheinlich, das scheint mir …" – dieser Ausspruch von André Kostolany, der, lange bevor systemisches Denken Mode wurde, dieses Gewinn bringend als Spekulant an der Börse einsetzte, bringt es auf den Punkt: Alles, was man glaubt und sagt, ist wiederum bedingt.

Aber damit ist es nicht getan – es bedarf dieses besonderen Gespürs für das Bedingtsein an sich und für die Bedingungen im Einzelnen, die, ineinander verwoben und komplex verstrickt, oft kaum mehr konkret zu erkennen sind. Es sei denn, man hat den Blick für Hintergründiges und Subtiles. Eine solche Fähigkeit eignet man sich jedoch nicht über Nacht an; sie ist vielmehr das Ergebnis langen Lernens und vieler Lernerfahrungen.

Träumen

Manchmal sind Träume wirklicher als die Wirklichkeit, weil man sich mehr erträumen als erdenken kann.

DIE PHILOSOPHIE

In Anlehnung an den Vorsokratiker Heraklit hat Kant einmal geschrieben: „Wenn wir wachen, so haben wir eine gemeinschaftliche Welt, träumen wir aber, so hat ein jeder seine eigene. Mich dünkt, man sollte wohl den letzteren Satz umkehren und sagen können: Wenn von verschiedenen Menschen ein jeglicher seine eigene Welt hat, so ist zu vermuten, dass sie träumen."

Damit bestätigt Kant Heraklits Vermutung, dass der Schlafende in sein ganz eigenes Innenleben zurückgeworfen ist und ein von der Gemeinschaft abgesondertes, sozusagen privates Traumleben führt. Dieser Gedanke ist genau entgegengesetzt dem heutigen tiefenpsychologischen Verständnis, das den Schlafenden und Träumenden eine Art gemeinsamer Erinnerung zuschreibt und eine Gemeinschaft auf tieferer Ebene annimmt.

Erst Ethnologie, Anthropologie und Tiefenpsychologie haben die absonderlichen Traumwelten aufgewertet und gezeigt, dass auch das Wissen, auf das sich die Gemeinschaft der Wachen beruft, nur begrenzt und manchmal wenig nützlich ist. Dennoch bleibt ein Rest Misstrauen vonseiten des aufgeklärten Rationalismus, der in allem, was sich nicht definieren lässt, sein Gegenteil sieht, nämlich das Irrationale. Daraus nährt sich die Faszination des Fremden: Das, was durch eine einseitige rationalistische Denkweise übergangen und verdrängt wurde, will die Tiefenpsychologie wieder ins Blickfeld holen.

Ein solcher Versuch der Annäherung ist die Annahme gemeinsamer Traumgestalten: Archetypen sind nach C. G. Jung Strukturen im kollektiven Unbewussten, die sich als Niederschlag menschlicher Erfahrungen im Laufe der menschlichen Bewusstseinsentwicklung gebildet haben: Das erwachende Bewusstsein setzte sich auf einer vorreflexiven, vorrationalen Ebene mithilfe mythischer Gestalten mit dem auseinander, was ihm schicksalhaft begegnet ist.

Anschaulich und bildhaft ausgedrückt finden sich die archetypischen Motive in den Mythen und Märchen der Weltliteratur, in den religiösen Schöpfungsgeschichten und Weltanschauungen, aber auch in den Träumen, Fantasien oder Wahnbildungen des einzelnen Menschen. Solche Motive sind der Kampf mit dem Bösen, die Suche nach Erlösung, der Schatten und Widersacher, Beziehungen zu Vater und Mutter, unbekannten, vergessenen oder verschollenen Geschwistern oder die Wiederkehr des Vergangenen.

In der Tiefenpsychologie ist die Auseinandersetzung mit archetypischen Inhalten ein wichtiger Bestandteil der Entwicklung der Persönlichkeit, die sich all ihrer Aspekte bewusst wird. Dieser Prozess der Bewusstwerdung und Integration wird Individuation genannt; dennoch bleiben die Archetypen für das Kollektiv unbewusst. Genauso wie die (systemischen) Feedbackschleifen und Regelkreise stellen sie Muster dar, die aller menschlichen Erfahrung gemeinsam sind.

Die Praxis

Für die Psychologie ist die Möglichkeit einer Partizipation an Träumen deshalb interessant, da sich nicht nur der Bewusstseinshorizont, sondern auch der Traumhorizont erweitern lässt und eine Dimension der Gemeinsamkeit eröffnet, die die Spaltung zwischen dem Rationalen und Irrationalen zu überwinden verspricht.

Zu den möglichen Techniken gehört zum Beispiel die „Amplifikation", die Erweiterung eines Trauminhalts durch Vergleich der Traumbilder mit Bildern aus Mythologie und Religion, die in sinnverwandter Beziehung zum Trauminhalt stehen. Ein anderer Zugang ist über den Körper und das unmittelbare körperliche Erleben gegeben: Die Trance-Induktionen zum Beispiel haben aus dem hypnotherapeutischen Mittel der „schwebenden Hände" einen ganzkörperlichen Tanz werden lassen. Der Körper erträumt sich Lösungen, zu denen das (rational eingegrenzte) Bewusstsein die Probleme nicht einmal erdenken kann. Der Körper „weiß" mehr, und er spricht in seiner Sprache: Wer sie versteht, gewinnt an Einsicht.

Das „Körperträumen" lässt den Traum zu Ende träumen, den Traum von der übergeordneten großen Einheit, in der alles mit allem verbunden ist und alles auf alles wirkt. In der Prozessarbeit Arnold Mindells verkörpert der „Traumkörper" die systemische Einheit, meldet sich aber nur im Falle einer Störung, indem er die Störung signalisiert und so auf die zugrunde liegende ursprüngliche Einheit verweist. In Trance kann das Wissen bezüglich der Einheit abgerufen werden. Trance wird meist als schlafähnlicher Zustand des Dämmerns und Ich- beziehungsweise Kontrollverlusts beschrieben; Milton Erickson (Erickson u. Rossi 1981), der Begründer der Hypnotherapie, nutzt die Trance hingegen als fruchtbaren Zustand, in dem eine besondere Form von innerer Arbeit möglich ist und der sich durch die Fokussierung der Aufmerksamkeit auf innere Vorgänge ergibt.

Hypnotherapeutische Konzepte orientieren sich wesentlich an der internen psychischen Struktur und Organisation des Menschen. Wesentlich für die Arbeit von Erickson ist das Grundkonzept der „Aufmerksamkeitsfokussierung": Alle Interaktion (sei es mit Beziehungspartnern, sei es mit sich selbst) ist nach Erickson Ausdruck der Fokussierung von Aufmerksamkeit und bewirkt auch gleichzeitig wieder eine solche Fokussierung. Die Wahrnehmung, die aus dem Denken, Fühlen und Handeln resultiert, ist ein Ergebnis solcher Fokussierung und bewirkt eine weitere Wahrnehmung, die sich aufgrund der Fokussierung der Wahrnehmung ergibt.

Was wir wahrnehmen, ist nicht das, was da ist und „wahr" ist, sondern was uns, metaphorisch gesprochen, jeweils im Traum erscheint. Die Wahrnehmung ist immer schon bezogen und eingebunden in das Träumen – auch im Alltag „träumen" wir, denn wir sind meist in irgendwelchen Alltagstrancen befangen, obwohl uns das nur selten bewusst wird. Diese (träumende) Fokussierung spiegelt die gleichen Muster und Prozesse wider, die wir aus kontextbezogenen Interaktionen kennen und die „Hypnose" genannt werden.

Hypnose ist im systemischen Kontext beschreibbar als eine Interaktion und Kommunikation zwischen Interaktionspartnern in einem Kontext. Ist der Partner das eigene Selbst, dann erscheint allgemein Hypnose oder Trance als das geeignete Mittel, um dieses Selbst zu erforschen. Es ist jedoch schwerer nachzuvollziehen, dass wir auch im wachen Zustand des Alltagsbewusstseins uns ständig gegenseitig hypnotisieren. Und doch ist es so: Selbst „das System" hat hypnotische Auswirkung auf uns, auch wenn wir uns noch so aufgeklärt und willensbestimmt wähnen.

Fokussierungen können auch als Notwendigkeit aufgrund der begrenzten Kapazität unseres Kurzzeitgedächtnisses angesehen werden – denn wir können nicht alles gleichzeitig wahrnehmen, sondern nur Ausschnitte der „Wirklichkeit". Die psychologische Begründung der Fokussierungsnotwendigkeit liegt in der Erkenntnis, dass wir nur eine begrenzte Anzahl von Informationen im Kurzzeitgedächtnis behalten können. Um das Beste aus dieser Begrenzung zu machen, ist es von entscheidender Bedeutung, auf welche Bereiche wir fokussieren. Davon hängt sowohl unsere jeweilige Realitätskonstruktion (das Bild, das wir uns von der Wirklichkeit machen) als auch unsere Bewertung und damit unsere emotionale Erlebnisqualität ab.

In der Beratung geht es nun um die Fokussierung von wünschenswerten Zuständen. Sie ist eine zielorientierte Ausrichtung der Aufmerksamkeit auf das jeweils gewünschte Erleben, das eine Lösung enthält. Es wird ganz bewusst der Traum von der Lösung geträumt, ohne dass festgelegt würde, worin die Lösung konkret liegt. Im Träumen erscheint die Lösung im größeren Zusammenhang einer gelösten Befindlichkeit, die man auch ganz banal Entspannung nennen könnte. Jede Entspannung ist in diesem Sinne ein positives Umlenken der Alltagsträume in Richtung möglicher Lösungsträume.

Offenbar gelingt es nur in Trance, logische Ableitungen zu überwinden und auf ganz andere Weise ans Ziel der Suche zu kommen. Das „laterale Denken" in Querverweisen, das Querdenken, überwindet so die kausal-lineare Rationalität und kommt zu überraschenden Lösungen. Es gibt auch wünschenswerte Wirkungen, in die man sich hineinträumen kann, ohne für ihre Wirklichkeit einen anderen Beweis erbringen zu müssen, als eben die Tatsache, dass das „Geträumthaben" Wirkungen nach sich zieht.

Stellvertretend für die ganz alltägliche Zauberei in Form einer Erweiterung des Verhaltens- und Handlungsspielraums sei die Kristallkugeltechnik beschrieben. Kristallkugeln dienten von jeher zur

Wahrsagerei; sie sind Projektionsflächen, in denen sich nichts Konkretes sehen lässt – schon gar nicht die Zukunft. Aber sie stellen eine Einladung an das Bewusstsein dar, sich „gehen zu lassen", die Kontrolle aufzugeben und sich von dem überraschen zu lassen, was kommt. Die Sichtweise verändert sich also. Das Schimmern der Kugel ist eine Aufforderung an das Unbewusste, sich zu melden und mit positiv ausgerichteten Träumen zur Lösungssuche beizutragen.

Steve de Shazer (1995) hat diese Technik umgewandelt zu einem „Betrachten" verschiedener Kristallkugeln, bei dem innere Vorgänge in anschauliche Bilder „übersetzt" werden. Dazu ist Trance nicht unbedingt notwendig, das heißt, sie muss nicht explizit eingeleitet werden, denn sie ergibt sich von selbst. Der Kunde lernt dabei den Umgang mit seinem eigenen schöpferischen Traumbewusstsein, er lernt, sich solche Kristallkugeln als Projektionsflächen zu schaffen, indem er sie visualisiert, und sich an Vergessenes zu erinnern – zum Beispiel sich vergessene Erfolge zu vergegenwärtigen und sich insbesondere die Ausnahmen, die die Regelmäßigkeit seines Versagens unterbrechen, ins Bewusstsein zu rufen.

Oft schildert der Kunde einen tatsächlichen Prozess der Bewältigung, der in Wirklichkeit ganz anders verläuft als in der Visualisation. Es läuft auf die Frage hinaus: „Wie werden die Dinge für Sie und für die anderen Beteiligten denn aussehen, wenn das Problem gelöst ist?"

Viele Kunden können schon im ersten Gespräch Erwartungen bezüglich einer Zukunft aufbauen, in der die jetzt beklagte Situation (das Problem) nicht mehr besteht. Diese Vision ist der Baustein einer zukünftigen Realität, die befriedigender ist als die jetzige.

DER SYSTEMISCHE ANSATZ

Er erklärt, warum ganz normale Beratergespräche über mögliche – wenngleich traumähnliche – wunderbare Lösungen diese „magisch" heraufbeschwören. De Shazer sieht darin ein lösungsorientiertes Sprachspiel, innerhalb dessen die Kunden selbst ein „Wunder" schaffen können.

Er benutzt mit Absicht das Wort Wunder, da von Geschehnissen und Wirkungen die Rede ist, die offensichtlich bekannten (wissenschaftlichen) Gesetzen widersprechen und daher übernatürliche oder zumindest unbekannte Ursachen haben. Das Interesse richtet sich nur auf Wirkungen, das heißt Wirkungen ohne Ursachen.

ZITATE

- Wer nicht an Wunder glaubt, ist kein Realist. *Arabisches Sprichwort*
- Der Traum ist der beste Beweis, dass wir nicht so fest in unserer Haut eingeschlossen sind, als es scheint. *Friedrich Hebbel*
- Wir sind dem Aufwachen nah, wenn wir träumen, dass wir träumen. *Novalis*
- Der Traum lehrt uns auf eine merkwürdige Weise von der Leichtigkeit unserer Seele, in jedes Objekt einzudringen und sich sogleich in jenes zu verwandeln. *Novalis*
- Was man nicht träumen kann, hat keine Wirklichkeit. *Hans Erich Nossak*
- Unsere Träume können wir erst dann verwirklichen, wenn wir uns entschließen, einmal daraus zu erwachen. *Josephine Baker*
- Wenn einer allein träumt, bleibt es ein Traum. Träumen wir aber alle gemeinsam, wird es Wirklichkeit. *Dom Hélder Câmara*
- Wir sind an Wirkungen ohne Ursachen interessiert. *Steve de Shazer*

Veränderung

Veränderungen sind leichter anzunehmen, wenn man davon ausgeht, dass sie zum Leben dazugehören.

DIE PHILOSOPHIE

Um sinnvolle Veränderung zu ermöglichen, muss man sowohl anerkennen, was ist, als auch beharrlich anvisieren, was werden kann.
Veränderungen zu managen ist eine der Hauptaufgaben, die sich im
modernen Wirtschaftsleben stellen.

In der Philosophie wird dem Veränderlichen das Vergängliche
zugeordnet, dem Unveränderlichen das Unvergängliche. Daraus ergibt sich die Wertigkeit, die den Blick zum Unveränderlichen, Un-
vergänglichen wandern und dort verweilen lässt.

Im Mentaltraining wird meist nur von der Ist-Soll-Differenz gesprochen, wobei das Soll das Ziel darstellt und das Ist der aktuelle,
zu überwindende Zustand ist. Man testet den Ist-Zustand, unter-
nimmt etwas, damit er sich ändert, testet wieder und gibt sich
schließlich mit dem Ergebnis zufrieden, wenn die Ist-Soll-Differenz
ausgeglichen ist.

Zunehmend bewähren sich allerdings tiefenpsychologische Erkenntnisse auch im Managementtraining und im Coaching. Mitarbeiter können im Allgemeinen besser dazu motiviert werden, eine
notwendige Veränderung optimal mitzugestalten, wenn die Veränderung auch im Zusammenhang mit der persönlichen Lebenspers-
pektive als sinnvoll, das heißt als zum Leben zugehörig erkannt
wird.

Hier bekommt der Aspekt der (persönlichen) Entwicklung Bedeutung. Das Wort „Entwicklung" bedeutet im 17./18. Jahrhundert

das Auseinanderwickeln des Eingewickelten, man könnte sagen: das Sichtbarwerden und Zutagetreten von Teilen, Zuständen, Eigenschaften und Verhältnissen, die vorher schon da oder angelegt, aber der Wahrnehmung nicht zugänglich waren. Im Gegensatz zur „Schöpfung", dem Hervorbringen aus dem Nichts, gestaltet die Entwicklung das schrittweise Hervorgehen eines Zustandes aus einem anderen.

Das Gefühl, trotz aller Veränderungen einen Platz in der Welt zu haben beziehungsweise (neu) zu finden, trägt sicher entscheidend zum Erleben eines übergeordneten Sinns bei. Doch es lässt sich zwar anregen und bestärken, aber weder verordnen noch erzwingen; es bleibt eine Frage des Glaubens oder der spirituellen Erfahrung. Die Tiefenpsychologie C. G. Jungs bietet mit dem Entwicklungsmodell der „Individuation" eine mögliche Hilfestellung an: Individuation bezeichnet jenen Entwicklungsprozess des Menschen, durch den er sich seiner ganz bewusst wird.

Individuation bedeutet, Verantwortung zu übernehmen für die eigenen Anlagen und Ausrichtungen, also auch für das Böse, das als Gegensatz zum Guten, als dessen Schatten, vom gewöhnlichen Bewusstsein ausgegrenzt wird. Individuation ist das Ziel der therapeutischen Arbeit, sagt Jung: Den Fluss des Unbewussten wiederherzustellen ist Therapie, der Prozess selbst jedoch ist etwas Natürliches, das sich mit oder ohne Therapie durchsetzen wird.

FRAGEN AUS DER BERATUNGSPRAXIS

An wen oder was müssten Sie glauben, um die anstehenden Veränderungen als sinnvoll zu erleben? Was müssten Sie erfahren, oder welche Erfahrungen müssten Sie sich vorstellen, um die anstehende Veränderung in eine übergeordnete Sinneinheit integrieren zu können?

Was hilft Ihnen erfahrungsgemäß, um mit Veränderungen zurechtzukommen? Was regt Sie dazu an, Veränderungen bewusst mitzugestalten und mitzubestimmen? Was hindert Sie daran, bei Veränderungen selbst aktiv werden zu wollen?

Welche Vision müssten Sie haben, um die anstehenden Veränderungen als sinnvoll anerkennen und begrüßen zu können?

Unter Change-Management oder Veränderungsmanagement versteht man das Bündel systematischer Maßnahmen, die erforderlich sind, um Unternehmen und Organisationen den notwendigen Veränderungen anzupassen. Es geht darum, die Ausrichtung der Veränderung zu erkennen, die absehbaren Auswirkungen der Veränderungen vorher zu berechnen, die betroffenen Bereiche abzugrenzen, das Bewahrenswerte vom Entwicklungsbedürftigen zu unterscheiden und dort wirksam tätig zu werden, wo ein neues Gleichgewicht erreicht werden muss.

Kaizen ist in Japan die Antwort auf den Wandel, den die weltweite Globalisierung mit sich bringt; das Wort bedeutet „ständige Verbesserung". Kaizen als eine besondere Spielart des Change-Managements wurde zur nationalen Leidenschaft, da es sich mit den tief verankerten Grundsätzen der japanischen Kultur deckte. Es ist absolut prozessorientiert – das bedeutet, dass der Fokus der Aufmerksamkeit auf das funktionsübergreifende Zustandekommen eines Ergebnisses und nicht auf das Ergebnis selbst gerichtet wird, wobei sämtliche Prozesse im Großen wie auch im Kleinen einem ständigen Optimierungsbestreben unterliegen.

Niemand soll seine Arbeit so erledigen wie am Tag zuvor, und wenn es noch so gut gegangen ist. Im Mittelpunkt steht das Streben nach Verbesserung, das heißt die Herausforderung, nicht stehen zu bleiben, sondern mit der Zeit zu gehen und sich neuen Aufgaben zu stellen. So kann die Anpassungsintelligenz jedes Einzelnen optimal wirken und einen allgemeinen Nutzen erzielen. Die Besonderheit liegt darin, dass selbst kleinste Prozesse Beachtung finden, man das Ziel im Detail zu verwirklichen erstrebt und noch auf die leisesten Rückmeldungen hört.

Zwei Managementformen werden bei anstehenden Veränderungen (zusätzlich) angewandt: Beim „Management by breakthrough" ist der Ist-Zustand durch einen (vorübergehenden) Notfall gekennzeichnet. Für diesen Notfall werden besondere Maßnahmen getroffen; nach Bewältigung der Krise mit vereinten Kräften ist es daher wichtig, ein gesundes Gleichgewicht wiederherzustellen, die Belastungen abzubauen und zur Normalität zurückzukehren.

Beim „Management by exception" ist der Ist-Zustand der Normalfall – nur in besonderen Fällen, eben „Ausnahmezuständen", muss die Führung informiert werden, damit sie möglicherweise neue Entscheidungen trifft. Dies fordert ein waches, aufgeschlossenes Verantwortungsbewusstsein von den einzelnen Mitarbeitern und Führungskompetenz von den jeweiligen Entscheidungsträgern.

COACHINGTECHNIKEN

Der Wunsch nach Veränderung oder Bewältigung anstehender Veränderungen, die von außen „diktiert" werden, bewegt viele Menschen dazu, sich von außen Hilfe zu holen. Coaching bewährt sich besonders dort, wo durch Erfolg abgesicherte Wege zugunsten von vagen Wünschen oder Zielvorstellungen oder bedingt durch allgemeine Entwicklungen verlassen werden sollen oder müssen.

Gewohnheiten zu ändern ist jedoch gar nicht so leicht, denn sie werden oft zur zweiten Natur; sie aufzugeben heißt für viele, die eigene Identität infrage zu stellen. Dazu gehört, sich Wertvorstellungen und Anschauungen bewusst zu machen und sie zu überprüfen. Und so verbinden sich auch mit ganz „trivialen" Veränderungen oft tiefe Eingriffe in die persönliche Organisation. Auch innerhalb einer Gemeinschaft oder eines Teams bedeuten Veränderungen eine Störung des bestehenden Gleichgewichts.

Gewohnheiten stellen gerade in Organisationen längst eingeschliffene „Automatismen" dar, da gewohnte Abläufe kaum mehr bewusst geschehen; solche Automatismen sind unbewusste, automatisch ablaufende Verhaltensweisen, die das Zusammenarbeiten und Zusammenleben erleichtern – natürlich nur so lange, wie alles beim Alten bleibt. Dazu gehören Unternehmenshierarchien, Arbeitsplatzbeschreibungen, Befugnisse und Kompetenzen, Prinzipien, die das Management und die Führung regeln, und, damit verbunden, Selbstdefinitionen, Zukunftsperspektiven, Motivationen und Unternehmensvisionen.

Vor dem Überdenken und bewussten Korrigieren der notwendigen Maßnahmen türmen sich oft unbewusste Denkverbote als Hindernisse auf und verstellen den Weg zu einem angemessenen, entspannten Umgang mit den Themen. Das ganze System ist in Mitleidenschaft gezogen, alles ist betroffen, und nichts bleibt, wie es war. In einem sozialen System haben sich alle aufeinander eingespielt, und bestimmte Arbeitsabläufe haben sich verselbstständigt, sind zu unbewussten Ritualen geworden. Nur ein strategisches Umdenken, das zwischen dem Veränderungsdruck und dem Bedürfnis nach Stabilität vermittelt, kann neue Rituale schaffen, um den neuen Sinn und die neuen Werte (er)lebbar zu machen.

Wer lernt, mit sich selbst verantwortungsvoll umzugehen, kann in Veränderungssituationen andere durch Stromschnellen und Turbulenzen begleiten. Jeder Coach sollte über eine solche Kompetenz verfügen, die er durch eigene Erfahrung erworben hat, denn als Begleiter muss er sich sowohl in seine Gegenüber einfühlen als sie auch führen können.

Voraussetzung für ein erfolgreiches Coaching ist zunächst immer eine erfolgreiche Kommunikation. Der einfachste Fall von Kommunikation wären zum Beispiel zwei Personen, die einander Botschaften senden beziehungsweise diese empfangen und sich des (gesprochenen) Wortes als Medium bedienen. Eine weitere wichtige Komponente der Kommunikation ist die Unterscheidung zwischen beabsichtigter und empfangener Botschaft: Die Bedeutung der Kommunikation liegt in der Antwort, die durch diese hervorgerufen wird; dies gilt auch, wenn ursprünglich eine andere Absicht der Kommunikation zugrunde lag. Dahinter verbirgt sich die Erfahrung, dass die beabsichtigte Botschaft des Senders nicht immer auf die gemeinte Art und Weise vom Empfänger verstanden wird.

Eine der wichtigsten Kommunikationsfähigkeiten von Führungspersonen besteht darin sicherzustellen, dass die beabsichtigte Botschaft auch empfangen wurde. Effektive Kommunikation beinhaltet also eine Feedbackschleife zwischen Sender und Empfänger, die versucht, die Kongruenz zwischen beabsichtigter und empfangener Botschaft zu optimieren. Dabei muss zwischen Botschaft und Metabotschaft unterschieden werden: Der Inhalt einer Botschaft wird meist begleitet von einer (oft nonverbalen) Metabotschaft, die Hinweise darauf enthält, wie die Botschaft verstanden und interpretiert werden soll.

Metabotschaften sind Botschaften über die Botschaft, sie sind also auf einer höheren Ebene angesiedelt als der Inhalt. Ist in einem Text eine Stelle mit gelbem Marker unterstrichen, so wird sie hervorgehoben und betont; wird ein Fragezeichen gar in ein Ausrufezeichen umgewandelt, so ändert sich die Bedeutung der Aussage unter Umständen ganz drastisch. Auch das verwendete Medium, mit dem die Botschaft geschickt wurde, kann als Metabotschaft dienen und die Dringlichkeit anzeigen (Brief, Fax, E-Mail oder Kurier). Ein direkter Anruf oder ein persönliches Gespräch kann ebenfalls als Markierung dienen; das kann zum Beispiel heißen, dass der Beziehungsaspekt wichtig ist.

Die Metabotschaft soll in erster Linie den Empfänger über die Art und Weise informieren, wie die Botschaft zu verstehen ist; die Metabotschaft ist notwendig, um eine Botschaft zu decodieren. Ihre „Absicht" ist es auch, darüber aufzuklären, auf welcher Ebene eine Botschaft gesendet wurde.

Vermittelt zum Beispiel eine Führungskraft einem Mitarbeiter die inhaltliche Botschaft „Sie haben einen Fehler gemacht", so kann die Metabotschaft sehr unterschiedliche logische Ebenen ansprechen. Häufig geben nonverbale Hinweise wie Mimik, Gestik oder die Betonung Aufschluss über die Metabotschaft. Die Intonation „*Sie* haben einen Fehler gemacht" zeigt eher Enttäuschung oder Ärger der Führungskraft über die *Person* des Mitarbeiters an, während „Sie haben einen *Fehler* gemacht" suggeriert, dass das *Verhalten* des Mitarbeiters nicht in Ordnung war. Der Tonfall kann darüber hinaus die Botschaft des Vorgesetzten erweitern: „Ich möchte Ihnen helfen, mit diesen Dingen das nächste Mal besser zurechtzukommen." Da Metabotschaften meist unbewusst registriert werden, stellt ein Bewusstsein für Metabotschaften eine wichtige Kommunikationsfähigkeit dar.

Um Botschaften in ihrer ganzen Bandbreite zu verstehen und zu analysieren, haben sich die so genannten fünf Axiome menschlicher Kommunikation nach der pragmatischen Kommunikationstheorie von Watzlawick, Beavin und Jackson (1969) bewährt, weshalb sie in diesem Zusammenhang zumindest genannt sein sollten:

1. Man kann nicht *nicht* kommunizieren.
2. Jede Kommunikation hat einen Inhalts- *und* einen Beziehungsaspekt: Der Beziehungsaspekt bestimmt den Inhaltsaspekt und ist deshalb eine Metabotschaft.
3. Die Beziehung ist durch die Betonung und das Hervorheben der Kommunikationsabläufe seitens der Partner bestimmt.
4. Menschliche Kommunikation bedient sich verschiedener Modalitäten, die in feinen Zwischentönen und Betonungen körpersprachlich und nonverbal ablaufen.

5. Zwischenmenschliche Kommunikationsabläufe sind entweder *symmetrisch* oder *komplementär* – je nachdem, ob die Beziehung zwischen den Partnern auf Gleichheit oder Ungleichheit beruht. Bei einer Beziehung, die auf Gleichheit beruht, herrscht ein symmetrischer Kommunikationsablauf vor; bei einer Beziehung, die auf Ungleichheit beruht, ein komplementärer, das heißt hierarchisch strukturierter Kommunikationsablauf.

DER SYSTEMISCHE ANSATZ

Ob es sich um Mangel an Kreativität, Motivation oder Ausstrahlung handelt, ob es darum geht, Gefühle und Stimmungen besser in den Griff zu bekommen, oder ob die eigenen Voraussetzungen für die Bewältigung der anfallenden Lebensaufgaben als verbesserungswürdig empfunden werden – wir alle wünschen uns manchmal, ganz anders zu sein, als wir sind. Die Kluft, die sich zwischen dem idealisierten Zielzustand und unserem als ungenügend empfundenen Dasein auftut, wird umso größer, je weiter das Ziel in die Ferne gerückt scheint. Der Gedanke an das Anderssein verhindert oft, dass die notwendige Veränderung überhaupt in Angriff genommen wird; die Erreichung des Ziels hingegen wäre das Ende eines lieb gewonnenen Selbstbildes, das sich mit dem Unveränderlichen abgefunden hatte.

Mit jeder gewünschten Veränderung, die mit einer angestrebten Entwicklung einhergeht, muss also die Veränderung des Selbstbildes, der Identität verbunden sein, da sonst das Anderssein nicht mit dem Selbstgefühl in Einklang zu bringen ist. Eine zu schnelle Entwicklung kann heftige Identitätskrisen auslösen, auch wenn sie noch so sehr von Erfolg gekrönt ist. Andererseits kann eine bejahte und erwünschte Entwicklung sich mit derselben Zielstrebigkeit, mit der sie vorangetrieben wurde, wieder rückgängig machen – sogar und insbesondere dann, wenn die Bemühungen verdoppelt werden, den Stand des einmal erreichten Erfolgs zu erhalten.

Offenbar rückt der Erfolg desto weiter weg, je ernsthafter man sich bemüht, das Ziel zu erreichen, das man sich gesteckt hat. Das scheint reiner Hohn, die Krone der Irrationalität zu sein, und dennoch haben solche Veränderungsprozesse eine ihnen eigene Logik, denn sie sind als eigenes System zu betrachten, da sie nicht linear verlaufen. Die Logik der Veränderungsprozesse ist systemisch zu erklären, das heißt, die Verbindung zwischen den einzelnen Elementen verläuft außerhalb des linearen Ursache-Wirkungs-Schemas.

Zwischengeschaltete Rückmeldungen, die auf unbewusster Ebene ausgesandt, empfangen und verarbeitet werden und zu subtil sind, als dass sie das Bewusstsein wahrnehmen könnte, bestimmen den Ablauf von Regelkreisen, die vor allem durch Feedbacks charakterisiert sind. Um Entwicklungsprozesse bewusst zu gestalten, müssen wir uns weniger mit hoch gesteckten Zielen und mehr mit den Auswirkungen unseres Verhaltens beschäftigen, das heißt Feedbacks einholen und berücksichtigen.

In Veränderungsprozessen sollte darauf geachtet werden, dass die Ökologie des Systems gewahrt bleibt.

Zitate

- Zur Wahrscheinlichkeit gehört auch, dass das Unwahrscheinliche eintritt. *Aristoteles*
- Ich kann freilich nicht sagen, ob es besser wird, wenn es anders wird; aber soviel kann ich sagen, es muss anders werden, wenn es gut werden soll. *Georg Christoph Lichtenberg*
- Wer fertig ist, dem ist nichts recht zu machen. Ein Werdender wird immer dankbar sein. *Johann Wolfgang von Goethe*
- Alles Leben steht unter dem Paradox, dass, wenn es beim Alten bleiben soll, es nicht beim Alten bleiben darf. *Franz von Baader*
- Werde, der du bist! *Friedrich Nietzsche*
- Die größte Revolution unserer Zeit ist die Entdeckung, dass Menschen durch Veränderung ihrer inneren geistigen Einstellung die äußeren Aspekte ihres Lebens zu verändern vermögen. *William James*
- Es ist wohl klar, dass wir nie auf die Gegenüberstellung von „Gut" und „Besser" gekommen wären, wenn wir keine Wünsche hätten. *Bertrand Russell*
- Gerade wer das Bewahrenswerte bewahren will, muss verändern, was der Erneuerung bedarf. *Willy Brandt*

Wahrheit, Wahrnehmung, Welt und Wirklichkeit

DIE PHILOSOPHIE

In der Antike wird die Wahrheit als Unverborgenheit bezeichnet.

Wahrnehmung heißt das Erleben und Sich-bewusst-Werden äußerer und innerer Wirklichkeiten durch äußere Sinne oder einen inneren Sinn; das ist der Vorgang, durch den ein Empfindungszusammenhang in das Bewusstsein eintritt und seine Stelle im Wahrnehmungsfeld einnimmt. So erhält er eine Struktur, eine dem Bewusstsein entsprechende Gestalt und einen dem Inhalt des Wahrnehmungsfeldes entsprechenden Rang.

Im Deutschen unterscheidet sich die Wahrheit von der Wirklichkeit dadurch, dass sie an die Evidenz (und nicht an das Wirken) gebunden ist. Evidenz (Deutlichkeit, Klarheit) ist ein subjektives Kriterium – jeder Mensch entscheidet auf seine eigene Art, wann und wodurch etwas für ihn evident ist.

DIE PRAXIS

Wirklichkeit ist subjektiv und entsteht in den Köpfen als Abbild des Weltmodells, das heißt als Bild, in dem sich die Wirklichkeit subjektiv präsentiert. Die Repräsentationen von Wirklichkeit sind gegeben durch die Übersetzungsarbeit der Wahrnehmung selbst, die sinnliche Reize zu Informationen werden lässt.

Die Formbarkeit und Veränderbarkeit von Wirklichkeiten, Welten und Wahrheiten ist die Ausgangsbasis aller therapeutischen Interaktionen und Interventionen, wobei nicht die Welt, die Wirklichkeit, die Wahrheit geändert wird, sondern die Vorstellung, die sich ein Mensch davon macht. Es geht um die Veränder-

barkeit innerer Abbildungen, um die Erweiterung innerer Landkarten.

Theorien und Hypothesen sind Konstrukte, die als Mittel der
weiteren Informationsgewinnung nützlich sein können. Im Rahmen
therapeutischer Interventionen wird die Hypothesenbildung benutzt, um neue Welten und Wirklichkeiten zu konstruieren. Obwohl
sie nur eine „geliehene" Realität besitzen, werden die Hypothesen so
wahrgenommen, als wären sie real („Als-ob").

Dank der Vorstellungskraft können wir uns so sehr in Als-ob-
Realitäten hineinversetzen, dass unsere Wahrnehmung schon das
Ergebnis der Auswirkungen darstellt, auch wenn die Ursachen und
Auslöser der Auswirkungen reine Fiktion sind und wir dies auch
wissen. Mit dem Als-ob gekonnt umzugehen bedeutet, Traum- und
Wunschwirklichkeit so zu nutzen, dass ihre Auswirkungen neuen,
wünschenswerten und traumhaften Realitätskonstruktionen zugute
kommen.

DER SYSTEMISCHE ANSATZ

Er sieht in der „Zirkularität" den Stoff, aus dem unsere Wirklichkeit
gemacht ist, nämlich das, was sich aus den Wechselwirkungen inter-
agierender Teile innerhalb eines Systems ergibt. Beispiel: Ein Unterschied bedarf immer zweier Elemente und bildet ein Drittes, das
dazwischen liegt. Das eine und das andere und das Dritte, der Unterschied, bilden ein System.

Dasselbe gilt für Beziehungen: Niemand verhält sich allein. Das
Verhalten ist immer schon ein Verhalten zu etwas. Auch Charakter-
eigenschaften und Verhaltensweisen bilden eine gemeinsame Einheit und bestehen in einem beständigen Miteinander beziehungsweise werden durch das Miteinander aufrechterhalten. Die Wahrheit liegt immer dazwischen und gehört niemandem, sondern wird
immer geteilt.

- Wir nehmen nichts Sicheres wahr, sondern unsere Wahrnehmungen sind abhängig von der Verfassung des Körpers. *Demokrit*
- Der Mensch ist ein Wesen mit der Möglichkeit zu neuen Wirklichkeiten. *Aristoteles*
- Der Strom der Wahrheit fließt durch Kanäle von Irrtümern. *Rabindranath Tagore*
- Was unbegreiflich ist, ist darum nicht weniger wirklich. *Blaise Pascal*
- Es ist das Los des Menschen, dass die Wahrheit keiner hat. Sie haben sie alle, aber verteilt, und wer nur bei einem lernt, der vernimmt nie, was die anderen wissen. *Johann Heinrich Pestalozzi*
- Es ist nicht die Gewohnheit des Wahren, ohne Verhüllung zu kommen und sich jedermann zu erkennen zu geben. *Erhart Kästner*
- Wir suchen die Wahrheit, finden wollen wir sie aber nur dort, wo sie uns beliebt. *Marie von Ebner-Eschenbach*
- Wenn es nur eine Wahrheit gäbe, könnte man nicht hundert Bilder über dasselbe Thema malen. *Pablo Picasso*
- Paradox und Wahrheit unterscheiden sich darin, dass das Erste den Gegenstand mit starkem Licht von einer Seite beleuchtet, die Zweite – mit schwachem Licht von vielen. *Aleksander Swietochowski*
- Wer immer die Wahrheit sagt, kann sich ein schlechtes Gedächtnis leisten. *Theodor Heuss*
- Ohne Wahrheit ist es unmöglich, irgendwelche Prinzipien oder Regeln im Leben zu befolgen. *Mahatma Gandhi*
- Die ganze Wahrheit ist immer nur die halbe Wahrheit. *Theodor Adorno*
- Wahrheit ist die Erfindung eines Lügners. *Heinz von Foerster*
- Der „Realist" ist nur insofern naiv, als er nicht zur Kenntnis nimmt, dass wir alle nicht „in der Welt" leben, sondern nur in dem Bild, das wir uns von der Welt machen. *Hoimar von Ditfurth*

Werte

Werte leiten unser Handeln. An ihnen entlang entwickeln wir unsere Vorgehensweise, unsere Reaktionen. Sie sind ein wichtiger Fokus, wenn es darum geht, aus dem Überangebot von Möglichkeiten und Alternativen auszuwählen. Und das, was wir einmal ausgewählt haben, das, was uns erreicht, wird gefärbt durch die Tönung der Werte, die wir verinnerlicht haben.

Wir haben sie verinnerlicht? Werte sind weder inhaltlich, noch in Ausprägung oder Intensität universell gültig. Von Menschen für Menschen gemacht, hoffentlich funktional, angemessen regen sie im guten Fall unsere innere Entwicklung an.

Aber wie kommen wir zu unseren Werten? Als Aneignung (wir übernehmen die Werte der Personen, von denen wir geprägt werden) und als Entwurf (die Essenz der Erfahrungen aus denen wir *Rück*schlüsse ziehen, um daraus *Vor*entscheidungen treffen zu können). Werte bilden unser ganz persönliches Rückrat, das wir hoffen mit anderen zu teilen.

Zu den Bewegungen der Aneignung und des Entwurfs kommt der Prozess der Modifikation: Das, was uns wichtig und übertragenswert erscheint, legen wir zwar als Anspruchsmaß an Situationen an, die erst noch kommen. Aber anhand dieser neuen Erfahrung ändert sich vielleicht auch der Richt-Wert selbst. Wir gehen nicht zweimal mit derselben Voraussetzung in eine Situation.

Was entsteht, ist ein Wertenetz. Verknüpfungen, Hierarchien, Geltungsgrenzen sind im Fluss und in sich nicht linear organisiert. Es entstehen Widersprüche und Ungenauigkeiten. Werte sind nicht mit mathematischer Genauigkeit definiert, sie sind zwar Abstraktionen unseres Erlebens, aber eben dadurch auch voller Assoziationen und unerwarteter Blickwinkel. Sie bleiben unscharf, und das was der eine unter „Freiheit" meint, bedeutet für den anderen eher „Zwang".

Trotz der anhaltenden Verschiebungen unseres Horizonts gibt es für uns durchaus eine Ordnung, die durch eine Differenzierung der Relevanz einzelner Werte entsteht. Die Wichtigkeit von Werten hängt wohl auch mit ihrer Fähigkeit zusammen, andere Werte und neue Situationen zu integrieren.

Durch und mit ihrer Unschärfe leiten uns Werte. In welchem Verhältnis stehen sie damit zur Vernunft, die doch wohl auch einen irgendwie gearteten „Führungsanspruch" in unserem Leben einnimmt?

Eine Konfrontation mit der Tatsache, dass die eigenen Werte für andere nicht unbedingt relevant sind, löst intensive Gefühle aus.

Ist es zuviel oder altmodisch gesagt, Werte als „Herzensbildung" zu bezeichnen? Sie können eine erstaunliche emotionale Wucht entwickeln. Durch ihre gefühlsmäßige Verankerung sind Werte eng mit unserer Persönlichkeit und dem tatsächlichen Handeln verknüpft. Noch ehe die Vernunft sich eingeschaltet hat oder eine Handlungsmaxime formulieren konnte, lässt uns das Gefühl, zu wissen, was wichtig ist, schon reagieren.

Darin liegt die Stärke dessen, was Werte bedeuten können und darin liegt auch die Gefahr. Wenn Vernunft und Wertempfinden ohne Verbindung sind, werden wir unansprechbar für Ansprüche von außen und über unsere eigene Person hinaus. Werte, die so isoliert sind, leisten ihren Beitrag zu einer Immunisierungsstrategie. Also: an unseren Werten können wir wachsen. Und schrumpfen.

Einen Einblick in sein eigenes Wertesystem zu haben ist notwendig, um uns als ganze Person, mit Kopf, Herz, Perspektive und Mitbewohnern einzurichten in einer Welt, in der wir uns wohl fühlen können.

FRAGEN AUS DER BERATUNGSPRAXIS

Was ist mir wichtig im Leben?

Vorher: Wie viel ist es wert? Ist es das wert? Nachher: War es das wert?

Der Aufbau einer gemeinsamen Vision kann eine wirksame Methode sein, um die Leitgedanken eines Unternehmens zu formulieren. Dabei wird das System, die Organisation als eine Anordnung von sich überschneidenden Gemeinschaften betrachtet, die um eine gemeinsame Bedeutung gruppiert sind. Es ist die Bedeutung, die die Arbeit in der Organisation für jeden Einzelnen erhält; sie hat den Wert eines Beitrags, den jeder für die Gemeinschaft leisten kann. Obwohl dieses Ideal ein wenig hoch gesteckt anmutet, ist die Idee dahinter interessant. Und die Sache funktioniert, denn die Vorstellung, einen Wert zu haben und etwas Wertvolles beitragen zu können, ist eine starke Motivation für die innere und äußere Beteiligung.

Die Arbeit verkörpert einen Wert, sie ist Ausdruck einer Wertevorstellung, einer inneren Haltung. Angenommen, Sie hätten die Möglichkeit, eine solche Arbeit für sich zu finden und in einer solchen Organisation mitzuarbeiten:

- Welche Werte würde sie verkörpern?
- Welchen Ruf hätte sie?
- Was wäre der tiefere Zweck?
- Wer wären die Kunden?
- Welche Art von Produkten und Dienstleistungen würde sie auf dem Markt anbieten?
- Welche Entwicklung halten Sie für die beste, die diese Organisation um ihrer selbst willen durchlaufen sollte?
- Wie würde sich die Zusammenarbeit unter allen Beteiligten gestalten?
- Wie würden die Mitarbeiter auf gute und schlechte Zeiten reagieren?

Notieren Sie für sich selbst die Werte, die Ihnen bei der Beantwortung bewusst werden, und tauschen Sie sich mit anderen darüber aus. Vergleichen Sie die Visionen mit der Realität, und notieren Sie Kritikpunkte. Entwickeln Sie Alternativen.

Finden Sie heraus, welche Nahziele Sie Ihrer (oder der gemeinsamen) Vision näher bringen würde. Arbeiten Sie mit Kontrasten: Was würde Sie von der Vision abbringen?

Im Coaching ist die Klärung von Werten besonders wichtig. Werte können als Antriebskraft für alles menschliche Verhalten angesehen werden. Sie begründen und beantworten das Warum unseres Handelns, motivieren uns, Ziele zu verfolgen, und dienen zur nachträglichen Beurteilung unserer Handlungen. Kriterien sind die feinen, kleinen Unterschiede, die anzeigen, ob ein Wert erfüllt wurde oder nicht. Werte und Kriterien sind im ersten Gespräch nicht immer gleich scharf zu trennen.

Menschen suchen oft Beratung, weil sie nicht mehr unterscheiden können zwischen Wert und Unwert, weil sie ihre Maßstäbe verloren haben und in einer Grauzone des Beliebigen, des Belanglosen leben. Im Coaching wird dann an den Kriterien gearbeitet, um herauszufinden, was die Bedingungen für ein Werteerleben sind; der Coachee soll sich vorstellen können, unter welchen Umständen sich etwas Wertvolles realisieren könnte.

Dabei werden nicht nur die äußere Umgebung, nicht nur das angemessene Verhalten, nicht nur die erforderlichen Fertigkeiten untersucht, sondern vor allem auch die innere Haltung und Überzeugung, die nötig ist, um einen Wert wirklich wertvoll werden zu lassen. Oft bedarf es einer Zukunftsperspektive, einer Vision, in deren Licht alles anders aussieht und auch das Selbstwertgefühl des Menschen sich drastisch verändert.

Im Coaching wird es immer darum gehen, ein ökologisches Gleichgewicht der Werte herzustellen. Es gibt viele verschiedene Werte, und manche scheinen sich gegenseitig auszuschließen. Konflikte ergeben sich dort, wo die eigenen Werte mit den Werten der anderen oder einer Gesellschaft kollidieren. Das Problem ist nur lösbar, wenn von einer höheren Ebene aus eine gemeinsame Vision entsteht – der gemeinsame Nenner wird dann der Wert sein, auf den alle Beteiligten sich einigen können. Je großmaschiger das Netz, unter dem die Gemeinsamkeit eingefangen werden kann, desto größer die Chance der Einigung.

Individuelle Werte und Kriterien legen Bedeutungen fest und leiten unser Handeln auf verschiedenen Ebenen: Sie bestimmen unsere Reaktion auf die Umwelt, lenken unsere Verhaltensweisen, bestimmen über den Einsatz unserer Fähigkeiten mit und definieren uns in wesentlichen Teilen unserer Identität. Darüber hinaus stehen sie in enger Verbindung mit unseren persönlichen und sozialen Glaubenssystemen, aus denen sich auch religiöse oder philosophische Haltungen herleiten, die unser umfassendstes Verständnis von Welt beinhalten. So schließt sich der Kreis: Durch die Arbeit mit Werten entwickeln wir allmählich Verständnis sowohl für uns selbst als auch für andere Menschen.

In der Auseinandersetzung mit fremden Werten oder eigenen Werten, die uns fremd sind oder bislang nicht bewusst waren, hilft es, sich immer wieder vor Augen zu halten, dass Werte keine objektive, letzte Gültigkeit haben, sondern vorläufige Orientierungshilfen sind. Allerdings ist die Auseinandersetzung mit Werten unerlässlich, weil sie im Seelenleben Ordnung schafft. Will ich einen anderen Menschen verstehen, so können Werte als Richtlinien Aufschluss geben darüber, wie dieser Mensch sich selbst ausrichtet.

Die Werte und Kriterien selbst können in eine Rangordnung gebracht werden. Diese Ordnung der Prioritäten gibt Aufschluss darüber, was unter bestimmten Kontextbedingungen als wichtig erachtet wird und was als nicht wichtig beziehungsweise was als nachrangig in seiner Bedeutung erachtet wird. Die Kenntnis von und der Umgang mit Werten und Kriterien zählt zu den grundsätzlichen Kompetenzen von Coachs und Beratern.

Werte können situationsbedingten Kontexten angepasst werden – im Coaching geht es oft darum, die individuellen Wertehierarchien mit den vorgegebenen Werten eines Unternehmens oder einer Gesellschaft, in der man arbeitet oder lebt, abzustimmen – das bedeutet nicht, die eigenen Werte aufzugeben, sondern sie anzugleichen und auf den jeweiligen Kontext hin zu überprüfen.

Werte können ausgehandelt werden und müssen gegebenenfalls neu verhandelt werden. Einen Mensch mit Prinzipien nennt man jemanden, der sich dieser Notwendigkeit des Aushandelns und Verhandelns widersetzt, weil er die eigenen Werte auf jeden Fall durchsetzen möchte. Äußere Konflikte entstehen, wenn die eigenen Prinzipien mit den Prinzipien eines anderen Menschen oder eines Systems kollidieren.

Übung: Sich der eigenen Werte bewusst werden

Wenn Sie sich unwohl, aufgebracht oder inkongruent fühlen, nehmen Sie sich einen Augenblick Zeit, und spüren Sie nach, was durch das äußere Geschehen in Ihnen ausgelöst wurde. Oft verbirgt sich hinter dem Unbehagen, das sich in Wut, Schmerz oder Resignation äußert, eine Verletzung. Hinter der Verletzung verbirgt sich der Grund – der Wert, der in Ihnen angesprochen wurde.

Wenn jemand sich respektlos verhält, und dies geht Ihnen nahe, dann ist Respekt ein Wert für Sie. Wenn Sie unverhältnismäßig unter Lampenfieber leiden, dann ist diese Angst ein Hinweis darauf, dass eine gute oder sogar eine außerordentliche Leistung für Sie einen großen Wert darstellt. Fragen Sie sich: Was ist wichtig im Leben? Auf was möchten Sie auf keinen Fall verzichten müssen? Und wie würden Sie darauf reagieren, wenn Sie gezwungen wären, ohne diesen Wert auskommen zu müssen?

Beschreiben Sie Ihre (vorgestellte) Reaktion, und vergleichen Sie sie mit Reaktionen, die Sie von sich selbst im Leben kennen. Vergleichen Sie dann den Wert, den Sie der Reaktion zugeordnet haben, und fragen Sie sich, ob der Begriff, der sich mit dem bezeichneten Wert verbindet, irgendetwas in Ihnen bewegt. Um der inneren Bewegung nachzuspüren, entwerfen Sie einen inneren Film oder ein inneres Theaterstück, bei dem es um diesen Wert geht: Welche Szene berührt Sie am meisten?

Machen Sie sich nun auf die Suche nach weiteren Werten, die diese berührende und emotional bewegende Wirkung auf Sie haben. Machen Sie eine Liste von Werten, und ordnen Sie erst später diese Werte nach Rang und Wichtigkeit. Listen Sie auch Werte auf, die Ihnen zwar einfallen, aber zunächst nicht wichtig zu sein scheinen. Versehen Sie sie mit einem Fragezeichen, aber schreiben Sie sie auf.

Erst dann, wenn Ihnen keine Werte mehr einfallen wollen, gehen Sie dazu über, eine vorläufige Ordnung in Ihre Auflistung zu bringen. Durch die Anordnung Ihrer Vorlieben, Wünsche, Visionen, Bedürfnisse und geheimsten Sehnsüchte bringen Sie Ordnung in Ihr Leben. Dies ist ein Teil des Selbstmanagements. Wenn das Gefühl für die eigenen Werte fehlt, wird man zeitlebens fremdbestimmt bleiben – und sich vielleicht dessen nie bewusst werden, sondern nur immer wieder ein unerklärliches, vages Unbehagen bemerken.

Übung: Das Aushandeln von Werten im Werteprozess

Ein wesentliches Interesse im Coachingprozess ist es, dem Kunden mehr Wahlmöglichkeiten anzubieten, als er bisher zur Verfügung hatte. Dadurch sollen neue Sichtweisen entstehen, die „eingefrorene Realitäten" auflösen. Eine Möglichkeit besteht darin, die vorhandenen Werte des Coachings für diesen Prozess zu nutzen. So kann man jeden unangenehmen Zustand Schritt für Schritt verbessern oder vielleicht sogar ganz beheben.

… So kann man jeden unangenehmen Zustand Schritt für Schritt verbessern oder vielleicht sogar ganz beheben. Vorher sollten mit dem Coachee die für ihn zentralen Werte (das Problem betreffend) erarbeitet werden. Jeder Wert wird auf einer eigenen Karte notiert.

1. *Schritt:*
   Der Coachee beschreibt die problematische Situation. Anschließend wählt er ein (Code-) Wort, dass in seinen Augen für das Problem stehen kann und beschriftet damit einen Zettel, der in die Mitte des Raumes gelegt wird.
2. *Schritt*
   Ein zweiter Zettel wird im Raum ausgelegt. Er bezeichnet einen neutralen Ort.
3. *Schritt*
   Aus dieser Position heraus betrachtet der Coachee die problematische Situation und entscheidet sich für einen der zuvor ausgewählten und notierten Werte.
4. *Schritt*
   Der Coachee legt die Karte des zuerst ausgewählten Wertes im Raum aus und macht sich die Idee zugänglich. Dafür geht er davon aus, in seinem ganzen Tun und Handeln von diesem Wert bestimmt zu werden. Der Coachee schaut durch die „Brille der Idee" und sammelt neue Interpretationen und neue Realitätskonstruktionen.
5. *Schritt*
   Er macht sich den Wert vollkommen klar und nimmt die daraus resultierende Idee. In diesem Zustand geht der Coachee auf den Zettel, der das Problem bezeichnet und fügt die Idee dem dortigen Erleben hinzu.

   Der Coach achtet bei diesem Schritt auf Physiologieveränderungen.
6. *Schritt*
   Schritt 3–5 wird mit den übrigen Werten wiederholt, bis die gewünschte Veränderung erreicht ist.

Übung: Wertschätzung entwickeln

Wertschätzung als innere Haltung ist das hervorstechendste Merkmal eines guten Coachs. Dabei ist es wichtig, Wertschätzung als mehr als nur ein äußerliches Attribut, sozusagen als eine Form der Höflichkeit, zu praktizieren. Wertschätzung zeigt sich in einer Haltung der Achtung, einer besonderen Art der Achtsamkeit. Um Achtsamkeit zu entwickeln, ist es wichtig, Verachtung zu entdecken – zuerst bei sich selbst.

Entdecken Sie in der Flut Ihrer alltäglichen Erfahrungen bestimmte Verhaltensweisen, die auf unbewusste Haltungen zurückgehen und insbesondere negative Wertungen hervorrufen. Achten Sie auf Abwertungen, und verfolgen Sie diese negative Haltung zu ihrem Ursprung, soweit es Ihnen möglich ist. Dies gilt besonders für die Abwertung anderer oder Ihrer eigenen Person – welches Vorbild hat Sie dazu veranlasst, dieses Verhalten zu erlernen?

Ersetzen Sie diese spezifische Lernerfahrung durch den allgemeinen Vorsatz, anderen Menschen grundsätzlich und bedingungslos mit Achtung, Wertschätzung und Ehrfurcht zu begegnen. Diese Wertschätzung bezieht sich nicht auf ein Verhalten, das Sie nicht akzeptieren oder tolerieren, sondern auf den Wert eines Menschen an sich. Sie können diese Übung auf alle Lebewesen ausweiten. Sie lernen dabei, den Wert des Lebens an sich wertzuschätzen und ihm Respekt zu zollen.

DER SYSTEMISCHE ANSATZ

Er erklärt, warum bei scheinbar gleichen Werten oft Uneinigkeit und bei scheinbar völlig auseinander strebenden Werten Einigkeit bestehen kann: Menschen reagieren auf die individuelle Abbildung der Realität und nicht auf die Realität selbst. Die Realität der Werte wird subjektiv erlebt, auch wenn aufgrund von Glaubensüberzeugungen und Ideologien den Werten eine objektive Gültigkeit beigemessen wird.

Menschen finden sich in der Welt mithilfe von Werten zurecht. Diese Welt wird von jedem Menschen anders, eben subjektiv und nicht objektiv erlebt. Die Welt wird in einem jeweils einzigartigen Modell im Gehirn abgebildet und als „innere Landkarte" bezeichnet. Dort sind Werte verzeichnet, die eine große Bedeutung haben –

aber Bedeutungen sind immer nur vorläufige Deutungen. Es sind Interpretationen und somit Konstruktionen einer subjektiven Welt.

Alles subjektive Erleben ist unabgeschlossen und unvollkommen. Keine innere Landkarte ist vollständig, da keine Landkarte die Welt vollständig darstellen kann. Niemand kann aus seinem System ganz aussteigen, aber der Dialog zwischen den Systemen über das, was wichtig ist, bringt einen übergeordneten Wert ins Bewusstsein aller Beteiligten, und dieses Bewusstsein wirkt auf das Ganze zurück. Es ist kein traditionelles oder konventionelles Wertebewusstsein, sondern ein Bewusstsein für Werte, das sich ganzheitlich (systemisch) vermittelt hat.

ZITATE

- In einem gewissen Alter wird ein Überprüfen der Werte notwendig; es bedarf aber einer besonderen geistigen Freiheit, um sich vom Anerkannten loszumachen. *André Gide*
- Die Weltanschauung ist nicht selten Mangel an Anschauung. *Ludwig Marcuse*
- Es gibt mehr Religionen, als es Wahrheiten geben kann. *Werner Mitsch*
- Benennen Sie, was benannt werden kann – richten Sie sich aus nach dem, was nicht benannt werden kann. Das nennen wir Zen. *Philip Toshio Sudo*

Zeichen

Ein Zeichen kommt selten allein.

Die Philosophie

Zeichen sind in verschiedenen Zusammenhängen gebräuchlich. Sie werden bewusst oder unbewusst eingesetzt. Oder auch nur als solches empfunden. Was ein Zeichen ist, wie es wirkt und welche Funktion es hat, ist abhängig davon, um welche Art Zeichen es sich handelt. Auch das Zeichen im systemischen Arbeiten schillert.

Das Zeichen als Platzhalter: Es steht für etwas anderes. Gäbe es das andere nicht, das auszudrücken ist, stände da kein Zeichen.

Das Zeichen als Abstraktion: Es existiert auf einer anderen Ebene als der Inhalt, den es repräsentiert. Zeichen müssen entziffert werden, dafür aber nicht äußerlich abbilden, wofür sie stehen, manche Zeichen müssen wir lernen.

Das Zeichen als Gestalt: Es führt ein Eigenleben, das unabhängig vom Inhalt ist, für den es da steht. Zeichen können sich ihrer Funktion widersetzen. Wir können fehlgehen mit unserer Interpretation, indem wir die Gestalt einer anderen Assoziationswelt zuordnen als vom Zeichensetzer beabsichtigt.

Zeichen existieren in zweifacher Weise: im Bewusstsein des Zeichen Setzenden und in dem des Entziffernden. Ist das Zeichen einmal im Umlauf und sichtbar für andere, entwickelt es in den Augen der Entzifferer ein „Eigenleben", das sich zurückführen lässt auf die Verbindungen, die es mit dessen eigener Innenwelt eingeht.

Zeichen sind überlegte Produkte: Jemand entscheidet, dass in einer Situation ein Zeichen notwendig sei. Das Zeichen, das am treffendsten zu sein scheint, wird ausgewählt.

Zeichen entstehen ohne zutun: Das Zeichen wird nicht bewusst gesetzt, sondern speist sich aus einer anderen Ebene, einer Existenz „im Schatten". Aber wer weiß, was auf dem Weg zwischen den Ebenen geschieht? Oder inwiefern die eine Qualität durch die andere abgebildet werden kann?

Das Zeichen als Abkürzung: Das was hinter, unter, in dem Zeichen steckt, ist reichhaltiger, komplexer und ausufernder als das Kürzel. Daher ist das Kürzel praktisch.

Das Zeichen als Umweg: Das Zeichen löst Assoziationen aus, es überschwemmt den Rand dessen, wofür es stehen soll und geht eigene Wege. Da folgen wir manchmal. Und wohin?

Das Zeichen bildet eine Brücke. Es ist ein gute, sichere Verbindung zwischen dem, was gesagt werden soll, und dem, der es verstehen möchte. Umso sicherer, je genauer.

Das Zeichen ist ein Sprungbrett für unsere Phantasie: wir nutzen die Anregung und die Weitung der Perspektive, die entsteht, wenn wir die teils unoffensichtliche Bedeutungsschichtung eines Zeichens wählen, statt die gewohnten Formeln zu nutzen.

Pragmatisches, systemisches Denken befasst sich mit den Ableitungen und Umleitungen, indem indirekte Wege beschritten werden, statt dass man sich direkt mit der Materie auseinandersetzt. Nicht das Objekt, der Inhalt, das Was ist interessant, sondern das subjektive Erleben, die intersubjektiv ausgehandelte Bedeutung, die Form, die sich daraus ergibt – das Wie wird zum Thema.

Die Erklärung einiger Begriffe kann ein erweitertes Verständnis der systemischen Betrachtung des praktischen Zeichengebrauchs, so etwa in der Beratungssituation, vermitteln.

Nicht das Was, sondern das Wie ist in der Beratungspraxis entscheidend. Es reicht nicht, irgendwie irgendwelche Umdeutungen dem Ratsuchenden anzubieten – es muss auch „passen".

Das Prinzip der Passgleichheit wird in der Beratung insofern von Bedeutung, als die Lösung *entstehen* kann, statt vorgegeben zu sein. Der Coach denkt sich in die Denkweise und das Weltmodell des Coachees ein und konstruiert zusammen mit ihm Alternativen, die er als Außenstehender in Form von Möglichkeiten im Kopf beziehungsweise auf seiner Landkarte hat. Das Neuland allerdings muss der Coachee selbst betreten.

Was veranlasst Sie zu dem Gedanken, dass …? Was könnte ein Zeichen dafür sein, dass …? Woran machen Sie fest, dass …? Was löst dieses Gefühl in Ihnen aus? Wie kommen Sie auf diesen Gedanken?

DIE PRAXIS

Kommunikation ist der Austausch von Informationen, wobei diese in Form von Zeichen vermittelt werden. Botschaften werden nicht direkt und unmittelbar übermittelt, sondern müssen sich eines Systems von Zeichen bedienen, deren Deutung und Bedeutung wiederum abhängig ist vom subjektiven Erleben des Empfängers und darüber hinaus von Deutungskontext und Deutungsgemeinschaft. Die Zeichen sind also in ihrer Bedeutung nicht nur explizit bestimmt, sodass es reichen würde, im Wörterbuch nachzuschlagen, sondern implizieren oft auch Nebenaspekte.

Ein großer Teil der Botschaften innerhalb einer Kommunikation wird implizit, also verdeckt oder versteckt vermittelt. Dies kann durch Körpersprache, Mimik, Tonfall oder verbale Andeutungen und auch durch unbewusste Versprecher geschehen. Wer solche Botschaften nicht wahrnimmt oder nicht wahrnehmen will, dem entgeht ein Gutteil der Information, die in der Kommunikation enthalten ist.

Jeder Mensch verfügt über einen inneren „Erkennungsdienst" für Symbole: Bestimmte Erkennungsmerkmale signalisieren dem Unbewussten, dass eine Situation vorliegt, für die es in seinem Verhaltensrepertoire ein schon durch Gewöhnung ausgebildetes und unwillkürlich ablaufendes Verhaltensmuster gibt. Dieses wird dann „automatisch" gewählt, auch wenn das Bewusstsein in der Situation ganz anders entschieden und sich folglich ganz anders verhalten hätte – ein „irrationales" Verhalten wird eingeleitet. Solche Auslöserreize bei sich und anderen zu erkennen und bewusst neue Reaktionsmuster zu fördern erfordert große Sensibilität.

Um eine gelungene Kommunikation oder Interaktion zu garantieren, ist einerseits also die Wahrnehmung zu sensibilisieren und auf solche Zeichen zu achten, andererseits ist eine offene Feedbackkultur zu fördern, die die unbewussten, impliziten Botschaften durch explizite und bewusste Aussagen ersetzt. Feedbacks enthalten Informationen über Auswirkungen und laufen meist unbemerkt ab. In jedem Gespräch finden viele unbewusste Feedbackschleifen (das heißt Reaktionen auf Reaktionen, die sich zu Reaktionsmustern verbinden und als solche sich verselbstständigen) statt.

Man kann eine Feedbackkultur zum Beispiel in einem Unternehmen anstreben: Dadurch entsteht ein offenes Klima. Ein solchermaßen durch Feedback Versorgter kann sich der Differenz von Absicht und Wirkung bewusst werden und realistisch überprüfen, ob die Reaktionen, die seine Botschaften bewirkt haben, in seinem Sinne sind. Feedback ermöglicht Korrektur – die Botschaften können das nächste Mal so abgefasst werden, dass sie eher die beabsichtigen Reaktionen bewirken.

Für die Kunst, konstruktiv Feedback zu geben, gelten zwei Regeln:

1. Als Erstes wird benannt, was gut war an dem, was beobachtet wurde. Es wird auf den Absender und seine Ansicht eingegangen.
2. Erst an zweiter Stelle werden Vorschläge zur Verbesserung unterbreitet. Damit werden neue Richtlinien aufgezeigt, wohin es in Zukunft gehen könnte.

Wir reagieren nicht auf die Ereignisse selbst, sondern auf die Vorstellungen, die wir im Zusammenhang mit diesen Ereignissen ausgebildet haben. Diese Erkenntnis wird in der Technik des Reframings (des Neurahmens) praktisch genutzt, indem durch die Umdeutung oder Neudeutung einer negativen Vorstellung die Wirkung neutralisiert oder positiv umgepolt wird. Reframing verändert die Wirkung, die bestimmte Wahrnehmungen auf uns ausüben, und ermöglicht eine neue Sichtweise. Reframing ist also die Konstruktion eines neuen Bezugrahmens.

Als Ansatzpunkt kann die Unterscheidung von Absicht und Auswirkung dienen: Im ersten Vorgehen fragt man nach der positiven Absicht, die dem Verhalten zugrunde liegt. Im zweiten Vorgehen fragt man nach den positiven Auswirkungen, die ein vermeintlich negatives Verhalten hat, und gelangt zu Neurahmungen.

Beispiel: Das Reframing von Kundeneinwänden

Annahme:

Jedes Verhalten hat eine positive Absicht – auch wenn diese oft nicht sofort erkennbar ist.

Ziel:

Man erkennt die positive Absicht des Verhaltens und erarbeitet andere Handlungsmöglichkeiten, die zum Ziel führen.

Prozess:

1. Überlegen Sie sich einen oder mehrere Einwände, die Ihnen im Kundenkontakt begegnen.
2. Überlegen Sie: Welche positive Absicht (für sich selbst) verfolgt der Ratsuchende mit diesem Einwand?
3. Überlegen Sie: Was können Sie tun, damit der Ratsuchende seine positive Absicht erreicht, die er mit diesem Einwand verfolgt (ohne dass er einen solchen Einwand äußern muss)?

Übung zum Reframing

Ziel:

Schwierige Führungssituationen sollen in einen neuen Rahmen gebracht werden.

1. Beschreiben Sie in Stichworten eine selbst erlebte schwierige Führungssituation!
2. Analysieren Sie die oben beschriebene Führungssituation nach folgenden Gesichtspunkten: Wer ist Ihr Konfliktpartner, und wie verhält er sich konkret? Für welche positive Absicht steht dieses Verhalten für den Konfliktpartner?
3. Was können Sie tun, damit der Konfliktpartner seine positive Absicht erreicht, ohne dass er das konfliktauslösende Verhalten praktizieren muss?
4. Arbeiten Sie den positiven Aspekt des konfliktauslösenden Verhaltens des Mitarbeiters für Sie selbst heraus. In welcher Situation könnte das Verhalten für Sie nützlich sein?
5. Bilden Sie Dreiergruppen, präsentieren Sie ein Beispiel in der Gruppe, und diskutieren Sie es mit Ihren Kollegen.

Im Coaching geht es oft mehr um die Metakommunikation, die hinter der offensichtlichen und bewusst eingesetzten Kommunikation steht und durch ihre Auswirkungen eine weitere Ebene der Kommunikation einführt. Hier ist es wichtig, einen Sinn, ein Gefühl oder einen Blick für Metabotschaften zu haben, um die Zeichen zu lesen.

Coachinggespräch: Beispiel 1

Der Geschäftsführer, Herr A., sprach über Probleme in der Firma: „Ich möchte, dass Sie mir helfen, die Motivation der Mitarbeiter zu steuern", und berührte während des Sprechens ständig seine Ohren. Diese nonverbale Botschaft deutete der Coach so, dass Herr A. einige Argumente seiner Mitarbeiter nicht mehr hören konnte. Indem der Coach diese Deutung transparent machte und Herrn A. übermittelte, war es kein Gedankenlesen mehr, sondern die „Dekoration" zur Bedeutung seiner Botschaft.

Wichtig ist immer die Transparenz, da es unterschiedlich konkrete Botschaften mit eigenen Regeln und Beschreibungssprachen, also mit unterschiedlichen inneren Landkarten, gibt.

Um einen genauen Kontextbezug zu erhalten, fragte der Coach Herrn A.: „Wenn ich Frau B. aus der Personalabteilung zum Thema Motivation befragen würde, was würde sie mir dazu erzählen?"

Herr A. ging nun genau auf die Knackpunkte in seiner Firma ein, die er sonst vielleicht nicht erzählt hätte, da er es ja eigentlich nicht mehr hören konnte.

Coachinggespräch: Beispiel 2

Im Erstgespräch saßen sich Coach und ein potenzieller Coachee, Herr D., gegenüber. Herr D. stellte zunächst einige Fragen zum Verlauf von Coachingsitzungen, und es kam zu einem längeren Gespräch; der Coach hatte den Eindruck, Herr D. wolle sich erst einmal mit ihm unterhalten.

Irgendwann aber zog er das Jackett aus und krempelte die Ärmel seines Hemdes hoch. Diese nonverbale Botschaft ließ sich so deuten, dass es in seinen Augen Zeit wurde, zum praktischen Teil überzugehen – obwohl Herr D. immer noch Fragen stellte, also verbal eher den Eindruck von weiterem Gesprächsbedarf vermittelte. Also schlug ihm der Coach eine erste Übung vor, die er auch gleich ausprobieren wollte.

Der Coach klärte ihn, um transparent zu bleiben, darüber auf, wie er seine Botschaft aufgenommen hatte. Herr D. erwiderte darauf, dass er zwar noch Fragen hatte, aber etwas unkonzentriert war, sodass der Zeitpunkt, aktiv zu werden, gut gewählt war.

Der systemische Ansatz

Zeichen werden immer unter dem Vorzeichen ihrer systemischen Einbindung in ein Beziehungsgeflecht betrachtet: Es gibt keine Zeichen mit einer objektiv festgelegten Bedeutung, da die Bedeutung selbst das Ergebnis von wechselwirkenden Zusammenhängen (also Kontexten sozialer, kultureller oder religiöser Art) im Sinnzusammenhang und von Beziehungen zwischen den Deutungsteilnehmern ist.

Zitate

- Ton knetend formt man Gefäße. Doch erst ihr Hohlraum, das Nichts, ermöglicht die Füllung. Das Sichtbare, das Seiende, gibt dem Werk die Form. Das Unsichtbare, das Nichts, gibt ihm Wesen und Sinn. *Laotse*
- Begriffe sind Bildzeichen für oft wiederkehrende Empfindungen. *Friedrich Nietzsche*
- Durch Worte und Begriffe werden wir immer wieder verführt, die Dinge uns einfacher zu denken, als sie sind. *Friedrich Nietzsche*
- Jeder große Philosophie sagt immer: Lerne aus dem Bild deines Lebens den Sinn deines Lebens. *Friedrich Nietzsche*
- Die Grenzen der Sprache sind die Grenzen der Welt. *Ludwig Wittgenstein*
- Mit jeder Sprache, die ausstirbt, wird ein Bild des Menschen gelöscht. *Octavio Paz*
- Es ist erstaunlich, wie wenig die Menschen einander verstehen, aber noch viel erstaunlicher, wie wenig es darauf ankommt. *Hans Krailsheimer*

Zeit

Wenn das Jenseits nicht jetzt da ist, wann dann?

DIE PHILOSOPHIE

Zeit ist die vom menschlichen Bewusstsein wahrgenommene Form der Veränderung: im Entstehen, Werden, Fließen und Vergehen in der Welt. Wenn jemand sagt, er habe keine Zeit, dann bedeutet dies, dass die Zukunft für ihn eine lückenlos besetzte Kette von Tätigkeiten und Erlebnissen ist, in die er keine weitere Tätigkeit einschieben kann. Nur im Jetzt fallen Zeit und Gelegenheit zusammen: Dieser Zeitpunkt des richtigen Augenblicks zwischen „zu früh" und „zu spät" muss wahrgenommen werden, damit überhaupt etwas getan werden kann.

Zeit kann nur durch Anzahl und Dauer der Ereignisse geschätzt beziehungsweise wahrgenommen werden. Als Zeiterleben wird das bewusste Erfassen zeitlicher Abstände wie „kurz" und „lang" oder die zeitliche Aufeinanderfolge von Vergangenheit, Gegenwart und Zukunft bezeichnet. Außerdem ist das Zeiterleben vom Gedächtnis abhängig, denn dieses ist die Voraussetzung für die Leistung, eine zeitliche Reihenfolge über längere Zeitspannen hinweg richtig einzuschätzen und anzugehen. Beim Menschen ist diese Fähigkeit erst im Alter von acht Jahren voll entwickelt.

Die Zeitwahrnehmung beruht auf einer subjektiven Zeitschätzung und ist erst durch die Erfindung der Uhr objektivierbar geworden. Teilnahme oder Teilnahmslosigkeit bestimmen das Erleben von Zeit: Manchmal „schleicht die Zeit dahin", ein anderes Mal „verfliegt" sie geradezu.

Immer häufiger wird die Zeit auch als etwas beschrieben, dem keine objektive Realität zuzukommen scheint – der subjektive und

222

damit psychologische Aspekt des Zeiterlebens gewinnt an Bedeutung. Vergangenheit, Gegenwart und Zukunft sind Erlebniseinheiten, die sich jeweils aufeinander beziehen.

Der Begriff der „Zirkularität der Zeit" meint genau dies: Wir können unsere Vergangenheit nicht unabhängig von unserer Zukunft erleben, denn was wir unmittelbar zu erleben glauben, ist schon durch eine Deutung vermittelt. Diese Deutung wirkt auf das Gesamte ein, und das Gesamte spiegelt sich wider im Erleben des Jetzt.

Der tröstende Satz „Morgen sieht alles ganz anders aus" meint nicht das Eintreten des morgigen Tages auf dem Kalender, sondern eine Zeit, in der das alte Zeiterleben überholt ist und sich aus einem neuen Erleben neue Deutungsmöglichkeiten ergeben haben. „Die Zeit heilt alle Wunden" verspricht auf ähnliche Weise, dass das Vergehen der subjektiven Zeit sich auswirkt auf die subjektiven Deutungsmuster, die ähnlich wie die Zeit und das Erleben dem steten Wandel und der Vergänglichkeit unterworfen sind.

Der Gegenwart kommt besondere Bedeutung zu. Gegenwart ist ein Synonym für Anwesenheit und die Zeitbezeichnung für das Präsens. Es klingt darin an, dass Gegenwart durch das Gegenüber entsteht, wobei das Gegenüber durch andere Anwesende oder auch durch die Vergegenwärtigung von vergangenen und erinnerten ebenso wie von zukünftigen, erwarteten Ereignissen verkörpert ist.

Die Vorstellungskraft ist die Kraft, sich etwas ins Bewusstsein, in die Gegenwart zu holen, also sich etwas zu vergegenwärtigen. Die inneren Abbilder des Erlebten, die „Repräsentationen", werden ins Präsens geholt, sie werden wieder lebendig. Einmal vergegenwärtigt, können diese Vorstellungen nun dieselbe Präsenz erhalten wie das, was gerade erlebt wird. Auf diese Eigenart des subjektiven Erlebens stützen sich die meisten Techniken, die mit der Vorstellungskraft arbeiten und durch Als-ob-Tun neue Wirklichkeiten (er)finden – nämlich indem sie sie heraufbeschwören und lebendige Gegenwart werden lassen.

Zukunft ist insofern nicht nur eine zeitliche Dimension, sondern ein Raum, in dem sich Möglichkeiten auftun – sonst ist sie keine Zukunft im subjektiv erlebten Sinne: Man hat nur eine Zukunft, wenn man auch eine Wahl hat. Je mehr sich die Palette der Wahlmöglichkeiten erweitert, desto mehr weitet sich auch der Bewusstseinshorizont, der die zeitlichen Erlebniseinheiten überspannt. Zukunftsarbeit ist Bewusstseinsarbeit, Zukunftserweiterung ist Bewusstseinserweiterung.

Da diese Arbeit jedoch über den gewöhnlichen personalen Bereich hinausgeht, braucht sie ein übergreifendes Konzept, wie es etwa in der Tiefenpsychologie nach Jung und der transpersonalen Psychologie nach Grof, Sheldrake und Wilber erforscht wird. Am Ende seines Lebens befasste sich Jung zunehmend mit dem Phänomen der Synchronizität (Gleichzeitigkeit), das heißt dem subjektiv als bedeutungsvoll erlebten gleichzeitigen Zusammentreffen zweier Ereignisse, die nicht in einer Ursache-Wirkungs-Kette verbunden sein können (da sie ja gleichzeitig geschehen).

Auch das Phänomen der Serialität (veranschaulicht in dem Sprichwort: Ein Unglück kommt selten allein), das er zusammen mit dem Physiker Wolfgang Pauli erforschte, scheint seine Annahme zu bestätigen, dass Zeit nicht nur linear-kausal, als Sequenz des Nacheinander bewusst wird, sondern sich auch nach akausalen Mustern anordnet und zu archetypischen Bildern zusammensetzt, die innerhalb eines Feldes als Energien wirken.

Die Serie, die sich zum Beispiel aus einer „Pechsträhne" ergibt, ist auf den Archetyp „Pech" zurückzuführen. Um das innere Bild „Pech" ordnen sich Ereignisse an, die als Pech gedeutet werden. Es versteht sich von selbst, dass Archetypen natürlich nur im subjektiven Erleben wirksam sind und sich nicht objektiv messen lassen; intersubjektiv, das heißt in Beziehung und im Austausch zwischen Subjekten, werden solche Muster gemeinsam aktiviert. Archetypen sind eine intersubjektive Wirklichkeit und werden durch Interaktionen verwirklicht.

Um die Zukunft nicht nur im technischen, sondern auch im sozialen Zusammenhang ökologisch testen zu können, empfiehlt es sich, mit dem Prinzip des Feldes als umfassender und übergeordneter Einheit zu arbeiten. Dieses Feld wird bei C. G. Jung (1998) „Unus Mundus", bei dem Phänomenologen Maurice Merleau-Ponty „Leib der Welt" (Beumes 1998), bei Ruth Cohn (1975) „Globe" und bei Arnold Mindell (1994) „Traumkörper" genannt. Das „Einheitsbewusstsein" – im Übrigen eine nicht ganz zutreffende deutsche Übersetzung – betrifft auch die Zeit und das Zeiterleben: Die Einheit, die wir in der Meditation erfahren, gilt nicht nur für die momentane Einheit des Augenblicks mit allem, was um uns herum ist, sondern, zeitlich gesehen, auch mit dem, was war (Vergangenheit) und was kommen wird (Zukunft). Zukunft ist nicht nur das, was auf uns zukommt, sondern auch das, was uns zukommt als Folge der vorgegangenen Vergangenheit.

Prozessoptimierung im persönlichen Bereich wird durch Strategiearbeit erreicht, bei der es nicht nur um die Makrostrategien, die großen Bewegungen, geht, denn diese – die Makrostrategien – überprüfen auch die meist unbewussten, gewohnheitsmäßig ablaufenden Mikrostrategien auf ihre optimale Wirksamkeit und Funktionalität hin. Zu diesen Mikrostrategien gehört auch das Timing.

Timing beruht auf der natürlichen, organischen Verbundenheit von Körper, Geist und Seele, der „Body-Mind-Einheit". Timing ist dort am einfachsten zu erkennen, wo es um körperliche Leistungen, insbesondere um Feinmotorik, geht. Tennis und Golf waren die ersten Disziplinen, in denen ein Mentaltraining entwickelt wurde, welches Body-Mind einsetzt und die persönliche Performanz mithilfe eines Coachs zu verbessern sucht. In diesen äußeren Leistungen wird das innere Spiel, das „Inner Game", sichtbar: Der Spieler des inneren Spiels verbessert seine Leistung, indem er sich darum bemüht, innere Hindernisse zu beseitigen.

Das subjektive Erleben von Zeit, die Bewusstseinsleistung der Vergegenwärtigung und der geistigen Anwesenheit sind Themen, die im Management und im Coaching oft angesprochen werden.

FRAGEN AUS DER BERATUNGSPRAXIS

Haben Sie sich als Kind gelangweilt? Wenn ja, wie wurde Ihnen zum ersten Mal bewusst, was Langeweile ist?

Wie gehen Sie mit Langeweile um? Woran merken Sie, dass Sie sich langweilen?

Wie würden Sie einem Kind erklären, was Langeweile ist? Wie würden Sie einem Kind erklären, was Zeit ist? Wie würden Sie einem Freund beschreiben, was Zeit für Sie ist?

Wie stellen Sie es an, sich in eine andere Zeit zu versetzen? Wie stellen Sie die Erlebniseinheit eines längeren vergangenen Zeitraums in der Erinnerung her? Wie stellen Sie die Erlebniseinheit eines längeren zukünftigen Zeitraums in der Vorstellung her?

Wie schaffen Sie es, sich wieder in die Gegenwart zu holen, wenn Sie merken, dass Sie innerlich abwesend waren? Woran machen Sie selbst Ihre innere Geistesabwesenheit fest? Woran merken die anderen zuerst, dass Sie innerlich abwesend sind?

Gibt es Situationen, in denen Ihnen das Vergehen der Zeit besonders auffällt? Gibt es Situationen, in denen Sie das Gefühl für die Zeit verlieren?

Kennen Sie das Gefühl der Zeitlosigkeit, und wenn ja, wann ist es Ihnen zum ersten Mal zu Bewusstsein gekommen? Neigen Sie zur Unpünktlichkeit? Wenn ja, wie würde es sich anfühlen, über Nacht ein pünktlicher Mensch geworden zu sein?

Achten Sie auf Pünktlichkeit? Wie würde es sich anfühlen, wenn Ihnen plötzlich Pünktlichkeit fremd wäre?

Kennen Sie die Erfahrung, dass sich die Zeit endlos dehnt? Was müssten Sie sich vorstellen, damit Sie dieses Zeitgefühl bewusst erzeugen könnten?

Haben Sie es erlebt, dass eine Zeitspanne wie im Zeitraffer vor Ihren Augen abläuft? Was müssten Sie tun beziehungsweise sich vorstellen, damit Sie die Zeit bewusst raffen könnten?

In welchen Situationen erleben Sie Zeitdruck? Wie meldet Ihnen Ihr Körper, dass Sie unter Zeitdruck stehen?

Woran denken Sie, wenn Sie denken, dass Sie mehr Zeit bräuchten? Welche inneren Bilder, Impulse, Motive, Ideen tauchen in Ihnen auf, wenn Sie sich mehr Zeit wünschen?

Woran würden Sie merken, dass Sie Zeit haben?

MANAGEMENTSTRATEGIEN

Mit Zeitmanagement bezeichnet man alle systematischen Maßnahmen innerhalb eines Unternehmens, um das knappe Gut „Zeit" strategisch, zielstrebig, ökonomisch und rational zu nutzen.

Eine erweiterte Form des Zeitmanagements ist das Prozessmanagement. Es besteht aus der strategischen Planung der einzelnen Schritte, Sequenzen und Phasen eines Prozesses: Womit wird begonnen, womit abgeschlossen? Das Procedere steht hier im Vordergrund.

Die Prozessberatung wendet sich an Menschen oder Unternehmen, die sich in Phasen der Veränderung befinden; dies können Krisen, aber auch Übergänge und Neuanfänge sein. Es geht darum, notwendige und angemessene Veränderungen zu initiieren, zu fördern und zu begleiten. Um dies zu erreichen, werden die entsprechenden Ressourcen eruiert und aktiviert sowie die persönliche Kreativität genutzt; es sollen möglichst viele Handlungsalternativen zur Verfügung gestellt werden, damit frei und verantwortungsbewusst agiert werden kann.

Wie der Prozess abläuft, wird durch das Procedere, die Vorgehensweise, bestimmt. Auf den Prozess selbst kann man nur bedingt Einfluss nehmen, das Procedere hingegen unterliegt der organisatorischen Kontrolle. Hier setzt die Beratung ein, um eine Optimierung zu erreichen. Im Vordergrund steht dabei die Organisation der Zeiteinteilung und der zeitlich gebundenen Abläufe.

Coachingtechniken

Innere Konflikte entstehen oft aus der Unmöglichkeit, mehrere Dinge gleichzeitig tun oder an mehreren Orten gleichzeitig sein zu können: Der Mensch besitzt nun einmal nur einen Körper, der sich immer im Jetzt befindet.

Aber auch Lösungen brauchen ihre Zeit. Es geht darum, beides miteinander zu verbinden: den Modus der Zeitübersicht mit dem Modus des unmittelbaren Erlebens von Gegenwart. Übersicht entsteht aus der Distanz – sie schafft Perspektive. Das Erleben hingegen ergibt sich aus dem Kontakt; es ist sinnlich, gefühlsbetont, körperbetont, sozusagen der „Fühlmodus".

Die Übersicht liefert viele Aspekte, und diese wiederum eine Vielfalt, die verarbeitet werden will. Übersicht ergibt sich aus dem Nach- und Vordenken – dem „Denkmodus". So wird Kontinuität geschaffen: Menschen brauchen diese Kontinuität, denn sie gibt Stabilität, Struktur und Halt. Durch eine zu einseitige Betonung der Stabilität geht die nötige Flexibilität verloren, der Fühlmodus wird nicht mehr eingeschaltet. Das Fühlen würde Räume eröffnen, Zeiträume, Gefühlsräume, Seinsräume; aber die Zeitlinie zieht das Bewusstsein mit sich fort, der Körper kann nicht entspannen.

Wenn dieses Gefühl vom Coachee als Rückmeldung kommt, ist es ratsam, eine Meditation anzubieten. Meditation besteht darin, sich auf den Atem zu konzentrieren und die Atemzüge zu zählen. Das gibt dem Bewusstsein Halt, damit ist es beschäftigt. Gedanken kommen trotzdem und gehen einem durch den Kopf, aber man kehrt immer wieder zum Atem zurück. Eine sehr effektive Atemtechnik ist, den Coachee beim Einatmen an all seine Ressourcen, schönen Momente, Bilder oder Worte denken zu lassen und das Ausatmen mit einem Lächeln zu beenden. Diese Übung dauert nur eine bis drei Minuten; schon nach dieser kurzen Zeitspanne ist das Ich, das die Kontinuität sucht und sich daran festhält, beruhigt. Es eröffnet sich ein Erlebnisraum ohne Denken – nur ganz kurz, für einen Moment.

Mit der Zeit gelingt es immer besser, zwischen Denk- und Fühlmodus zu wechseln. Der Zauberbann der linearen Zeit ist gebrochen, und „Auszeiten" stellen sich ein. Sie können Sekunden dauern, aber das reicht, um immer wieder zu einem Zustand der Ausgeglichenheit zwischen Spannung und Entspannung zu finden. Auszeiten laufen nebenher und fügen sich in die Kontinuität ein, ohne in die Leere abstürzen zu lassen; aber sie verleihen der Kontinuität ein Moment des Sprunghaften, Plötzlichen, sie durchsetzen die Stabilität mit Brüchigkeit.

Das ist die Chance. Die Ausnahme der linearen Zeit ist die Auszeit. Es geht darum, dieser Ausnahme immer wieder eine Chance zu geben, sodass sich ein Oszillieren zwischen Denken und Erleben einpendelt. Denn das gewohnte Denken vollzieht sich in festen Bahnen und zieht seine Kreise – Teufelskreise, wenn man sich nicht immer wieder dabei ertappt und das Muster durchbricht.

DER SYSTEMISCHE ANSATZ

Im systemischen Ansatz wird die Zeit mit ihren subjektiven Erlebniseinheiten als System betrachtet. Vergangenes sowie Zukünftiges sind als Repräsentationen abgespeichert; aber nicht nur die Vergangenheit, auch die Zukunftserwartung wirkt sich auf das Befinden in der Gegenwart aus und bestimmt die Interpretation der eigenen Vergangenheit.

Ist die Zukunftserwartung positiv gefärbt, so erscheint auch die schlimmste Vergangenheit sinnvoll – da sie doch offenbar nur dazu gedient hat, die positive Zukunft vorzubereiten. Wird für die Zukunft schwarz gesehen, dann verherrlicht man die Vergangenheit, auch wenn sie noch so unbefriedigend war, als die gute, alte Zeit; oder sie wird im Nachhinein als Vorbotin einer schlimmeren Zeit negativ umgedeutet. Dies gibt zumindest dem Recht, der nichts oder nur noch Schlimmeres oder gar das Schlimmste erwartet.

Eine positive Zukunftsperspektive kann also durchaus Rückwirkungen auf die Vergangenheit haben – zum Beispiel indem die eigene Herkunftsgeschichte als „wertvolle Lehre" aufgewertet wird. Wurde zum Beispiel die Vergangenheit früher als „schwierige Kindheit" gewertet, man aber nun von „frühen Herausforderungen" spricht, so verändert sich auch die Einstellung zur Zukunft, während die Gegenwart selbst schon anders erlebt wird.

ZITATE

- Nutze den Tag! *Horaz*
- Unnötig leidet, wer leidet, bevor es nötig ist. *Seneca*
- Wer jeden Abend sagen kann: „Ich habe gelebt", dem bringt jeder Morgen einen neuen Gewinn. *Seneca*
- Was aber ist die Zeit? Wenn ich selber darüber nachdenke, weiß ich's. Wenn mich aber jemand fragt, ihm die Zeit zu erklären, so weiß ich es nicht. *Augustinus*
- Kein weiser oder tapferer Mann legt sich auf die Schienen der Geschichte und wartet, dass der Zug der Zukunft ihn überfährt. *Dwight D. Eisenhower*
- Die Zeit ist immer reif, fragt sich nur, wofür. *François Mauriac*
- Wer keine Zeit hat, wird nicht reif. *Friedrich Georg Jünger*
- Zeit ist das, was man an der Uhr abliest. *Albert Einstein*
- Zu allen Dingen lasse man sich Zeit, nur nicht zu den ewigen. *Karl Kraus*
- Die Zeit ist ein unsicherer Verbündeter. Man weiß nie, für wen sie arbeitet. *Alberto Moravia*
- Die Zeit ist eine große Lehrerin. Schade nur, dass sie ihre Schüler umbringt. *Curt Goetz*
- Nur dem Anschein nach ist die Zeit ein Fluss. Sie ist eher eine grenzenlose Landschaft, und was sich bewegt, ist das Auge des Betrachters. *Thornton Wilder*
- Die Zukunft kommt in Raten. Das ist das Erträgliche an ihr. *Alfred Polgar*
- Aus der Vergangenheit kann jeder lernen. Heute kommt es darauf an, aus der Zukunft zu lernen. *Herman Kahn*

- Ich denke nie an die Zukunft – sie kommt früh genug. *Albert Einstein*
- Die Zukunft erkennt man nicht, man schafft sie. *Stanislaw Brzowski*
- Wer nicht mit der Zeit geht, geht mit der Zeit. *Helmut Kernler*
- Es ist nie zu spät, eine glückliche Kindheit gehabt zu haben. *Milton Erickson*
- Je mehr wir aus dem Heute machen, desto bessere Aussichten haben wir für die Zukunft. *Rients R. Ritskes*

Ziel und Zweck

Viele kleine Erfolge verstärken den Wunsch, sich ein großes Ziel zu setzen.

Die Philosophie

Man kann in philosophischer Hinsicht als Zweck ein Ziel bezeichnen, um dessentwillen etwas geschieht. Der Zweck bestünde also hinter dem Ziel. Man kann viele verschiedene Ziele zu demselben Zweck verfolgen, oder es kann notwendig sein beziehungsweise werden, die Ziele immer wieder neu zu definieren, während der Zweck gleich bleibt. Der Zweck ist wie eine Art Endpunkt; dieser Endzielpunkt ist wie ein übergeordneter Sinn, der allen Teilzielen einen Sinn verleiht und der sich nicht darin erfüllt, dass eines der Teilziele erreicht worden ist. Ziel und Zweck müssen immer zusammen betrachtet werden, denn die Zweckmäßigkeit eines Ziels wird dadurch bestimmt, inwieweit in ihm der Zweck als sinnvoll erlebt werden kann.

Dennoch ist die Unterscheidung zwischen Ziel und Zweck von entscheidender Bedeutung: Alle Zielorientierung, die nicht durch eine übergeordnete Zweckmäßigkeit bestimmt ist, wird auf Dauer in ein Gefühl der Sinnlosigkeit und tiefen Selbstentfremdung führen.

Einen Endzweck muss sich der Mensch in der Reflexion erarbeiten. Zwar werden Essen, Trinken, Schlafen und andere vegetative Lebensfunktionen autonom, also unwillkürlich reguliert, aber wenn das Leben keinen Sinn mehr hat, sind Essen, Trinken und Schlafen kein befriedigender Ersatz, sondern werden nur mehr als Vegetieren erlebt.

In einer Beratung sollte deshalb der tiefenpsychologische Aspekt der Sinnstiftung immer mit berücksichtigt werden, auch wenn es um ganz vordergründige Ziele geht. Beides ist wichtig: die Willensbildung aufgrund von Zielsetzungen und die Reflexion der Werte und des Zwecks, um derentwillen Ziele gewollt und angestrebt werden. Wille wird definiert als Fähigkeit, sich bewusst für ein Ziel zu entscheiden und ein Ziel anzustreben. Die Willensaktivität wird zu den kognitiven Fähigkeiten gerechnet und kann durch Zielsetzungen trainiert werden, wie es etwa in der Verhaltenstherapie geschieht; dies ist eine Möglichkeit der Selbstdisziplinierung. Die Tiefendimension hingegen wird durch eine tiefenpsychologisch orientierte Teleologie (Lehre von der Zielgerichtetheit) erfasst.

Eine solche Teleologie beruht auf folgenden Punkten:

1. Wir können uns das sinnvolle Ende vorstellen, indem wir uns im Vorlauf in den positiven Endzustand hineinversetzen, um aus der Rückschau den eigentlichen Sinn des ganzen Prozesses nicht nur einzuschätzen, sondern vielmehr unmittelbar zu erleben.

2. Diese Erfahrung ist mehr als das Ergebnis einer Reflexion über den Sinn des Lebens. Sie ist eine energetische Erfahrung, da man sich in die Energie des positiven Endzustandes „erfülltes Leben" hineinbegibt und dadurch unmittelbar das erfährt, was dem Leben auch jetzt schon seinen Sinn und eine neue, inspirierende Qualität verleiht.

3. Die Gegenüberstellung von „Was wurde schon aktualisiert?" und „Was könnte eine inspirierende Zielvorstellung sein?" eröffnet die Sicht auf brachliegende Potenziale, die noch nicht genutzt oder ins Spiel gebracht wurden. Jede Dynamik, die sich so teleologisch ausrichtet, hat bessere Chancen, nicht nur zum gewünschten Ziel zu führen, sondern auch das Leben insgesamt zu verbessern, und zwar weil ein hohes Maß an Energie eingesetzt wird.

Philosophische Übung

„Wie du beim Sterben gelebt zu haben wünschst, so solltest du jetzt schon leben": An diesem Motto des römischen Kaisers und Philosophen Mark Aurel orientiert sich die folgende Übung.

Ziehen Sie im Geiste eine Zeitlinie, auf der chronologisch die Ereignisse Ihres Lebens aufgereiht sind. Verlängern Sie diese Linie bis zum Ende Ihres Lebens, das unausweichlich ist und ebenso sicher wie die Tatsache Ihrer Geburt. Markieren Sie diesen Endpunkt und nennen Sie ihn „erfülltes Leben".

Nehmen Sie sich nun einen Augenblick Zeit, um den Wert dieses Endzwecks ganz zu erfassen. Finden Sie Möglichkeiten, die Ihnen helfen, sich noch mehr in diesen positiv besetzten Endzweck Ihres Lebens hineinzufühlen: Vielleicht entsteht ein innerliches Bild, aber auch eine Musik oder ein Klang in Ihnen, vielleicht kommen Erinnerungen an „gute Stunden", die Sie sich jetzt ins Bewusstsein rufen möchten.

Je sinnlicher diese Momente vor Ihnen stehen, desto mehr Bewusstsein erlangen Sie davon, und desto intensiver kommen Sie in Kontakt mit dem erfüllten Leben – auch wenn es jetzt noch nicht zu Ende ist. Sie schaffen ein Gefühl dafür. Und erst dann, wenn Ihnen der Endzweck so real erscheint, dass Sie ihn fast mit den Händen greifen können, wandeln Sie Ihre lineare Lebenslinie in einen Kreis um, in dessen Mitte der Endzweck als Punkt eingetragen wird. Nun ist er von allen Punkten der Peripherie gleich weit entfernt, das heißt, er ist in Ihrem Leben gegenwärtig, sobald Sie an ihn denken und sich seiner bewusst werden. Der Endzweck ist zu einem allgegenwärtigen, lebendigen Wert geworden.

Ihr Leben gewinnt desto mehr an Wert, je mehr Bewusstsein Sie dafür entwickeln, worauf es ankommt im Leben. Der Gedanke an den Tod vermindert das Leben nicht, sondern erhöht es. Wenn Sie es mit der täglichen Einübung ernst nehmen wollen, können Sie eine Art Tagebuch führen, in dem Sie eine Skala anlegen: Jeden Abend fragen Sie sich, wie Ihr Leben heute verlaufen ist, und tragen den entsprechenden Wert dieses gelebten Tages auf einer Werteskala zwischen eins und zehn ein.

Scheuen Sie sich nicht, genaue Unterschiede zu machen, denn diese feinen Unterschiede werden Sie auf eine Spur führen: die Spur zu sich selbst. Sind Sie Ihrem Endzweck, der sich als Sinn des Lebens offenbart, näher gekommen, oder haben Sie sich weiter von ihm entfernt? Wenn Sie nun den Kreis betrachten: Sind Sie jetzt gerade im Kontakt mit Ihrer Mitte, Ihrem Wesen und Selbst, oder haben Sie den Kontakt verloren? Fühlen Sie sich zerstreut, abgelenkt, von sich selbst entfernt oder entfremdet? Untersuchen Sie täglich, welche Erlebnisse, Gefühle, Gedanken und Handlungen Sie an den Punkt gebracht haben, an dem Sie sich vorläufig befinden. Schätzen Sie Ihre Lage ein, bestimmen Sie Ihre nächsten Ziele und behalten Sie den Endzweck im Auge, ohne sich darauf festzulegen.

Wozu sind wir hier? Wozu tun wir das? Was kommt unter dem Strich dabei heraus? Was bringt es letztlich?

MANAGEMENTSTRATEGIEN

Jedes systematische Management braucht Ziele, um wirken zu können; diese Ziele müssen operational, also durch einen Prozess oder ein Verfahren erreichbar sein. Das bedeutet, dass man strategisch vorgehen, den erforderlichen Prozess im Voraus kennen und seinen Vollzug planen muss.

Das mag in der Wissenschaft angemessen, möglich und wichtig sein; dort aber, wo es um zwischenmenschliche Beziehungen geht, schafft es von vornherein Probleme, da Menschen (die ja maßgeblich an diesem Prozess beteiligt sind) und ihre Reaktion auf bestimmte Vorgaben weder vorhersehbar noch kontrollierbar sind – es sei denn, man wollte von höherer Ebene aus Druck ausüben.

Motivationsforscher haben festgestellt, dass vorgegebene Ziele nicht so zu motivieren vermögen wie vereinbarte, *gemeinsam* mit dem Verantwortlichen entwickelte Ziele: Aus der Zielvorgabe wird die Zielvereinbarung. Und so ist es auch beim Coaching wichtig, der eigentlichen Beratung eine Anfangsphase der Klärung – sei es des Auftrags, sei es der Ziele – voranzustellen.

Bei dieser Managementstrategie wird ein offener Prozess angestrebt, der zwar das, was zu erreichen ist, festlegt, aber das Wie offen lässt; der Wert gelungener zwischenmenschlicher Kommunikation rückt so in den Vordergrund, Flexibilität wird geübt. Doch auch ein offener Prozess braucht Ziele: Nur wer Ziele hat, kann Erfolg haben, denn sie geben Orientierung, Halt und Struktur. Ziellos zu handeln hingegen führt ins Chaos.

Ein Ziel ist wie ein Wegweiser und gibt die Richtung an, in die es gehen soll. Je nachdem, ob man sich dem Ziel nähert oder sich davon entfernt, kann das eigene Handeln als „richtig" – Erfolg versprechend – oder „falsch" – nicht angemessen – eingeschätzt werden. Entscheidungen fallen leichter, wenn diese Orientierung gegeben ist. Ziellosigkeit wird oft als Mangel an innerem Bezug, an Sinn erlebt und mündet letztlich in einen Endzustand der Sinnlosigkeit, in dem nichts mehr Sinn hat. Diesem Endzustand ist vorzubeugen, indem kleine Teilerfolge angestrebt werden, die das Selbstvertrauen wieder aufzubauen.

COACHINGTECHNIKEN

Das Coaching hat die Aufgabe, Ziele zu finden, für die es sich lohnt, aktiv zu werden, um etwas zu verändern. Ein operationales, also ein strategisch anzustrebendes Ziel wird möglichst mit Termin und konkretem Ergebnis festgelegt.

Hier greift – neben dem systemischen Ansatz – auch die östliche Weisheit, die im Weg das Ziel sieht, das heißt dem Prozess selbst eine höhere Bedeutung zumisst als einer fixierten Zielvorstellung. Das Wie ist wichtiger als das Was, da dieses dazu verführt, sich auf etwas zu versteifen und daran hängen zu bleiben.

Gleichzeitig gilt: Wenn das Was nicht konkret als inneres Bild, als Vorstellung im Kopf existiert, wird es sich wohl kaum in der Wirklichkeit manifestieren, denn dem inneren Bild folgt erst die Energie, die dann dazu beiträgt, das Ziel zu verwirklichen. Ziellose Energie zerstreut sich; gebündelt und fokussiert hingegen ist sie wie ein Pfeil, der zielsicher abgeschossen wird. Ähnlich lehrt die japanische Bogenkunst, in konzentrierter „Absichtslosigkeit" einerseits loszulassen, um das Ziel nicht verkrampft anzugehen, andererseits die Aufmerksamkeit unverwandt darauf zu richten, ins Schwarze zu treffen.

Man muss sich selbst Prioritäten und Ziele setzen. Dies schließt die Kunst ein, lohnende Ziele zu entwickeln und unter ihnen eine enge Auswahl zu treffen. Die so genannte Schlüsselbereichsmethode (Schüsselbereiche sind zum Beispiel Gesundheit, soziale Kontakte, Weiterbildung) im Selbstmanagement sieht vor, innerhalb der Lebensbereiche aktiv zu werden, in denen die eigenen Bemühungen dazu beitragen können, wichtige Ziele zu erreichen, von denen Erfolg und Erfüllung im Beruf und im privaten Leben abhängen.

Die Methode hält dazu an, sich für jeden Bereich jede Woche ein kleines Teilziel zu setzen und dieses auch zu erreichen. Dies motiviert zur Weiterentwicklung und Begehung neuer Räume. Die gesetzten Ziele müssen nicht unbedingt einen kurzfristigen Nutzen haben – der Nutzen ergibt sich aus dem gewonnenen Selbstvertrauen in die eigenen Fähigkeit, etwas zu erreichen. Entscheidend bei der

Zielsetzung ist, darauf zu achten, dass die Ziele „wohlgeformt" sind. Im Coaching muss ein so genanntes wohlgeformtes Ziel nämlich folgende Kriterien erfüllen:

1. *Eigeninitiative:* Der Coachee soll das Ziel selbst initiieren und aufrechterhalten können. Falls dieses Kriterium fehlt, fragt der Coach den Coachee, was er selbst dazu beitragen kann, damit sein Wunsch in Erfüllung geht.

2. *Klarer Kontext:* Das Zielverhalten soll in Bezug zu einem bestimmten Kontext stehen – das heißt, der Coachee soll angeben können, wann und wo, in welcher Situation er sich wem gegenüber wie verhalten möchte.

3. *Sinnesspezifisch konkrete Formulierung:* Der Zielzustand soll anhand von konkreten sinnlichen Wahrnehmungen „vor Augen stehen" oder „im Ohr klingen". Außerdem soll der Coachee eine genaue Vorstellung davon haben, woran er merken würde, dass sein Ziel erreicht ist.

4. *Zieldefinition:* Sie soll nicht allgemein gehalten sein (zum Beispiel das Bestmögliche erreichen zu wollen) und auch keinen allgemeinen Vergleich beinhalten (zum Beispiel sich zu bessern): Vergleiche sind nur dann hilfreich, wenn sie auf einer persönlichen Werteskala erlebte und jederzeit wieder erlebbare Maßstäbe des Erfolgs festsetzen.

5. *Positive Formulierung:* Das Ziel soll keine Negation enthalten, also nicht Wörter wie „nicht", „kein", „ohne" beinhalten. Stattdessen fragt der Coach konsequent nach Zielzuständen, die eine positive Entsprechung darstellen.

6. *Ressourcen:* Die Zieldefinition soll so formuliert sein, dass der Coachee die zur Zielerreichung notwendigen Fähigkeiten leicht in sich finden und aktivieren kann. Überhöhte Ansprüche, die auf einer Idealvorstellung von sich selbst beruhen, sind der notwendigen Selbstmotivation und dem Gelingen abträglich.

7. *Realisierbarkeit:* Der Zielzustand darf nicht völlig abgekoppelt von den Erlebnismöglichkeiten des Coachees in weiter Zukunft liegen, sondern sollte im Hier und Jetzt durch geeignete Fantasien und Als-ob-Vorstellungen erreichbar sein – wobei die Vergegenwärtigung des Zielzustandes schon positive Auswirkungen hat.

8. *Feedback:* Die Zeitspanne, die verstreicht, bis der Coachee an Feedbacks (aus seiner Umgebung oder in Form von Erfolgserlebnissen) merkt, dass er sich auf dem richtigen Weg befindet, sollte möglichst kurz sein. Dadurch erfolgt eine deutlich wahrnehmbare Verbesserung und somit positive Verstärkung.
9. *Ökologie:* Das Ziel soll ökologisch verträglich sein. Nur unter dieser Bedingung wird ein Ziel nicht nur gesundheitlich und ethisch, sondern auch beruflich, gesellschaftlich und zwischenmenschlich akzeptabel. Das ganze Lebenssystem eines Menschen muss ökologisch in Beruf, Beziehung, Gesellschaft und Kultur integrierbar sein.

Häufig werden folgende Ziele innerhalb eines Coachings angepeilt:

* Standortbestimmung (in der Lebensgeschichte, im Lebensabschnitt, in der Karriereplanung)
* Karriereplanung unter Berücksichtigung des persönlichen Lebenssinns (Wertehierarchie)
* Gestaltung und Umsetzung persönlicher Entwicklungsprozesse (Strategiearbeit)
* Vorbereitung und Begleitung von Übergängen in kritischen Situationen oder Phasen
* Nahzielarbeit (im Hinblick auf sowohl berufliche wie auch persönliche Aufgaben, Präsentationen, auf Darstellung und Ausstrahlung)
* Reflexion von übergeordneten Veränderungswünschen, Eröffnung von spirituellen Perspektiven.

Die meisten erkennen selbst, was ihre Bestimmung ist, wenn sie dazu bereit sind, es herauszufinden, statt es sich vorschreiben zu lassen. Der Coach kann bei dieser Suche nach dem sinnvollen Endziel und der persönlichen Bestimmung dazu beitragen, das innere, sinngebende Ziel, das gleichzeitig ein äußerst machtvolles, energiegeladenes Motiv darstellt, bewusst zu machen und sich darauf zu konzentrieren.

Ein klassisches Modell im Coaching ist der GROW-Prozess. Er ist ein Vier-Phasen-Modell (Goal – Reality – Options – Wrap-up) und besteht aus den Phasen

- Zielsetzung.
- Realitätsprüfung zur Klärung der aktuellen Situation.
- Untersuchung der Optionen, alternativen Strategien und Handlungsabläufe.
- Abschließende Fragen zur Umsetzung in die Praxis: Was muss wann von wem getan werden – sofern der Wille dazu besteht?

Dieses Modell ist jedoch wertlos ohne Bewusstsein und Verantwortung vonseiten des Coachees und ohne die Fähigkeit des Coachs, die Fragen so zu stellen, dass sie beides, Verantwortung und Bewusstheit, hervorrufen.

Die GROW-Abfolge kann als systemisches Modell eines Kreislaufs genutzt werden, das heißt, es ist möglich, an jedem Punkt zu beginnen. Beispiel: Um die „Realität" genauer zu bestimmen, kann man vielleicht nur ein vages Ziel formulieren. Zielvorstellungen sind in der Realität oft vage und unscharf: Man weiß nicht genau, was man will und wozu es gut sein könnte.

Bei einem realistischen Umgang mit der Unschärfe geht es zunächst darum, eine problematische Realität zu konstruieren: Dann weiß man zumindest, was man *nicht* will. Auf dieser Grundlage kann dann schrittweise eine Zielvorstellung aufgebaut werden. Ausschlaggebend für die Konkretisierung der Zielvorstellung ist das Wissen darüber, woran man merken wird, dass das Problem gelöst ist. Mithilfe dieser Kontrastmethode kommt immer heraus, worum es eigentlich geht.

Sobald jedoch Hilfe bei einem Außenstehenden gesucht wird, erfährt das Problem durch ihn eine Umdeutung. Jede von außen kommende Intervention kann also von grundlegender Bedeutung dafür sein, was das Problem erst wirklich zum Problem werden lässt. Ziele und ihre Beschreibungen als sprachliche Repräsentation sind also das, was erst dem Ganzen seine Bedeutung gibt. Allerdings geht es nicht ganz ohne Ziele, denn ohne Ziele können Coach und Coachee nicht wissen, wann das Coaching zum Erfolg geführt hat oder misslungen ist.

Ohne Ziele bleiben Coach und Coachee im gleichen Kreislauf gefangen, in dem der Coachee allein schon in seinen Bemühungen um die Lösung seines Problems gefangen war. Es gibt eine einfache Regel: Der Coach muss wissen, was nicht getan werden darf, und das beste Beispiel dafür ist meist das, was der Coachee schon bislang getan hat – ohne Erfolg zu haben.

Wenn sich ein konkretes Bild von einem potenziellen lohnenden Ziel abzeichnet, geht es wieder an den Anfang zurück, zur Zielsetzungsphase. Das Ziel lässt sich jetzt präziser formulieren. Oft kann aber auch ein klar umrissenes Anfangsziel als falsch oder unpassend erkannt werden, wenn die Realität erst einmal deutlich geworden ist. Und so geht es hin und her zwischen Realität und Ziel, zwischen Ist und Soll.

Das Phasenmodell sieht die einzelnen Phasen als System untereinander verbunden, sodass jede Veränderung innerhalb des Systems die einzelnen Teilphasen beeinflusst. In diesem System kann sowohl in Richtung des chronologischen Ablaufs als auch synchron an verschiedenen Phasen gleichzeitig gearbeitet werden.

DER SYSTEMISCHE ANSATZ

Anhand des so genannten Combat-Schießens erklärt Jeff Zeig (1995), ein bekannter Hypnotherapeut aus den USA, den systemischen Ansatz bei der Zielfindung. Das Combat-Schießen meint das Schießen im Kampfeinsatz und unterscheidet sich grundlegend vom klassischen Schießen, wie es Anfänger lernen. Dieses geht nach der Stufenfolge Hinschauen – Zielen – Abdrücken vor, im Kampf jedoch hat sich eine andere, spontane Abfolge bewährt, nämlich Abdrücken – Zielen – Hinschauen.

Diese Strategie vergleicht Jeff Zeig mit dem spontan inspirierten Vorgehen des Therapeuten in der Hypnotherapie: Der Therapeut „schießt" Worte ab und beobachtet, wie das System reagiert. Dem Gefühl aus dem Bauch, dem spontanen Handeln wird also mehr Zielsicherheit zugestanden als dem bewussten (und oft zu fixierten) Fokussieren.

Dieses systemische Vorgehen kann auch auf folgende Art umgesetzt werden: Stecken Sie sich ein Ziel, das hinter allen Zielen steht und für das es sich lohnt zu leben. Wenn Ihnen ein solches Ziel nicht einfällt, können Sie sich an einem „Blankoziel" orientieren: Ein solches Ziel ist „unfassbar", also so vage und weit gehalten, dass sich viele kleine, nützliche und „sichtbare" Nah- und Nebenziele darunter zusammenfassen lassen. Das Ziel ist also das Bewusstsein eines erfüllten Lebens.

In diesem Sinne ist der Weg das Ziel, aber nur, wenn das Ziel Teil eines übergeordneten Systems ist. Dann – und nur dann – ist es nicht möglich, vom Weg abzukommen, wohin er auch führen mag.

ZITATE

- Verfolge dein Ziel, als ob du keines hättest. *Laotse*
- Wer sich am Ziel glaubt, geht zurück. *Laotse*
- Wer alles erreichen will, wird als Meister des Nichts enden. *Persisches Sprichwort*
- Auf die Ansicht aller Dinge, nicht auf den Erfolg blickt der Weise. *Seneca*
- Heftiges Streben nach einem Ziel macht die Seele für anderes blind. *Demokrit*
- Kein Wind ist dem günstig, der nicht weiß, wohin er segeln will. *Michel de Montaigne*
- Das ist des Menschen Ruhm: zu wissen, dass unendlich sein Ziel ist, und doch nie stille zu stehen im Lauf. *Friedrich Schleiermacher*
- Wir sind nichts, was wir suchen, ist alles. *Friedrich Hölderlin*
- Nur Richtung ist Realität, das Ziel ist immer eine Fiktion, auch das erreichte, und dieses oft ganz besonders. *Arthur Schnitzler*
- Das Geheimnis des Erfolges ist die Beständigkeit des Zieles. *Benjamin Disraeli*
- Instinkt bezeichnet ein zweckgerichtetes Handeln, bei dem wir keine genaue Vorstellung davon haben, was der Zweck ist. *Nicolai Hartmann*
- Um in der Gegenwart das noch nicht das Gegenwärtige als Ziel festzuhalten, bedarf es der Fantasie. *Herbert Marcuse*
- In dieser Welt gibt es nur zwei Tragödien. Die eine ist, nicht zu bekommen, was man möchte, und die andere ist, es zu bekommen. *Oscar Wilde*

Zufall

Der Zufall lässt sich nicht kontrollieren. Deshalb sind manche Menschen eher dazu bereit, sich von sich selbst enttäuscht abzuwenden, als sich vom Glück überraschen zu lassen.

DIE PHILOSOPHIE

Zufall wird definiert als das Eintreten unerwarteter, im Rahmen der gültigen Naturgesetze unvorhergesehener Ereignisse. Unter Zufall wird besonders das Zusammenfallen von Ereignissen verstanden, die nicht durch Ursache und Wirkung miteinander verkettet sind. Rational und objektiv betrachtet, ist das, was subjektiv als Zufall erlebt wird, oft eine Verbindung von unbekannten oder ungenügend bekannten Ursachen und ebensolchen Wirkungen. Der Zufall hatte schon immer eine faszinierende Wirkung auf die Menschen und forderte ihre Fantasie heraus, sich einen überweltlichen Reim darauf zu machen.

Zufall und Gleichzeitigkeit werden oft in Zusammenhang gebracht. Hier stellt sich jedoch die Frage, was unter Gleichzeitigkeit zu verstehen ist. Die Synchronizität ist ein von C. G. Jung (1994) postuliertes Prinzip der Gleichzeitigkeit, „bei dem ein gewisser psychischer Vorgang in Parallele steht zu einem gewissen äußeren, nicht psychischen Vorgang, wobei keine kausale Beziehung zwischen diesen beiden besteht". Synchronizität ist ein entscheidender Faktor, der das Gelingen einer Weissagung durch ein Orakel bedingt. Das äußere, physische Geschehen (zum Beispiel das Werfen von Münzen) entspricht dem inneren, psychischen Geschehen, das der Frage oder dem Zustand des Fragenden zugrunde liegt, wobei das eine das andere nicht bedingt und auch nicht mit ihm in Wechselwirkung steht.

Synchronizität ist also ein akausales Phänomen, das heißt, es besteht keine direkte Verbindung zwischen Ursache und Wirkung, was im Volksmund auch Zufall genannt wird.

Synchronizität wird von C. G. Jung im Zusammenhang mit dem Phänomen bedeutungsvoller Zufälle beschrieben. Dieses bringt er mit einer übergeordneten Ganzheit in Verbindung, wobei diese nicht objektiv gegeben ist, sondern subjektiv vom Bewusstsein erlebt wird.

Daher passiert es, dass einige bedeutungsvolle Zufälle als chaotisch empfunden werden. Der Mensch hat das natürliche Bedürfnis, Ordnung sowohl in seine Innenwelt als auch in seine Umwelt zu bringen, denn Ordnung ist mit Sinn und Unordnung mit Unsinn oder Sinnlosigkeit verbunden. Die Bewältigung und Umformung des Chaos ist also eine wichtige Funktion der Seele, die ein inneres Gleichgewicht herstellen, darüber Bewusstsein erlangen und einen tragenden Sinn im Leben stiften will.

Der Zufall wird von Steve de Shazer umgangssprachlich mit *fluke* bezeichnet. Dies ist eigentlich ein Begriff aus dem Billard und bezeichnet einen „glücklichen Stoß": Der Zufall kommt in Form eines Anstoßes. So kann er ausschlaggebend für die lösungsorientierte Erwartungshaltung sein und eine Ausnahme bilden. Die Regel besagt: Nichts macht einen Unterschied. Die Ausnahme besagt: Es gibt einen Unterschied.

Diese Ausnahme hat als Zufall zwar noch keine Gültigkeit und Beweiskraft, dient aber als Beispiel dafür, dass es auch anders als erwartet geht. Die Ausnahme von der Regel ist der Vorbote einer neuen Regel, die schon jetzt hypothetisch konstruiert werden kann. Der „Beweis" erfolgt dann durch die gemeinsame Konstruktion einer Zukunft, in der die zunächst zufällige Ausnahme zur Regel wird.

FRAGEN AUS DER BERATUNGSPRAXIS

Wenn Sie Glück haben, neigen Sie eher dazu, es dem Zufall zuzurechnen oder Ihrem eigenen Verdienst? Sind Sie bereit, den glücklichen Zufall anzunehmen, auch wenn Sie ihn nicht verdient haben und er unverhofft kommt? Wenn nicht – was müsste geschehen, um Sie davon zu überzeugen, dass Sie ein Anrecht auf glückliche Zufälle haben? Wenn ja – was wäre der glücklichste Zufall, den Sie sich ausdenken könnten?

Wie wirkt es sich körperlich auf Sie aus, sich geistig mit der Möglichkeit von Zufällen (auch glücklichen Zufällen) zu beschäftigen? Wie wirkt es sich körperlich auf Sie aus, sich eine Perspektive des glücklichsten Zufalls zu eröffnen?

Was sehen Sie als Erstes, wenn Sie in diesen erweiterten Bewusstseinsraum, zu diesem neuen Horizont schauen?

MANAGEMENTSTRATEGIEN

Im Management will man meist nichts dem Zufall überlassen – aber dem glücklichen Zufall im Sinne eines guten Einfalls wird doch eine Chance gegeben, und zwar durch Kreativitätstechniken wie Synektik und Brainstorming.

Synektik ist eine effiziente Kreativitätsmethode, die eine Kreativität außerhalb der logischen Schlussfolgerung fördert und sich dabei des nichtlinearen Denkens bedient. Bei dieser Methodik wird mittels Verfremdung, Analogien, metaphorischer Umschreibungen und Zusammenfügen scheinbar zusammenhangloser Elemente das Gesichtsfeld für mögliche Problemlösungen entscheidend erweitert.

Brainstorming hilft dort weiter, wo sich Blockaden im kreativen Denken aufgebaut haben; diese Blockaden basieren meist auf einer Verengung und Fixierung des Fokus auf offensichtlich nahe liegende und vernünftige („logische") Problemlösungen beziehungsweise solche Problemlösungen, die schon einmal versucht oder oft durchdacht wurden. Das Brainstorming setzt die Devise „Wenn etwas nicht funktioniert, dann mach es anders, oder mach etwas ganz anderes" dagegen: Es sollen vor allem solche Vorschläge gemacht werden, die „verrückt" sind und völlig außerhalb der Logik, also „total danebenliegen".

Störenfriede und Querschläger liefern dabei oft das beste Material, da sie aus der Opposition kommen und ihre Kreativität einen gewissen aggressiven, aber konstruktiv nutzbaren Ansporn zum Durchbrechen der Normen beinhaltet. Während des Prozesses ist jegliche Kritik zu unterbinden, auch innere Kommentare sollen die üblichen Killerphrasen („Was soll das? Das ergibt doch keinen Sinn!") ausblenden.

Ein Mensch, dem „alles egal" ist, ist gelähmt, wie festgefahren in seiner aktuellen Lebenssituation: Nichts geht mehr. Jedes Engagement versandet, alle Energie wird wie von einem schwarzen Loch verschluckt. Die Gründe für einen solchen Zustand sind vielfältig, aber wir alle dürften ihn schon einmal erlebt haben. Alles erscheint beliebig, zufällig – man könnte es so machen oder auch genau andersherum, es bliebe sich gleich.

Paul Watzlawick bezeichnet den Satz „Wie man es macht, macht man es falsch" als Ausdruck einer pragmatischen Paradoxie: Die gewohnte Vorgehensweise „bringt" nichts (ergibt nichts Sinnvolles) und führt auch zu nichts (keiner neuen Sinnfindung). Jede weitere Anstrengung kostet nicht nur Kraft und vermehrt die Frustration, sondern lässt auch die Beliebigkeit anwachsen und die Lähmung sich weiter festigen.

Hier hilft es nur, die Zufälligkeit mit ihren eigenen Waffen zu schlagen und etwas völlig Zufälliges zu tun, was überhaupt keinen Sinn hat, zum Beispiel eine Münze zu werfen.

Eigentlich ist dies – sein Schicksal vom zufälligen Wurf einer Münze abhängig zu machen – nicht das Verhalten, das man von einem verantwortungsbewussten, seiner selbst bewussten, rationalen Menschen erwarten würde. Aber gerade das bringt die Erlösung. Eine Münze hat zwei Seiten, und welche Antwort auch immer sich durch den Fall ergeben mag: Dieser Fall wird eine Reaktion hervorrufen. Manchmal wird die innere Reaktion ablehnend sein – ein Nein; und manchmal wird sie den Zu-Fall innerlich bestätigen – ein Ja.

Oder aber es wird eine Art Trotz gegen die Beliebigkeit des Münzenwerfens mobilisiert, und man sucht nach weiteren Alternativen – das heißt, der innere Suchprozess wird unbewusst wieder gestartet. Etwas ist in Bewegung geraten, sodass der Zauberbann der Lähmung durchbrochen werden kann.

Dieser Zauberbann rührt daher, dass das Chaos kein eigentliches „Durcheinander" ist, sondern eine gleiche Verteilung von Wahrscheinlichkeiten. Dadurch findet das Bewusstsein keinen Unterschied zwischen verschiedenen Wahlmöglichkeiten und verfällt in eine Art Tranceschlaf. Es ist wie verhext: Wenn alles offen steht, ist die Motivation, sich zu bewegen, gleich null. Die Lösung lautet dann: Tu irgendetwas, wirf *zum Beispiel* eine Münze.

Damit kommt die Reaktionskette wieder in Gang, und aus dieser beliebigen Aktion erwächst eine Folge von spontanen Reaktionen, die immer mehr Sinn stiften. Die Spontaneität ist von großer Bedeutung, denn sie gewährleistet, dass die Kreativität des Unbewussten das Ruder übernimmt und das geplagte Bewusstsein ablöst. Wenn das Münzenwerfen zur Gewohnheit wird, verliert es jedoch seine erlösende Wirkung, genau wie auch Orakel nicht zu oft befragt werden sollten – eigentlich immer nur dann, wenn man „am Ende" ist. Das ist die beste Voraussetzung für einen Neustart.

Im Coaching wird selten mit Beliebigkeit gearbeitet: Zu groß wäre die Gefahr, dass sich Kunden nicht ernst genommen fühlen. In der lösungsorientierten Kurztherapie erhält der Zufall jedoch eine große Chance, zum Wendepunkt der Therapie zu werden. Er gibt den Impuls, etwas zu verändern, egal was. Und die Reaktion auf die Veränderung bewirkt eine weitere Veränderung. In dieser Form der Beratung, die auf Kooperation zwischen Therapeut und Klient aufbaut, lassen sich „glückliche Zufälle" gemeinsam finden, „erfinden" oder erträumen. Glückliche Zufälle (auch die erträumten) eröffnen die Perspektive auf eine Lösungswirklichkeit, die in dem Augenblick, da sie bewusst bedacht wird, nicht mehr „nur ein Traum" bleibt.

DER SYSTEMISCHE ANSATZ

Warum eine scheinbar sinnlose und beliebige Aktion wie das Münzenwerfen etwas – und das ist im Falle eines Systems alles, weil alles miteinander verbunden ist – in Gang bringen kann, erklärt der systemische Ansatz: Jede Aktion ist ein Impuls, und jeder Impuls bewegt, egal in welche Richtung. Die Richtung wird sich nach und nach wieder einrichten, sobald das System „erwacht" ist und sich seiner Funktionen „erinnert". Dieses Erinnerung geschieht auf unbewusster Ebene, und das damit verbundene „Erwachen" ist nur ein angenehmer Nebeneffekt.

Der systemische Ansatz lädt in der Beratung dazu ein, etwas als Zufall zu benennen, was das Ergebnis einer gemeinsamen Konstruktion der Lösungswirklichkeit ist und jederzeit eintreten kann. Dadurch hat der Zufall schon jetzt bessere Chancen, und zwar indem der Coachee sich diese Chancen vorstellt, so konkret wie möglich.

Diese Vorstellung, die nun abgespeichert und als Repräsentation abgebildet ist, wirkt auf alle anderen Repräsentationen der Wirklichkeit im Bewusstsein des Coachees und verändert die Repräsentation als Ganzes. Die erfreulich Bilanz zeigt: Das Gesamtbefinden hebt sich ungemein.

ZITATE

- Niemand war je durch Zufall weise. *Seneca*
- Es gibt wohl einen Zufall, aber viele Zufälle derselben Art sind keine. *Jean Paul*
- Alle Dinge geschehen aus Notwendigkeit; es gibt in der Natur kein Gutes und kein Schlechtes. *Baruch Spinoza*
- Die Natur macht keine Sprünge. *Gottfried Wilhelm Leibniz*
- Jede neue Idee ist ein Geschenk des Zufalls. *Claude Adrien Helvetius*
- Auch das Zufälligste ist nur ein auf entfernterem Wege herangekommenes Notwendiges. *Arthur Schopenhauer*
- Der Zufall ist das Pseudonym, das der liebe Gott wählt, wenn er inkognito bleiben will. *Albert Schweitzer*
- Gepriesen sei der Zufall. Er ist wenigstens nicht ungerecht. *Ludwig Marcuse*
- Ereignisse, die er nicht begreift, nennt der Mensch Zufall. *Werner Mitsch*
- Oft kann man durch Zufall die glücklichsten Dummheiten begehen. *André Kostolany*

Nachwort

Es sei an dieser Stelle zuletzt noch ein mögliches Missverständnis ausgeräumt – noch bevor es im Raum stehen bleiben kann: Unsere Beratung bedient sich nicht der Ratschläge und soll auch nicht der letzte Schrei der Mode sein. Der Hinweis darauf, dass in unserem Buch der dargestellte Wissensstand auf den neuesten Stand gebracht wurde, sei dahingestellt. Wir sind uns dessen bewusst, dass, wer sich zu stellen bereit ist, immer zwischen den Stühlen landet, wo es sich weder fest sitzen noch etwas sich festlegen lässt.

Die Dinge in der Schwebe zu halten – das ist die erfolgreichste Leistung des menschlichen Gleichgewichtssinns.

Literatur

Andersen, T. (Hrsg.) (1990): Das reflektierende Team. Dortmund (Modernes Leben).

Andreas, S. u. C. Faulkner (Hrsg.) (1997): Praxiskurs NLP. Paderborn (Junfermann).

Bamberger, G. G. (1999): Lösungsorientierte Beratung. (Weinheim).

Bateson, G. (1979): Geist und Natur. Frankfurt a. M. (Suhrkamp).

Bateson, G. (1990): Ökologie des Geistes. Frankfurt a. M. (Suhrkamp).

Beaumont, H. (1997): Touching Love. Bert Hellinger at Work with Family Systems. Heidelberg (Carl-Auer-Systeme).

Benesch, H. (1987): dtv-Atlas der Psychologie. Bd. I. München (dtv).

Bongratz, B. u. W. Bongratz (1998): Hypnosetherapie. Göttingen (Hogrefe).

Böning, U. (2000): Bedarf an persönlicher Beratung wächst. *management & training* 4.

Buchinger, K. (1997): Supervision in Organisationen. Den Wandel begleiten. Heidelberg (Carl-Auer-Systeme).

Claxton, G. (1997): Die Macht der Selbsttäuschung. München (Piper).

Cohn, R. C. (1975): Von der Psychoanalyse zur themenzentrierten Interaktion. Von der Behandlung einzelner zu einer Pädagogik für alle. Stuttgart (Klett).

Csikszentmihalyi, M. (1996): Das Flow-Erlebnis. Stuttgart (Klett).

DeBono, E. (1968): The 5-day course in thinking. London (Penguin) [dt. (1990): In 15 Tagen Denken lernen. München (Heyne)].

de Shazer, S. (1992): Das Spiel mit Unterschieden. Wie therapeutische Lösungen lösen. Heidelberg (Carl-Auer-Systeme).

de Shazer, S. (1995): Der Dreh. Heidelberg (Carl-Auer-Systeme).

Dilts, R. B. (1998): Von der Vision zur Aktion. Die Erschaffung einer Welt, der die Menschen zugehören wollen. Visionäre Führungskunst. Paderborn (Junfermann).

Dörner, D. (1992): Die Logik des Misslingens. Strategisches Denken in komplexen Situationen. Reinbek (Rowohlt).

Drsodek, A. (2000): Hagakure für Führungskräfte. Der Weg des Samurai. Wien (Ueberreuter).

Eidinschenk, K. (2000): Was einen guten Coach auszeichnet. *wirtschaft & weiterbildung* 2.

Erickson, M. H. u. E. L. Rossi (1981): Hypnotherapie. Aufbau, Beispiele, Forschungen. München (Pfeiffer).

Ferber, R. (1998): Philosophische Grundbegriffe. Eine Einführung. München (C. H. Beck).

Foerster, H. von (1997): Der Anfang von Himmel und Erde hat keinen Namen. Eine Selbsterschaffung in sieben Tagen. Wien (Döcker).

Foerster, H. von u. B. Pörksen (1998): Wahrheit ist die Erfindung eines Lügners. Gespräche für Skeptiker. Heidelberg (Carl-Auer-Systeme).

Foerster, H. von (1999): Sicht und Einsicht. Heidelberg (Carl-Auer-Systeme).

Francis, D. u. D. Young (1982): Mehr Erfolg im Team. Essen (Windmühle).

Geldsetzer, L. u. H. Han-Ding (1998): Grundlagen der chinesischen Philosophie. Stuttgart (Reclam).

Gendlin, E. (1998): Focusing. Selbsthilfe bei der Lösung persönlicher Probleme. Reinbek (Rowohlt).

Goffman, E. (1983): Wir alle spielen Theater. Die Selbstdarstellung im Alltag. München (Piper).

Goleman, D. (1995): Emotionale Intelligenz. München (Hanser).

Hellinger, B. (1994): Ordnungen der Liebe. Ein Kursbuch. Heidelberg (Carl-Auer-Systeme).

Höhler, G. (2000): Wölfin unter Wölfen. Warum Männer ohne Frauen Fehler machen. München (Econ).

Hoffman, K. (1998): Das Arbeitsbuch zum NLP. München (Hugendubel).

Hoffman, K. (2000): Die Mentale Hausapotheke. München (Hugendubel).

Hoffman, K. (2001a): Bei Liebeskummer Sokrates. München (Hugendubel).

Hoffman, K. (2001b): Das Anima-Orakel. O. O. (Bacopa).

Isert, B. u. K. Rentel (2000): Wurzeln der Zukunft. Lebensweg-Arbeit, Aufstellungen und systemische Veränderung. Paderborn (Junfermann).

Jung, C. G. (1994): Ein großer Psychologe im Gespräch. Interviews, Reden, Begegnungen. Hrsg. von R. Hinshaw u. L. Fischli. Freiburg i. Br. u. a. (Herder).

Jung, C. G. (1998): Das C. G. Jung Lesebuch. Ausgewählt von F. Alt. Zürich (Walter).

Königswieser, R. u. A. Exner (1998): Systemische Interventionen. Architekturen und Designs für Berater und Veränderungsmanager. Stuttgart (Klett-Cotta).

Landsberg, M. (1998): Das Tao des Coaching. Effizienz und Erfolg durch meisterhafte Führung. Frankfurt a. M. (Campus).

Lay, R. (1998): Weisheit für Unweise. München (Econ).

Lenz, G., H. Ellebracht u. G. Osterhold (1998): Vom Chef zum Coach. Der Weg zu einer neuen Führungskultur. Wiesbaden (Gabler).

Lynch, D. u. P. L. Kordis (1998): Delphinstrategien – Managementstrategien in chaotischen Systemen. Langenbieber (Henrich).

Madelung, E. (1996): Kurztherapien. Neue Wege zur Lebensgestaltung. München (Kösel).

Maturana, H. u. F. Varela (1987): Der Baum der Erkenntnis. Die biologischen Wurzeln des menschlichen Erkennens. Bern (Scherz).

Mindell, A. (1994): Traumkörper in Beziehungen. Prozessorientierte Psychologie in Praxis und Theorie. Basel (Sphinx).

Mindell, A. (1997): Mitten im Feuer. München (Hugendubel).

Müller, G. (1999): Von Experten und Kompetenz. Coaching als lösungs-, zukunfts- und handlungsorientierter Ansatz. *MultiMind* 5.

Müller, G. (2000): NLP erreicht die Management-Praxis. *wirtschaft & weiterbildung* 4.

Noll, P. u. H. R. Bachmann (1997): Der kleine Machiavelli. Handbuch der Macht für den alltäglichen Gebrauch. München (Piper).

O'Connor, J. a. I. McDermott (1996): Principles of NLP. London (Thorsons) [dt. (1997): NLP: Was Sie wirklich darüber wissen müssen. München (Goldmann)].

O'Connor, J. a. I. McDermott (1997): The Art of Systems Thinking. Essential Skills for Creativity and Problem Solving. London (Thorsons) [dt. (1998): Die Lösung lauert überall: systemisches Denken verstehen und nutzen. Kirchzarten bei Freiburg (VAK)].

Overdurf, J. a. J. Silverthorn (1994): Training Trances. Multi-Level Communication in Therapy and Training. Portland (Metamorphous).

Owen, H. (2001): Open space technology. Ein Leitfaden für die Praxis. Stuttgart (Klett-Cotta).

Pedler, M., J. Burgoyne u. T. Boydell (1994): Das lernende Unternehmen. Potentiale freilegen – Wettbewerbsvorteile sichern. Der erste praxisnahe Leitfaden. Frankfurt a. M. (Campus).

Popper, K. u. J. Eccles (1996): Das Ich und sein Gehirn. München (Piper).

Prechtl, P. u. F. P. Burkhard (Hrsg.) (1999): Metzler Philosophie Lexikon. Stuttgart/Weimar (Metzler).

Ritskes, R. R. (1993): Zen für Manager. München (Diederichs).

Rossi, E. (1986): Psychobiology of Mind-Body Healing. New York (Norton).

Roth, G. (1994): Das Gehirn und seine Wirklichkeit. Kognitive Neurobiologie und ihre philosophischen Konsequenzen. Frankfurt a. M. (Suhrkamp).

Ruschmann, E. (1999): Philosophische Beratung. Stuttgart (Kohlhammer).

Sattelberger, T. (1994): Die lernende Organisation. Konzepte für eine neue Qualität der Unternehmensführung. Wiesbaden (Gabler).

Schlippe, A. von u. J. Schweitzer (1996): Lehrbuch der systemischen Therapie und Beratung. Göttingen/Zürich (Vandenhoeck & Ruprecht).

Schmid, W. (1999): Philosophie der Lebenskunst. Eine Grundlegung. Frankfurt a. M. (Suhrkamp).

Schmidt, G. (1985): Gedanken zum Ericksonschen Ansatz aus einer systemischen Perspektive. In: B. Peter (Hrsg.): Hypnose und Hypnotherapie nach Milton H. Erickson. Grundlagen und Anwendungsfelder. München (Pfeiffer).

Schmidt, S. J. (Hrsg.) (1992): Der Diskurs des Radikalen Konstruktivismus. Frankfurt a. M. (Suhrkamp).

Schmidt-Tanger, M. (1998): Veränderungscoaching. Paderborn (Junfermann).

Schmitz, C., P.-W. Gester u. B. Heitger (1992): Managerie. 2. Jahrbuch für Systemisches Denken und Handeln im Management. Heidelberg (Carl-Auer-Systeme).

Schrader, H. C. u. J. Hesse (1996): Die Neurosen des Chefs. Die seelischen Kosten der Karriere. München (Piper).

Schwaninger, M. (1994): Managementsysteme. Frankfurt a. M. (Campus).

Senge, P. M., A. Kleiner, B. Smith, C. Roberts u. R. Ross (1997): Das Fieldbook zur Fünften Disziplin. Stuttgart (Klett-Cotta).

Senge, P. M., A. Kleiner, B. Smith, C. Roberts a. R. Ross (1999): The Dance of Change. The Challenge of Sustaining Momentum in Learning Organizations. London (Brealey) [dt. (2000): The dance of change. Die 10 Herausforderungen tiefgreifender Veränderungen in Organisationen. Wien/ Hamburg (Signum)].

Shazer, S. de (1989): Der Dreh. Überraschende Wendungen und Lösungen in der Kurzzeittherapie. Heidelberg (Carl-Auer-Systeme).

Siegert, W. (2000a): Expert Praxislexikon. 111 Stichwörter für Management-Trainer. Renningen (Expert).

Siegert, W. (2000b): Expert Praxislexikon Management-Training. Renningen (Expert).

Siegert, W. (2000c): Ziele – Wegweiser zum Erfolg. Köln (Wirtschaftsverlag Bachem).

Simon, H. (2000): Geistreiches für Manager. Frankfurt a. M. (Campus).

Sonntag, K. (1996): Lernen im Unternehmen. Effiziente Organisation durch Lernkultur. München (C. H. Beck).

Sprenger, R. K. (1995): Das Prinzip Selbstverantwortung. Wege zur Motivation. Frankfurt a. M. (Campus).

Taylor, C. (1996): Quellen des Selbst. Die Entstehungsgeschichte der neuzeitlichen Identität. Frankfurt a. M. (Suhrkamp).

Ueckert, H., G. Knop u. T. Burkhart (1982): Psychologisch-Praktische Problemberatung in Gruppen. Arbeiten aus dem Fachbereich Psychologie der Universität Hamburg Nr. 55, Hamburg.

Varela, F. J. (1992): Der mittlere Weg der Erkenntnis. Der Brückenschlag zwischen Ich und Welt in der Kognitionswissenschaft. Bern/München (Scherz).

Varela, F. J. (1994): Ethisches Können. Frankfurt a. M. (Campus).

Varga von Kibéd, M. u. Sparrer, I. (2000): Ganz im Gegenteil. Tetralemmaarbeit und andere Grundformen Systemischer Strukturaufstellungen. Heidelberg (Carl-Auer-Systeme).

Watzlawick, P., J. H. Beavin u. D. D. Jackson (1969): Menschliche Kommunikation. Formen, Störungen, Paradoxien. Bern u. a. (Huber).

Weber, G. (2000): Praxis der Organisationsaufstellung. Heidelberg (Carl-Auer-Systeme).

Werder, L. von (2000): Lehrbuch der philosophischen Lebenskunst für das 21. Jahrhundert. Berlin/Milow (Schibri).

Witten, D. u. A. Rinpoche (1999): Beruf als Weg oder Die Kunst, ganz entspannt Karriere zu machen. Berlin (Theseus).

Wolters, U. (2000): Lösungsorientierte Kurzberatung. Leonberg (Rosenberger).

Zeig, J. K. (ed.) (1990): Brief Therapy. Myths, Methods, and Metaphors. New York (Brunner/Mazel).

Zeig, J. K. (1995): Die Weisheit des Unbewussten. Hypnotherapeutische Lektionen bei Milton H. Erickson Heidelberg (Carl-Auer-Systeme).

Über die Autorinnen

Gabriele Müller, Jahrgang 1961, ist Pägagogin, NLP-Lehrtrainerin (DVNLP) und Supervisorin. Sie arbeitet als Coach, Organisationsberaterin und Managementtrainerin in Berlin und ist Gründerin des Instituts für Organisationsberatung und Supervision (IOS).

Weitere Informationen unter: www.ios-berlin.de

Kay Hoffman, Jahrgang 1949, studierte Philosophie und ist NLP-Lehrtrainerin (DVNLP). Sie arbeitet als Coach, Autorin und Trainerin in München.

Weitere Informationen unter: www.bodymind-coaching.de

Beide Autorinnen sind ausgebildet in systemischen und hypnotherapeutischen Beratungsmethoden.

Kurt Buchinger

Supervision in Organisationen

Den Wandel begleiten

166 Seiten, Kt, 2. Aufl. 1998
ISBN 3-89670-002-2

Kurt Buchinger beschreibt in diesem Buch Supervision als geeignetes Instrument für Entscheidungsträger, den neuen Anforderungen in Organisationen gerecht zu werden, und wie die notwendigen Kompetenzen vermittelt, erhalten und vertieft werden können.

„Insgesamt ein sehr anregendes Buch – eine klare Leseempfehlung!"

(Organisationsentwicklung)

Carl-Auer-Systeme Verlag

Franz Ruppert

Berufliche Beziehungswelten

Das Aufstellen von Arbeitsbeziehungen
in Theorie und Praxis

255 Seiten, Kt, 2001
ISBN 3-89670-191-6

Die Konflikte und Probleme im Arbeits- und Berufsleben sind zahlreich, und häufig berühren sie zwischenmenschliche Beziehungen. Die neue Methode der räumlichen Aufstellung von Arbeitsbeziehungen macht selbst komplexe Ausgangssituationen überschaubarer und lässt sie uns besser verstehen. Die Suche nach guten Konfliktlösungen wird durch Aufstellungen in hohem Maße unterstützt.

In diesem Buch stellt der Autor seine umfangreichen Erfahrungen mit dieser neuen Vorgehensweise dar. Er zeigt auf, welche Bedeutung Bindungstheorie und Traumakonzept für die Arbeit mit Aufstellungen haben, und legt seine Hypothese zur Existenz eines eigenen menschlichen „Beziehungssinnes" dar. Schließlich werden auch wichtige Fragen diskutiert, die mit Personenaufstellungen verbunden sind: Umgang mit Skepsis, Notwendigkeit der Forschung, Nutzen für präventive Anliegen und ethische Implikationen.

www.carl-auer.de

Systemdynamische Organisationsberatung

Klaus Grochowiak/Joachim Castella

Systemdynamische Organisationsberatung

Ein Handlungsleitfaden für
Unternehmensberater und Trainer

259 Seiten, Kt, 2., korr. u.
überarb. Aufl. 2002
ISBN 3-89670-232-7

Die Autoren illustrieren in diesem Handlungsleitfaden für Unternehmensberater und Trainer die Übertragung der Methode Hellingers auf Organisationen und Unternehmen. Nach einigen grundlegenden konzeptionellen Überlegungen stellen sie sowohl wichtige Interventionstechniken vor als auch einen auf die Praxis zugeschnittenen methodischen Handapparat für die selbständige Anwendung.

„Sehr zu empfehlen für diejenigen, die gerne Organisationen, stellen' oder dies planen. Interessant aber auch generell für Organisationsberater."

(TRAINING aktuell)

Carl-Auer-Systeme Verlag